Marilyn Ferguson ● Die sanfte Revolution

Marilyn Ferguson

DIE SANFTE REVOLUTION

Gelebte Visionen für eine
menschlichere Welt

Mit einem Vorwort von Franz Alt

Kösel

Übersetzung aus dem Amerikanischen von
Karin Petersen, Berlin

FSC

Mix
Produktgruppe aus vorbildlich
bewirtschafteten Wäldern und
anderen kontrollierten Herkünften

Zert.-Nr. SGS-COC-1940
www.fsc.org
© 1996 Forest Stewardship Council

Verlagsgruppe Random House FSC-DEU-0100
Das für dieses Buch verwendete FSC-zertifizierte Papier *EOS*
liefert Salzer, St. Pölten.

Die Originalausgabe erschien unter dem Titel »Aquarius Now. Radical Common Sense and Reclaiming Our Personal Sovereignty« bei Red Wheel/Weiser, York Beach, ME.

Umschlag: Elisabeth Petersen, München
Umschlagfoto: Masterfile
Druck und Bindung: GGP Media GmbH, Pößneck
Printed in Germany
ISBN 978-3-466-30737-1

www.koesel.de

Ich glaube an die Aristokratie ... nicht eine Aristokratie, die durch Rang und Einfluss Macht ausübt, sondern eine Aristokratie der Sensiblen, der Umsichtigen und Mutigen. Ihre Mitglieder finden wir in sämtlichen Nationen, Gesellschaftsschichten und zu allen Zeiten; und wenn sie sich begegnen, herrscht zwischen ihnen ein geheimes Einverständnis. Sie repräsentieren die wahre menschliche Tradition, den einen dauerhaften Sieg unserer sonderbaren Spezies über Grausamkeit und Chaos. Tausende von ihnen sterben unerkannt, einige wenige sind große Namen. Sie sind sowohl gegenüber sich als auch gegenüber anderen sensibel, sie sind rücksichtsvoll, ohne viel Wind darum zu machen, ihr Mut ist keine Protzerei, sondern äußert sich in der Kraft, Dinge auszuhalten, und sie verstehen Spaß.

E.M. Forster

Für Emily, Evan, Juli und Katherine

Inhalt

Vorwort für die deutsche Ausgabe

Seit Jahrzehnten wird positives Denken propagiert – wäre es nicht an der Zeit, sich für positives Handeln zu engagieren? Diese Frage treibt Marilyn Ferguson um. 1980 hat sie ihren Weltbestseller *Die sanfte Verschwörung* geschrieben. *Die sanfte Revolution* ist eine Einladung für nachhaltiges Handeln im Geist des Experimentierens. Der innere Gärungsprozess einer Gesellschaft wird von konkret und praktisch Handelnden bestimmt. Nicht von Friedensdenkern, sondern von Friedensstiftern, nicht von ökologisch und sozial Denkenden, sondern von ökologisch und sozial Handelnden.

Das größte Problem unserer Zeit sind nicht böse Bosse, Politiker und Manager, sondern die vielen guten Menschen, die nichts tun – außer vielleicht jammern über die Boshaftigkeit der Bösen. Ein aktuelles Beispiel: Seit sieben Jahren ist es in Deutschland ohne nennenswerte Mehrkosten möglich, den Stromanbieter zu wechseln und auf Ökostrom umzusteigen. 80 Prozent der Deutschen sind für erneuerbare Energien und gegen Atomkraft, aber nur zwei Prozent haben tatsächlich von der Möglichkeit des Umstiegs Gebrauch gemacht. Wir wissen zwar, was wir tun, aber wir tun nicht, was wir wissen, selbst wenn wir es problemlos könnten.

Es gibt keine Ausreden mehr, aber in sehr vielen Fällen Inkonsequenz und Faulheit beim Handeln. Wenn positives Denken nur zu Lippenbekenntnissen und Absichtserklärungen führt, ändert sich rein gar nichts. Dann wird die sanfte Verschwörung rasch zur sanften Verblödung. Es geht darum, endlich den verheerenden Unterschied zwischen Schein und Sein zu erkennen und zu überwinden. Sonst bleiben wir immer Teil des Problems und werden nie Teil der Lösung. Gegen diese Schizophrenie zwischen Reden und Handeln, zwischen Tun-als-ob und Nichts-Tun schreibt Marilyn Ferguson in ihrem neuen Buch an: geistreich und witzig, anhand vieler konkreter Beispiele und Mut machend. Sie propagiert Veränderungen und Erneuerungen im Handeln. Nicht durch Denken, sondern durch Handeln erobern wir unsere persönliche Souveränität zurück. Nicht fromme Sprüche dienen der Evolution, sondern konkrete Nächstenliebe bis zur praktizierten Feindesliebe. »Wir müssen die Zügel übernehmen«, schlägt Ferguson vor. Es sei nicht Zeit für die »sanfte Tour«, sondern für konkrete Veränderung.

Und was müssen wir tun? »In Bewegung kommen. Wenn wir etwas für sinnvoll halten, sind wir aufgerufen, uns Lösungen für dessen Verwirklichung zu überlegen und uns frisch ans Werk zu machen.« Das gilt beim Energieverbrauch, bei der Mobilität, beim Bauen, beim Essen, beim Wasserverbrauch und beim Arbeiten. Und erst recht bei der nie genug zu preisenden Liebe.

Also: Übernehmen wir Verantwortung, wenn wir mehr Freiheit wagen? Leben und arbeiten wir wirklich so, dass auch künftige Generationen noch gut leben können? Handeln wir wirklich so, dass wir nichts mehr ver-, sondern nur noch ge-brauchen? Das – und nur das – heißt ökologisches Wirtschaften. Nur so können wir den heutigen dritten Weltkrieg gegen die Natur beenden.

Die Welt ist voller Arbeit – sie ist auch erneuerbar. Die Sonne schickt uns jeden Tag 15000-mal mehr Energie, als alle Menschen heute verbrauchen. Worauf warten wir?

Franz Alt   Baden-Baden, im Oktober 2006

Einleitung

Der Schüler fragte:»Wie lange muss man im Dunkeln bleiben?«

Ich sagte:»Bis man im Dunkeln sehen gelernt hat.«

Florence Scovel Shinn

In meinem 1980 erschienenen Buch *Die sanfte Verschwörung* beschrieb ich eine positive, international und informell organisierte Bewegung, deren Mitglieder tiefe Wandlungserfahrungen gemacht hatten und die auf der Grundlage ihrer Entdeckungen eine menschlichere Gesellschaft schaffen wollten.

Als ich das Buch damals schrieb, unterschätzte ich völlig, welche Heerscharen von Menschen das Radarfeld nach Neuigkeiten über diese namenlose Bewegung abtasteten und dabei neue Freundinnen und Freunde suchten, die ihnen die Einsamkeit auf ihrer Reise erleichterten.

Uns war damals kaum klar, dass schon bald Millionen von Menschen überall auf der Welt von nichts anderem reden würden als von dieser sanften Verschwörung. Aber die Revolutionen, an denen die »Verschwörerinnen« und »Verschwörer« in jenen frühen Tagen arbeiteten, verliefen eher still. Diese Menschen setzten sich dafür ein, dass Ausbildungsprogramme kreativer gestaltet wurden, sie veranstalteten an der Universität Seminare über Mystizismus und die speziellen Funktionen der beiden Gehirnhälften oder flochten neue, bahnbrechende wissenschaftliche Erkenntnisse in ihre Sonntagspredigten ein.

Im Lauf der Zeit entstand eine neue Industrie, die auf dem Gesundheitssektor eine erstaunlich große Produktpalette anbot, von indischen Musikinstrumenten, Hörkassetten und einer Fülle von Büchern über alternative Heilmethoden, Selbsthilfe, Jung'sche Psychologie, Zwölf-Schritte-Programme und Engel aus allen Himmelsrichtungen bis zu unzähligen Workshops, Seminaren, Konferenzen, Fernsehsendungen, CD-ROMs und Dokumentationen. Die Zeitschrift *People* stellte Berühmtheiten aus der Szene vor. In den Clubs von Hollywood traten populäre Gurus und Bühnenkomiker auf, um ihren transpersonalen Rap zu präsentieren.

Die Verbreitung einer erweiterten wissenschaftlichen und sozialen Sicht der Welt hatte für Tausende von Menschen, die seit langem vermuteten, dass die alten Sichtweisen auf wackeligen Füßen standen, persönliche Bedeutung.

Inzwischen habe ich zusammen mit anderen Seminarleitern, die alle in eine neue Richtung denken, ein ungewöhnliches Seminar entwickelt – sieben Moderatoren und 40 Teilnehmer. Das ist finanziell nicht gerade eine lukrative Relation, aber diese Seminarreihe war als Experiment gedacht, um Informationen für das Buch zu sammeln, das Sie jetzt lesen.

In *Die sanfte Revolution. Gelebte Visionen für eine menschlichere Welt* geht es darum, wie wir den immer schneller werdenden Veränderungen unserer Zeit erfolgreich begegnen können. Dieses Buch ist auch ein Versuch, uns die ursprüngliche Bedeutung des Wortes »radikal«, das im augenblicklichen Wortgebrauch für »extremistisch« steht, zurückzuerobern. Es geht hier um die Visionärin und den Visionär in jeder und jedem von uns und um die Frage, wie wir aus unseren Beschränkungen ausbrechen können. Und es geht darum, wie unser Gehirn statt gegen uns *für* uns arbeiten kann und wir lernen, in der Dunkelheit aufzuwachen.

Die radikale Aufwertung der kollektiven Intelligenz hat ihre Gegner, die befürchten, allmählich ausgelöscht zu werden, wenn sie gegen diese Form des Denkens nicht protestieren.

Es ist eine dunkle, unausgesprochene Wahrheit, dass die Mächtigen – die »regierende Klasse« – durch die Ausübung ihrer Macht die Regeln bestimmen. Die öffentliche Politik wird von Redenschreibern gestaltet, die unsere Köpfe unter Wasser halten wollen. Das öffentliche Wohl bleibt dabei völlig außer Acht und die egoistischen Ziele dieser Macher sind stärker als der gesunde Menschenverstand.

Diese Menschen haben viel zu lange im Vordergrund gestanden und ihre Position oft behauptet, indem sie an die Seite in uns appellierten, die für weniger mehr haben will. Wir haben Angst, das neue Spiel zu spielen, weil wir befürchten, es könne uns dann schlechter gehen als jetzt. Darüber sollten wir uns schämen.

Wir brauchen heute keine weitere Formel oder Doktrin, sondern eine Reihe von funktionierenden Verfahren. Wir müssen uns zu einer Gruppe von Strategen entwickeln, die immer unterwegs sind, geniale Werkzeugmacher, visionäre Erfinder und Erfinderinnen. Für diese Reise gibt es keine erfahrene Reiseleitung, die uns sicher ans Ziel bringen könnte. Nur unser eigenes erwachtes Selbst.

Die meisten von uns wittern immer und überall heimliche Pläne, einschließlich eigener, wenn wir ehrlich sind. Wo oder bei wem liegt aber der Fehler? Wir schieben die Schuld an unserer Misere gern Institutionen, politischen Parteien, Regierungsbeauftragten, Schulen, großen Unternehmen, der

Arbeit, dem Kapitalismus oder dem Sozialismus zu. Oder wir beschuldigen das ganze System. Doch lassen Sie uns hier und jetzt eingestehen, dass Sozialpolitik immer von Individuen gemacht wird. Kulturelle Durchbrüche gehen immer auf die Einsichten und Bemühungen Einzelner zurück. Und es sind Individuen, die uns erste Vorbilder für neue Verhaltensweisen liefern.

Der innere Gärungsprozess einer Gesellschaft und ihre Lebensfähigkeit stehen in direktem Verhältnis zu der Anzahl von Menschen, die aktiv eigene Ideen verfolgen. Das ist kein positives Denken – sondern positives Handeln: getragen vom Geist des Experiments.

In diesem Geist lernen Menschen voneinander – alte und junge, Priester und Heiler, Geschäftsleute und Künstlerinnen, Krieger und Friedensstifter, Politiker und Schriftsteller. Sie feuern sich gegenseitig an und jeder gewinnt, weil die Gesellschaft gewinnt. Bei diesem Spiel, das mehr Mitspieler hat als das alte, freut sich niemand über die Niederlagen der anderen. Siegen heißt nicht die menschliche Natur beherrschen, sondern sie im wachsenden Maße entdecken und offenbaren. Wir entwickeln uns zu einer Spezies, die immer in Bewegung ist, geprägt von Veränderung und Erneuerung. Beharrlich fordern wir die vielen verschiedenen Seiten unseres Selbst heraus. Was wir auch tun, wir sind zutiefst intuitiv und stimmen uns auf die Energien der uns umgebenden Menschen und Natur ein.

Während wir in Bewegung sind, erforschen wir uns und unsere Welt. Wir heilen und nähren unseren Körper und unsere Seele, weil uns das zur wunderbaren Gewohnheit geworden ist. Wir lenken unsere Welt nach den erleuchteten Maßstäben des Dienens. Wir vollbringen unsere Aufgaben mit Sorgfalt und Genie. Wir sind eine große und mächtige Gemeinschaft, die neuen Nomaden, und unsere Reisen führen uns an jenen utopischen Ort aus uralter Zukunft. Den Ort der fallenden Wasser, der flüsternden Winde und der beweglichen Fundamente unserer Wohnstätten. Aus diesem Stamm der freien Heiligen, die immer unterwegs sind, rufen wir das Selbst, das unsere Bestimmung ist.

Ein neuer Mensch werden ... das ist ein ungeheuerliches Ziel. Doch wollen wir es riskieren, die einzige Möglichkeit, die uns garantieren könnte, dass wir zu einer neuen sozialen Übereinkunft finden, nicht zu ergreifen? Konventionelles Wissen sagt, es sei unmöglich, dieses Ziel zu erreichen. Unser radikaler gesunder Menschenverstand sagt uns, wir wären Narren, wenn wir es nicht versuchen würden.

1 Es steht in unserer Macht

Eine neue Methode des Denkens

Die Zeit hat uns geformt.

Thomas Paine: Common Sense

Am 10. Januar 1776 veröffentlichte ein erst kürzlich einge-
wanderter Engländer ein Pamphlet, in dem er amerikanische
Kolonisten drängte, ihre Haltung zu einer Sache zu überdenken, die für die meisten Menschen damals selbstverständlich
war: das göttliche Recht der Monarchie. Laut zeitgenössi-
scher Berichte waren viele erklärte Königstreue durch eine
einmalige Lektüre von Thomas Paine's *Common Sense*
bekehrt. Paine muss in der Tat gute Argumente gehabt
haben. Im Laufe des nächsten Jahres wurde über eine halbe
Million Exemplare seines Buches verkauft, was angesichts
einer Bevölkerungszahl von insgesamt zwei Millionen Kolonisten eine unglaubliche Menge war.

Da Paine das Honorar für sein zwei Shilling kostendes
Pamphlet der Revolution zukommen ließ, bewilligte ihm der
dankbare Kongress der Vereinigten Staaten nach dem Krieg

eine kleine Rente und schenkte ihm eine Farm im Bundes-
staat New York. Und doch wurde Paine, der sich weiter für
die Verbreitung der Demokratie einsetzte, nur wenige Jahre
später als Verräter gebrandmarkt. Eben noch ein Held, Vater
der Vernunft, galt er schon kurz darauf als Außenseiter.
Was hat es auf sich mit dieser Sache, die wir als »gesunden
Menschenverstand« bezeichnen? Wir berufen uns ständig
darauf, trotzdem entzieht sich dieser Begriff einer klaren
Definition. Er impliziert ein Wissen, das jedem von uns zur
Verfügung steht, und trotzdem stimmen wir bedauernd
darin überein, dass nichts seltener ist als gesunder Menschenverstand. Die Franzosen sagen »le bon sens« (»Der gute
Verstand«), der auch für sie keinesfalls selbstverständlich ist.

Auch wenn wir vom gesunden Menschenverstand sprechen, als sei das ein statischer Begriff, mit dem alle das Gleiche meinen, hat er in Wirklichkeit eine Entwicklung durch-
gemacht. Im 18. und 19. Jahrhundert zum Beispiel galt
Baden in Europa als ungesund. Bis ins 18. Jahrhundert hin-
ein ging man allgemein davon aus, Tomaten seien giftig; bis
ein Mann auf den Stufen des Gerichtsgebäudes von Salem,
New Jersey, demonstrativ eine Tomate aß.

Sind die Beweise unanfechtbar geworden, entwickelt sich
ein neuer gesunder Menschenverstand.

Der gesunde Menschenverstand ist manchmal etwas
Subjektives. Was ein Mensch vernünftig findet, ist für den
anderen unsinnig. Außerdem wird der gesunde Menschenverstand geprägt durch die Werte der Kultur und sogar der
Subkultur. Was eine Gruppe als selbstverständliche Schlussfolgerung betrachtet, ist für andere Ketzerei.

Der gesunde Menschenverstand wurzelt in lokalen Vor-
aussetzungen. Wenn wir die Ursprünge bestimmter Überzeugungen vergessen haben, gehen wir davon aus, dass sie auf
dem allgemeinen gesunden Menschenverstand beruhen.

Über manches, was wir auf den gesunden Menschenverstand zurückführen, sind wir uns alle einig. Diese Werte scheinen so offensichtlich, dass wir sie nicht einmal diskutieren, es sei denn, sie werden verletzt, so zum Beispiel, wenn Menschen eindeutig gegen ihre eigenen Interessen verstoßen.

Immer häufiger fragen wir uns gegenseitig: »Wo bleibt da der gesunde Menschenverstand?« Auch wenn das eine rhetorische Frage sein mag, lohnt es sich, einmal näher darauf einzugehen. Dann können wir sehen, wie unzulänglich die Vorstellung ist, der gesunde Menschenverstand beruhe auf einem bestimmten, allgemein verbreiteten Wissen. Trotzdem scheinen wir alle darin übereinzustimmen, dass wir etwas vermissen. Vielleicht können wir nicht erklären, was es ist, aber wir wissen es.

Wenn wir sagen, dass jemand gesunden Menschenverstand besitzt, meinen wir damit meistens eine praktische Ausgewogenheit. Dieser Mensch hat sich unter Kontrolle, ohne übermäßig starr zu sein. Er ist zu spontanem Verhalten fähig, ohne dabei dumme Risiken einzugehen.

Man könnte sagen, gesunder Menschenverstand ist eine Form des Seins, eher eine Eigenschaft oder eine Einstellung zum Leben und zur Welt als ein spezielles Wissen – er beruht nicht auf bestimmten Gedanken, sondern auf der Fähigkeit, klar und praktisch zu denken. Beim gesunden Menschenverstand geht es nicht um das, *was* wir wissen, sondern *wie* wir mit unserem Wissen umgehen.

Gesunder Menschenverstand heißt, wir erinnern uns sowohl an das, was wir gelernt haben, als auch, dass wir vergessen. Wir berücksichtigen unsere Unwissenheit, unsere Vorlieben und Fehler. Wir wollen auch dann lernen, wenn die Lektionen schwierig sind, und haben ein feines Gespür für Konsequenzen und Möglichkeiten.

Eine Gesellschaft von Ausreißern

Die letzten Szenen von Émile Zolas *Das Tier im Menschen* zeigen, wie der klassische gesunde Menschenverstand versagt. Ein wütender Ingenieur und ein Heizer streiten sich in der Lokomotive eines Personenzugs. Der Heizer hat in seinem Zorn das Feuer der Lokomotive so stark geschürt, dass es zum Höllenfeuer wird. Die beiden beginnen miteinander zu kämpfen. Sie packen sich gegenseitig beim Kragen und versuchen sich durch die offene Tür nach draußen zu stoßen. Dabei verlieren sie das Gleichgewicht, fallen beide aus dem Zug und rollen den steilen Berghang hinunter. Der Zug rast weiter, nimmt an Geschwindigkeit zu. Die unglückseligen Passagiere, Soldaten auf dem Weg zur Front, dösen oder feiern betrunken, ohne von der herannahenden Katastrophe etwas zu bemerken.

Zolas Geschichte ist eine Parabel der modernen Gesellschaft und ihrer aus der Bahn geratenen Institutionen. Die Menschen, von denen man annehmen könnte, dass sie die Führung übernehmen, sind so verwickelt in ihre eigenen persönlichen Dramen, gelähmt von Leistungsängsten und besessen von ihren Ambitionen, dass sie vom Fahrersitz Reißaus genommen haben. Und wir, ihre vergessenen Passagiere, müssen den Preis dafür zahlen. Es sei denn, wir wachen auf.

Die Suche nach einer aufrichtigen Gesellschaft gestaltet sich ebenso schwierig und zynisch wie Diogenes' Suche nach einem aufrichtigen Menschen. In vielen Ländern geben Hersteller und Händler immer mehr Geld aus, um ein immer skeptischer werdendes Publikum auf ihre Produkte aufmerksam zu machen. Fernsehzuschauer und Zeitungsleser misstrauen vielen Dingen, die sie zu sehen und zu hören bekommen. Der Respekt vor Institutionen und selbst vor der Religion schwindet.

Nur wenige unserer designierten Führungskräfte bieten glaubwürdigen Trost. Die allgemein herrschende große Verwirrung äußert sich in einer chaotischen Politik. Überall nehmen Menschen die offensichtliche Kluft zwischen Ideal und Wirklichkeit wahr, ohne herauszufinden, bei wem der Fehler liegt. Sündenböcke – die berüchtigten »anderen« – stehen nicht viele zur Verfügung.

In der Tradition des Zen erzählt man sich die Geschichte von einem jungen Bauern, der ein kostbares Erbstück besaß, eine große, hübsch anzusehende Glasflasche. Eines Tages spazierte ein junges Gänschen in das Bauernhaus. Es fiel in die Flasche und niemand konnte es daraus befreien. Weil der gutherzige Bauer es nicht über sich brachte, ein lebendes Geschöpf umzubringen, konnte er die Gans nicht töten. Er konnte sich aber auch nicht dazu durchringen, die kostbare Flasche zu zerbrechen. Aus Freundlichkeit und Unschlüssigkeit fuhr er fort, das Gänschen zu füttern. Das drohende Unglück rückte täglich näher.

Das Koan oder Zen-Rätsel lautet: *Wie bekommt der Bauer die Gans aus der Flasche?*

Das ist mit Sicherheit auch unsere Geschichte, die Geschichte der Menschheit zu Beginn des 21. Jahrhunderts, die die Luft verpestet, die Erde überbevölkert, ständig in Kämpfe verwickelt ist und ein Loch in die Atmosphäre reißt, die sie atmet. Wir sind lebende Systeme und uns wird durch Strukturen, die auf der Vergötterung von Zeit beruhen, und die Begrenztheit unserer Ressourcen täglich immer mehr die Luft abgedreht. *Wir* sitzen in dieser Flasche fest.

Radikaler
gesunder Menschenverstand

Als wir unser Land aufbauten und uns eine ziemlich
radikale Verfassung gaben mit einer radikalen individuellen
Freiheit für die Amerikaner, gingen wir von der Voraussetzung aus, dass die Amerikaner mit dieser ihrer Freiheit
verantwortungsbewusst umgehen würden.

Bill Clinton

Wir brauchen *radikalen* gesunden Menschenverstand, um
aus der Flasche herauszukommen. Radikaler gesunder Menschenverstand ist gesunder Menschenverstand, zu dem wir
uns gegenseitig bewusst ermutigen und den wir bewusst einsetzen. Radikaler gesunder Menschenverstand spiegelt die
wachsende Erkenntnis wider, dass individuelle Vernunft
nicht ausreicht – die Gesellschaft selbst muss Sinn machen
oder sie geht unter. Radikaler gesunder Menschenverstand
ist eine geistige Haltung. Er respektiert die Vergangenheit,
ist aufmerksam für die Gegenwart und kann sich deswegen
eine Zukunft vorstellen, die besser funktioniert.

Einerseits sieht es so aus, als besäße die moderne Zivilisation weder die Zeit noch die Hilfsmittel oder die Entschlossenheit, um durch den Flaschenhals zu entkommen. Wir können
von dort, wo wir uns im Augenblick befinden, nicht hinausge-
langen. Wir können unsere dringendsten Probleme nicht mit
traditionellen Strategien wie Wettbewerb, Wunschdenken,
Kampf oder Krieg lösen. Wir können Menschen nicht durch
Einschüchterung bewegen, gut, klug oder gesund zu sein. Wir
können Menschen nicht mit Routine oder Bestechung erziehen, können durch Betrug nicht gewinnen, unseren Frieden
nicht auf Kosten anderer erkaufen und vor allem können wir
Mutter Natur nicht zum Narren halten.

Andererseits könnte es sein, dass das Problem die Antworten schon enthält – unser Denken, besonders unsere Vorstellung, dass wir die Natur beherrschen müssen, statt sie zu verstehen. Wir haben versucht, uns über bestimmte tief greifende Realitäten rücksichtslos hinwegzusetzen.

Radikaler gesunder Menschenverstand sagt, lasst uns mit der Natur ein Bündnis schließen. Wir haben nichts zu verlieren und sehr viel zu gewinnen. Wie das Sprichwort sagt: »Wenn du ihn nicht besiegen kannst, mache dir den Feind zum Freund.« Wir können bei der Natur in die Lehre gehen und uns ihre Geheimnisse respektvoll zunutze machen, statt zu versuchen, sie ihr zu entreißen. Wissenschaftler zum Beispiel, die natürliche Systeme beobachten, berichten, dass die Natur eher kooperativ (»Leben und leben lassen«) als konkurrenzorientiert (»Töte oder werde getötet«) ist. »Konkurrierende« Arten, stellte sich heraus, gehen oft eine Koexistenz ein, indem sie die zur Verfügung stehende Nahrung miteinander teilen und sich zeitlich abstimmen; sie ernähren sich zu unterschiedlichen Zeiten von unterschiedlichen Teilen ein und derselben Pflanze. Bei Elchen und anderen Herdentieren stellen ältere oder verletzte Tiere sich Verfolgern, damit jüngere und gesündere Mitglieder der Herde fliehen können.

Offensichtlich dient die Nächstenliebe von Lebewesen der Evolution. Durch ihren Erfindungsreichtum kann die Natur – auch die menschliche – uns zur Seite stehen.

Wenn die wissenschaftliche Forschung dokumentiert, welche wohltuenden Auswirkungen traditionelle Tugenden wie Beharrlichkeit, harte Arbeit, Verzeihen und Großzügigkeit auf unsere Gesundheit haben, würdigt sie sowohl den gesunden Menschenverstand als auch einen gesunden Idealismus. Menschen, die einen Sinn im Leben gefunden haben, fühlen sich besser, haben mehr Selbstliebe, altern sanft und leben länger.

Radikaler gesunder Menschenverstand bezieht seine
Überzeugungen von der Wissenschaft *und* von inspirierten
Individuen.

Die Lektion der »lebenden Schätze«

In Japan gibt es die bewundernswerte Tradition, Menschen, die Außergewöhnliches für die Gesellschaft leisten,
zu ehren, als wären sie eine Hilfe für die ganze Nation.
Menschen, die aus ihren Fähigkeiten das Beste gemacht
oder sich nach besten Kräften eingesetzt haben, nennt man
hier »lebende Schätze«.

Jede Nation, ja sogar jede Nachbarschaft, hat ihre lebenden Schätze, Menschen, die es als höchste Belohnung empfinden, ihren Beitrag zur Gesellschaft zu leisten. Manche
sind allgemein bekannt. Millionen aber gehen als stille Hel-
dinnen und Helden täglich ihrer Aufgabe nach, geben bei
ihrer Arbeit ihr Bestes und versuchen anderen zu dienen,
statt in erster Linie an sich selbst zu denken.

Die meisten dieser Menschen verstehen die Gedanken-
gänge, die Aldous Huxley als »ewige Philosophie« bezeichnete. Sie begreifen, dass ihr Schicksal mit dem von anderen
Menschen verknüpft ist. Sie wissen, dass sie Verantwortung
übernehmen, sich ihre Integrität bewahren, immer weiter
lernen und unerschrocken träumen müssen. Und sie wissen
auch, dass dieses Wissen nicht ausreicht.

Durch ihr Beispiel machen sie uns klar, dass wir hier und
jetzt »zur Sache kommen« und die kleinen Schritte unternehmen müssen, die den großen Sprung vorbereiten. Sie
wünschen sich von den Menschen, die ihre Träume verwirklichen, dass diese sie einweihen in die Techniken und Tech-
nologien, die sie dafür benutzen.

Der radikale gesunde Menschenverstand sagt uns, wir sollten ein Wissen wie dieses zum Wohle des Ganzen erwerben und verbreiten, statt daraus ein Geheimnis zu machen. Und es überrascht nicht, dass es den meisten kompetenten Leuten nicht nur Spaß macht, das, was sie gelernt haben, an andere weiterzugeben. Sie haben auch Freude daran, von der Erfahrung anderer zu lernen.

Kein Wunder, dass unsere individuellen Entdeckungen kein Allgemeinwissen werden. Wenn wir bestimmte Tricks und Schnellverfahren herausfinden, denken wir meistens nicht daran, anderen davon zu erzählen. Entweder wissen die es vielleicht bereits. Oder wir stehen in Konkurrenz mit ihnen.

Je erfolgreicher wir unsere Aufgabe bewältigen, desto weniger Zeit haben wir für Analyse und Reflexion. Vielleicht erinnert sich der Trainer noch daran, dass der Eiskunstläufer, der die Goldmedaille gewann, früher wenig Eleganz hatte und ziemlich ängstlich war. Das hat sich nach einigen psychologischen und technischen Durchbrüchen geändert. Der siegreiche Sportler, ebenfalls ein feiner Beobachter von Veränderungen, ist zu sehr damit beschäftigt, neue Figuren zu trainieren, so dass er keine Zeit hat, anderen eine Kür, mit der er gewonnen hat, detailliert zu schildern. Das Gleiche gilt für hervorragende Unternehmer, Politiker oder Eltern. Sie geben ihr Wissen nicht an andere weiter, weil sie zu sehr damit beschäftigt sind, selbst weiterzulernen.

Denken Sie einen Augenblick an Ihre eigenen entscheidenden Durchbrüche. Haben Sie den Weg Ihres Lernens aufgezeichnet und zurückverfolgt? Meistens fallen uns Verbesserungen, wenn überhaupt, erst im Rückblick auf. Und nur selten denken wir daran, unsere Spuren zu markieren, damit andere ihnen folgen können. »Leben und lernen«, sagen wir und bestätigen damit, wie wertvoll es ist, eigene

Erfahrungen zu machen. Meistens vergessen wir »zu leben und zu lehren«.

Radikaler gesunder Menschenverstand sagt, dass unser kollektives Überleben von unserer Fähigkeit abhängen könnte, uns und anderen etwas beizubringen. Wenn wir das Wissen vieler Menschen, die Neuland betreten haben, systematisch sammeln, können wir Routen zusammenstellen, die wir anderen Reisegefährten in die Hand drücken.

Wenn Sie sich an bestimmte Lebensgesetze halten, haben Sie bei der Verwirklichung Ihrer Träume die Natur auf Ihrer Seite. Sie sind dann nicht nur auf Glück angewiesen, sondern auch besser imstande, dieses zu nutzen. Sie können Ihr Bestes beitragen, ohne Ihre Werte zu verraten, Ihrer Gesundheit zu schaden oder andere auszubeuten. Sie können Forscher und Menschenfreund zugleich sein.

Menschen, die etwas erreichen, haben die Einstellung, dass vieles möglich ist. Sie sind realistisch und gehen davon aus, dass sie selbst der Ort sind, an dem Neuerungen stattfinden. Zentral für ihren Erfolg ist ihre Fähigkeit zur Veränderung. Sie haben gelernt, Kräfte zu sparen, indem sie keine Zeit damit verschwenden, Dinge zu bedauern oder sich zu beklagen. Jedes Ereignis ist für sie eine Lehrstunde, jeder Mensch ein Lehrer. Lernen ist ihre eigentliche Beschäftigung, aus der sich ihr Beruf ergeben hat.

Diese geistigen Vordenker bestehen darauf, keine besonderen Gaben zu besitzen; auch andere könnten tun, was sie getan haben. Sie kennen bestimmte Faktoren für Erfolg, die zuverlässiger sind als Glück oder angeborene Talente.

Es ist kein Geheimnis, dass Führungsqualitäten zum allgemein verbreiteten Grundlagenphänomen werden müssen, wenn unsere Gesellschaften überleben sollen. Sollten Sie das bezweifeln, überlegen Sie doch bitte einmal, wie es anders funktionieren soll. Und außerdem sollten Sie bedenken, wie viele Menschen insgeheim bereits davon ausgehen, dass sie in der Lage sind, eine Führungsrolle zu übernehmen. Soziologische Untersuchungen haben wiederholt gezeigt, dass die meisten Menschen sich selbst für klüger, liebevoller, ehrlicher und verantwortungsbewusster halten als ihre Mitmenschen.

Offensichtlich können wir diese positiven Züge nach außen hin nicht zeigen, weil »da Dschungel herrscht«. Wir halten uns für »clever«, wenn wir unsere Anteilnahme verbergen, denn sonst müssten wir in der Wildnis da draußen Verantwortung übernehmen. Also existiert der gefährliche Dschungel weiter als eine sich selbst erfüllende Prophezeiung, die unserem kollektiven Selbstbild entspringt. Eine Möglichkeit, die Gans aus der Flasche zu befreien, wäre, dass wir uns als freie und ehrbare Individuen zusammentun, die den Mut und die Vernunft besitzen, Schwarzmalereien zu hinterfragen. Das können wir nur, wenn wir den Schleier lüften, der unsere äußeren Helden von unserer eigenen inneren Heldenhaftigkeit trennt.

Wenn unsere Gesellschaften ihre Identitätskrise durchmachen, können wir im Chaos ein gesundes Lebenszeichen sehen und die Turbulenzen als heilsames Fieber betrachten. Der radikale gesunde Menschenverstand beruft sich auf Sokrates: Das nicht erforschte *kollektive* Leben ist nicht lebenswert.

Je sensibler ich als Individuum bin, desto offener bin ich für gesunde neue Einflüsse und desto größer ist die Wahrscheinlichkeit, dass ich mich zu einem einzigartigen Selbst entwickle. Dieses Selbst ist das Geheimnis für den Erfolg einer Gesellschaft. Es sieht, wie sein Schicksal mit dem Ganzen verbunden ist. Es besitzt, was wir manchmal »Seele« nennen, und die Leidenschaft, die wir bislang als »Patriotismus« bezeichneten.

Radikaler gesunder Menschenverstand ist Weisheit, die der Vergangenheit entspringt und die die schnell verderblichen Chancen des gegenwärtigen Augenblicks erkennt. Er ist bereit, Fehler einzugestehen, und weigert sich, sich von Fehlern einschränken zu lassen. Heldentum, so wird deutlich, heißt nichts anderes, als unser eigenes latentes Selbst zu werden. Der Sieg besteht nicht darin, dass wir unsere Natur transzendieren oder beherrschen, sondern sie immer mehr entdecken und offenbaren.

Große Probleme, wie die Kriege alter Zeiten, sind vielleicht ein Ansporn weiterzukommen, doch sind wir nicht auf äußere Herausforderungen angewiesen. Radikaler gesunder Menschenverstand sagt, wir können uns selbst herausfordern. Oder, wie die Taoisten es ausdrücken, wir können den Tiger umarmen.

Als er nach seiner wichtigsten Entdeckung gefragt wurde, sagte ein bekannter Managertrainer: »Mir wurde schließlich klar, dass Menschen nur aus einem lernen: aus Erfahrung. Und den meisten gelingt das nicht besonders gut.«

Ab einem bestimmten Punkt ist alle Bildung Selbstbildung. Wir lernen nur langsam Neues, es sei denn, wir entscheiden uns dafür. Selbst gestellte Herausforderungen sind unwiderstehliche Lehrer.

Da er die simplen Geheimnisse eines visionären Lebens einbezieht, kann der gesunde Menschenverstand zum lange gesuchten Gral werden, zum machtvollen Gefäß, mit dem wir uns selbst eine Form geben und geformt werden.

Das Vorboten-Ich

»Ich möchte kein Schmetterling sein«, sagte die Raupe,
»weil ich nie einer gewesen bin.«
Stewart Edward White

Wir können jederzeit neue Verhaltensweisen entdecken, die für uns und unsere Welt wertvoll sind. Dieses Phänomen könnten wir als »Vorboten-Ich« bezeichnen. Wir suchen uns neue Wege, finden sie zufällig oder wandern einfach drauflos. Wenn wir wach sind für solche Veränderungen oder andere uns darauf hinweisen, prägen sie sich schneller ein.

Der gesunde Menschenverstand sagt uns, dass wir das Wissen, das durch alte Traumen zersplittert wurde, wieder zusammenfügen müssen, wenn wir kurze Einblicke in ein einheitlicheres »höheres« Selbst haben. Vielleicht existiert in jeder und jedem von uns ein weises Selbst, das versucht, die Führung zu übernehmen.

Der Tod, der jede Transformation begleitet, gleicht der Häutung der Schlange oder dem Abstreifen des Kokons, aus dem die Puppe schlüpft. So zu sterben heißt den Versuch aufzugeben, derselbe Mensch zu bleiben. Das ist der radikale Wechsel, den jede Geburt bedeutet.

Die größte Anmaßung der Menschheit besteht in ihrem Bemühen, den Fluss anzuhalten, die unvermeidbare Veränderung zu stoppen. Wir reiben uns auf in Sorgen über unseren individuellen Zeitplan und unser bequemes Zugabteil, während der Zug ohne unsere bewusste Führung dahinrattert, um noch einmal Zolas Metapher zu bemühen.

Unsere ehrbaren Institutionen, Hüter unserer Überzeugungen und Werte, müssen neu ausgestattet werden, wenn sie unser Vertrauen und unseren Stolz zurückgewinnen sollen. Eine Vorboten-Gesellschaft muss Innovation und Wahrheit zur festen Tradition machen statt verzweifelte letzte Maßnahmen.

Der lateinische Dichter Virgil schrieb: *Novo ordus seclorum* – »Ein neues Zeitalter beginnt«. Ein Motto, das in den Vereinigten Staaten auf den Dollarscheinen steht. Der Traum von einem neuen Anfang kehrt immer wieder, und doch gibt es historische Phasen, in denen tief greifende kulturelle Veränderungen unmittelbarer bevorstehen als in anderen.

Die Menschen, die in der Gegenwart das Neue Zeitalter sehen, haben zumindest in einem Punkt Recht: Nie zuvor gingen so viele Menschen visionären Künsten nach, die in der Vergangenheit reichen Bevölkerungsschichten mit viel Müßiggang und der religiösen Elite vorbehalten waren. Vieles am Denken des so genannten New Age ist eine Art realistischer Idealismus, die Kunst und Wissenschaft, ein erfülltes Leben zu führen.

»Es steht in unserer Macht, die Welt noch einmal zu beginnen«, erzählte Thomas Paine seinen Landsleuten. Das war ein jugendlicher und anmaßender Traum, doch in gewisser Weise hatten die Träumer Recht. Wir sollten uns der Enttäuschungen und lächerlichen Farcen der Demokratie nicht so sehr schämen, dass wir die Idee der Demokratie selbst verpönen. Sie ist eine äußere Widerspiegelung unserer Selbstakzeptanz.

Und wir können in unserem individuellen Leben mehr Demokratie zwischen unseren verschiedenen inneren Seiten stiften; wir können den widerstreitenden inneren Stimmen helfen, sich zu versöhnen. Wir können unser Denken befreien, unsere Gefühle beherrschen und unseren Körper kräftigen, um klarer und produktiver zu sein.

Wir können im wahrsten Sinne des Wortes die Zügel in die Hand nehmen.

Wir können uns die Energie zurückholen, die wir mit negativen Emotionen verschwendet haben, und sie für nützliche Aufgaben verwenden. Wir können uns einen inneren Niagarafall erschließen, der unsere Ideen mit Energie versorgt, so dass wir sie in die Tat umsetzen können. Wir müssen keine Seite von uns aufgeben, weder die skeptische noch die visionäre, um unser Leben nach eigenen Idealen zu gestalten.

Und wenn genügend Menschen ihr Leben selbst in die Hand nehmen, ihre Rechte und die Rechte anderer einfordern, wenn wir mehr zahlen als nur unseren Anteil und uns immer häufiger belohnen, indem wir uns selbst verwalten, statt andere über uns bestimmen zu lassen, dann haben wir tatsächlich die Macht, die Welt neu zu beginnen.

Der erste Schritt besteht darin, dass wir mit neuen Augen sehen.

Zeit, in Bewegung zu kommen

Die neuen Visionäre sind
Revolutionäre mit radikalem
gesunden Menschenverstand

Gesunder Menschenverstand ist das Genie in
Arbeitskleidung.

Ralph Waldo Emerson

Für mich sind Halbradikale keinen Pfifferling wert ...
Dies ist nicht die Zeit für die sanfte Tour. Nicht die
Zeit für lauwarme Anfänge. Sondern eine Zeit für
klare Worte und furchtloses Denken.

Helen Keller

Von den ersten Anfängen bis in die jüngste Zeit hatten
Gesellschaften, die in Schwierigkeiten gerieten, eine direkte
und simple Lösung parat: in Bewegung kommen. Finde ein
neues Zuhause! Ein ganzer Stamm oder die gesamte Nation
baute die Zelte ab, packte ihre Habseligkeiten zusammen und
suchte sich einen neuen Ort, um sich dort niederzulassen.

Seit unsere Vorfahren ihren mesopotamischen Garten ver-
ließen, ist die Migration für die Menschheitsgeschichte von
zentraler Bedeutung. Ganze Stämme haben die sibirischen
Steppen durchquert, haben sich überall im Nahen Osten verteilt und sich per Schiff auf den Weg gemacht, ferne Inseln zu
bevölkern. In unserer Zeit sind viele Tibeter nach Indien und
Juden nach Israel gezogen und vietnamesische Boatpeople
sind in Häfen gelandet, die ihnen Aufenthalt gewährten.

Typische Anstöße zum Abwandern sind eine Verknappung lebenswichtiger Ressourcen, politische oder religiöse
Verfolgung oder angriffslustige Nachbarn. Manchmal setzte
sich ein Volk auch massenhaft in Bewegung, weil Boten und
Reisende Kunde brachten von einem fernen Land, in dem
der Boden fruchtbar und das Klima milde war.

Tatsächlich ist auch die moderne Zivilisation ein großer
Stamm, der jetzt in Bewegung kommen muss oder zugrunde
gehen wird. Ansteckende Krankheiten und andere Seuchen,
Dürreperioden und Kriege, Umweltverschmutzung und
Verknappung der Bodenschätze sind einige Gründe dafür,
dass wir auf keinen Fall bleiben können, wo wir uns befinden.
Wir müssen die uns bekannte Welt mit ihren üblichen
Kämpfen und irrationalen Prioritäten hinter uns lassen.

Der einzig vernünftige Weg besteht darin, einen neuen
Standort zu beziehen.

In jeder Nation, jedem Stamm, jedem Dorf, in unseren
Kirchen und Tempeln, auf den öffentlichen Plätzen der
Stadt und in den Träumen unserer Künstlerinnen und
Künstler hören wir von einem besseren Ort. Nennen wir ihn
das Land der Gerüchte. An diesem Ort ist das Wasser sauber
und die Einwohner sind freundlich. Und wo in dieser unserer
klein gewordenen Welt finden wir einen solchen Ort? Wo
können wir uns auf dieser Erde noch hinbegeben?

Für uns ist dieser Ort natürlich ein neues Verständnis.

Erfolgreich abwandern

Ob eine Wanderung erfolgreich verläuft, hängt davon ab, wie kreativ wir auf unserem Weg neue Werkzeuge entwickeln.

- *Vision:* ein glaubwürdiges Bild davon, was wir tun und wo wir uns hinbegeben könnten.
- *Werte:* die Rückkehr zu klassischen Werten wie Freundlichkeit, Arbeitsbereitschaft, Verantwortung des Einzelnen und neuere Werte wie Einsatz für die Umgebung.
- *Sinn:* sinnvolle Aufgaben oder Projekte, die damit verbunden sind, dass Menschen sich in Gruppen zusammenfinden.
- *Gesunder Menschenverstand:* die öffentlich bezeugte Wahrnehmung von Fakten und Folgen.
- *Handeln:* Es liegt alles im Bereich unserer Möglichkeiten. Man muss es nur *tun*.

Wir machen uns Sorgen, weil uns offensichtlich die Lösungen und Ideen ausgehen, weil es uns an Anteilnahme und Sinn fehlt, an Verständnis und Willenskraft. Diese Defizite, die wir alle wahrnehmen, können uns demoralisieren und stellen für das Überleben der Menschheit möglicherweise eine unmittelbarere Bedrohung dar als das prophezeite Knappwerden von Wasser, Brennstoff und sogar Sauerstoff.

Ohne den Einsatz von Geist und Willen wird es uns nicht gelingen, uns durch die Krisen, die uns in der physischen Welt bevorstehen, unseren Weg zu bahnen. Diese offenkundige Tatsache hilft uns, neue Werte zu entwickeln. Wir sind motiviert, auf Ziele hinzuarbeiten, die wir sowohl für richtig als auch für vernünftig halten.

Unsere Werte wiederum motivieren uns, in Bewegung zu kommen. Sie sind richtungsweisend für unser Handeln –

auch wenn Werte als solche nicht immer klären können, wie wir handeln müssen, um unsere Ziele zu erreichen. Sollte unsere Gesellschaft Gesetzesbrecher härter bestrafen? Sollten wir mehr Wert auf eine moralische Erziehung legen? Oder sollten wir herausfinden, ob unsere Rechtsprechung wirklich gerecht ist?

Das englische Wort für Wert – »value« – stammt von der lateinischen Wurzel »val« ab und verweist auf Charakterstärke. Was liegt Ihnen am Herzen und wofür würden Sie persönlich etwas riskieren? Wir können Werte nicht passiv vertreten. Werte sind laut Definition etwas, wofür wir kämpfen. Deswegen sind überlieferte Werte (»Ehrlich währt am längsten«) nicht besonders motivierend, es sei denn, wir haben selbst entdeckt, dass sie für uns stimmen. Wenn wir herausfinden, welche Werte für uns wichtig sind, wissen wir auch, wie wir handeln müssen.

Authentische persönliche Werte geben uns meistens auch eine generelle Ausrichtung im Leben. Wenn wir etwas für sinnvoll halten, sind wir aufgerufen, uns Lösungen für dessen Verwirklichung zu überlegen und uns frisch ans Werk zu machen.

Von der Renaissance lernen

Die Ereignisse, die als Katalysatoren für die Renaissance in Italien zusammentrafen, haben in unserer Zeit gewisse Parallelen. Gutenbergs Erfindung der Druckerpresse verschaffte vielen Personen Zugang zu wissenschaftlichen Entdeckungen. Diese Berichte – die »Neuigkeiten« – veränderten den öffentlichen Dialog. Als die Menschen die Wunder der Natur und ihres eigenen Potenzials entdeckten, nahm die im Mittelalter vorherrschende Hinwendung zu Engeln ab. Die

Explosion von Neuerungen in Form von wissenschaftlichen Erkenntnissen, Erfindungen, Skulpturen, Gemälden sowie im Bereich von Architektur und Philosophie inspirierte die Bürger von Florenz, sich eine neue Welt »ohne Krieg und Scharlatanerie« vorzustellen.

Die explodierende digitale Technologie und das Internet, vor allem das World Wide Web, mögen ebenfalls Vorreiter einer globalen Renaissance sein. Angesichts der Millionen von Menschen, die sich vernetzen und ihre Meinungen austauschen, fällt uns Jefferson ein: Auf die Frage, was er wählen würde, wenn er sich zwischen einer Regierung ohne Zeitungen und Zeitungen ohne Regierung entscheiden müsste, antwortete er, er würde sich für Zeitungen entscheiden.

Gegen die globale Migration und Diaspora im 20. Jahrhundert scheint der Zustrom aus Konstantinopel verbannter griechischer Philosophen nach Florenz ein geringfügiges Ereignis gewesen zu sein.

In einer Zeit, die wir als »Fenster zur Renaissance« bezeichnen könnten, begreifen Menschen aus zahlreichen verschiedenen Fachrichtungen und gesellschaftlichen Schichten, dass sie sich für eine gemeinsame Sache zusammenschließen können. Sie – wir – besitzen alle den gesunden Menschenverstand, der ihnen – uns – sagt, dass Technologie und Imagination neue Verbindungen eingehen können. Die Kommunikationsformen, die dem heutigen Stand von Wissenschaft und Technologie entsprechen, regen zu einem Gespräch über aktive Demokratie an. Bürger können ihre Sicht der Dinge formulieren – und gesunden Menschenverstand in Situationen einbringen.

An diesem Punkt sollten wir uns fragen, wie sich eine Renaissance weiterentwickelt. Warum blüht sie auf und fällt früher oder später wieder in sich zusammen?

Florenz ist unter den Städten dieser Welt immer noch eine atemberaubend schöne. Wie konnte diese Stadt den lebendigen Schwung verlieren, den die Renaissance mit sich brachte? Was passierte mit der neuen Welt »ohne Krieg und Scharlatanerie?«

Die berühmten Familien, die in Florenz das Sagen hatten, waren Bankiers. Viele, vor allem die Medici, die Gönner Leonardos, Michelangelos, Botticellis und Della Robbias, waren großzügig und dachten städtisch. Geschickt vermieden sie Kriege und doch beruhte ihr Reichtum darauf, dass sie die Kriege anderer finanzierten.

Die Schatztruhen, aus denen man schöpfte, um in jeder Ecke der Stadt Kirchen und Kathedralen zu errichten und ganze Armeen von Künstlern und Handwerkern zu unterstützen, wurden ständig nachgefüllt mit Geld, an dem Blut klebte.

Auf diesem Weg verrieten die Bürger von Florenz ihre eigenen Ideale, und eines schönen Tages fiel die Stadt in die Hände von Eindringlingen, denen nach dem Wohlstand der Florentiner gelüstete. Ist das ein moralisches Lehrstück für heutige Industrienationen, die ihre Produzenten und Finanziers von Waffen anstiften, ihre Produkte an andere Krieg führende Länder zu verkaufen und oft sogar an beide Parteien, die in diese Kriege verwickelt sind?

Wer in seinem Leben niedrigen Beweggründen folgt, soll an diesen auch zugrunde gehen ...

Letzter Aufruf zur Vision

Eine Vision ist gelenkte Imagination. Sie ist kein Ziel an sich, sondern eine Methode zur Bestimmung von Zielen, die Fähigkeit, Katastrophen abzuwenden und sich wünschenswerte Ergebnisse vorzustellen. Lassen wir unsere Gedanken einfach schweifen, kann uns in den Sinn kommen, dass wir einen Reifen platt fahren, sterben, Pleite machen oder reich werden. Die gelenkte Imagination hingegen sieht Ergebnisse gezielt und deutlich vor sich und nimmt sie so ernst, dass die imaginierende Person reale Anstrengungen zu ihrer Verwirklichung unternimmt.

Unsere Gesellschaft braucht heute nicht nur Führungskräfte, die Visionen haben, sondern muss Menschen auch beibringen und darin unterstützen, eigene Visionen zu entwickeln. Getreu der Maxime: »Gib einem Mann einen Fisch und du ernährst ihn einen Tag. Bringe ihm bei zu fischen, und du ernährst ihn sein Leben lang.«

Vielleicht zeigen visionäre Führer uns den Weg durch dunkle Nächte, aber wir müssen auch selbst Feuer machen können. Laut James Burke, Begründer der BBC-Fernsehserie *Connections*, steht uns ein Zeitalter der Entdeckungen bevor. Schon bald wird man von jedem Menschen erwarten, dass er innovativ denkt. Durch die wachsende Beschleunigung von Veränderungen sind »gewöhnliche Bürger ... (aufgerufen), Denksprünge zu machen, wie man sie bislang nur von den kreativsten Menschen erwartet hat«.

Der Biochemiker Robert Root-Bernstein sagte bei einem Treffen amerikanischer Wissenschaftler: »Die kulturelle Kluft verläuft in Zukunft zwischen denen, die Neues erfinden und schaffen, und denen, die das nicht tun.«

Thomas Paine forderte in seiner Schrift *Common Sense* die amerikanischen Kolonisten auf, ihre Unabhängigkeit zu erklären. »Jetzt ist die Zeit des Säens«, verkündete er. »Eine neue politische Ära ist angebrochen ... eine neue Methode des Denkens ist entstanden.«

Mit glühenden Worten legte Paine seine Argumente gegen die göttlichen Rechte von Königen dar und behauptete, er habe »lediglich simple Tatsachen, reine Beweise und gesunden Menschenverstand« zu bieten. Menschen hatten das Recht, ihre eigenen Führer zu wählen, ja, sich sogar selbst zu führen. »Es liegt in unserer Macht, die Welt neu zu beginnen«, schrieb Paine und begründete damit das Zeitalter der Volksrevolutionen.

Heute wartet noch immer eine tief verwurzelte Kraft auf den Umsturz durch »eine neue Methode des Denkens«. Diesmal ist der Feind weniger ein Tyrann als die Passivität, die allen Tyrannen Macht gibt; es ist kein historischer König, sondern unser beharrliches Widerstreben, unsere eigene Souveränität anzunehmen.

Diesmal brauchen wir keine Versammlungen, um Deklarationen zu verfassen oder Kriege anzuzetteln. Die Früchte der heutigen Revolution zeigen sich in dem Maße, wie immer mehr Menschen ihr Leben selbst in die Hand nehmen und Verantwortung für die Welt tragen. Ihre Entscheidung wird beschleunigt durch die Erkenntnis einer einfachen Tatsache, die nicht ohne Ironie ist: dass nämlich sämtliche Rettungswege blockiert sind, bis auf einen – der radikale gesunde Menschenverstand, der uns sagt, wie wir das Richtige tun können, beflügelt durch unsere Ideale, unsere Eingebungen in besseren Momenten, unsere »edle Gesinnung«.

Gesunder Menschenverstand ist der alte Idealismus im neuen Gewand.

Die unvollendete Revolution

Die Urväter von Amerika beriefen sich auf viele Ideen aus zahlreichen verschiedenen Kulturen: dem alten Griechenland, Frankreich, England und anderen europäischen Nationen sowie der amerikanischen Ureinwohner.

Die ursprünglichen Begründer der amerikanischen Verfassung gingen davon aus, dass diese sich im Lauf der Jahre weiterentwickeln würde. Thomas Jefferson selbst behauptete, dass jede Generation ihre eigene Revolution verdiene: »Kann eine Generation eine andere an sich binden und damit alle weiteren, die dieser folgen? Ich denke nicht. Der Schöpfer hat diese Erde für die Lebenden geschaffen, nicht für die Toten.«

Benjamin Rush, der Patriot, der Paine zu seinem Werk *Common Sense* ermutigte, wies warnend darauf hin, dass zu viele Menschen den Sezessionskrieg für die amerikanische Revolution hielten. »Der Krieg ist zu Ende«, sagte er, »aber der erste Akt der Revolution hat gerade erst begonnen.«

Samuel Adams stellte in seinem Kummer über die Ausschweifungen nach dem Krieg, die er in seinem geliebten Boston miterleben musste, die Frage, die uns noch heute bewegt: »O weh, wird der Mensch niemals frei sein?«

Edward Gibbon schrieb über ein weiteres historisches Experiment in Demokratie: »Mehr als die Freiheit wollten sie am Ende Sicherheit. Als die Athener schließlich beschlossen, dass sie der Gesellschaft nichts geben wollten, sondern die Gesellschaft ihnen geben sollte, und als die Freiheit, die sie sich wünschten, die Freiheit von Verantwortung war, hörte Athen auf, frei zu sein.«

Freiheit, die von Dauer sein soll, ist niemals frei. Sie geht Hand in Hand mit bestimmten kreativen Verantwortlichkeiten: die Vorherrschaft über uns selbst übernehmen, unsere besten Ideen verfolgen und unserem eigenen Gewissen gehorchen.

Selbst unsere so genannte Pressefreiheit wird beschnitten durch die politischen Interessen der Mächtigen, welche die Medien kontrollieren, die Wahrheit korrumpieren und Skandale vertuschen. In dieser entscheidenden Zeit können wir den Weg der alten Athener beschreiten oder beschließen, an der Freiheit festzuhalten.

Wir müssen unsere Unabhängigkeit immer wieder neu erklären, damit sie uns in den Turbulenzen des täglichen Lebens nicht verloren geht: Zeitdruck, Leistungsdruck, Verlockungen der Werbung, wirtschaftlicher Druck und weiterer Stress durch unsere Umgebung.

Unabhängigkeit ist das, was wir aus unserer Freiheit machen.

Radikaler gesunder Menschenverstand

Gesunder Menschenverstand (englisch: »common sense«, Anm.d.Ü.) bedeutete ursprünglich »Konsens sämtlicher Sinne«. Im *Oxford English Dictionary* von 1543 heißt es: »Die Augen sind von der Natur dazu bestimmt, dem gesunden Menschenverstand sichtbare Dinge vorzuführen.«

Und 1606 steht darin: »Common sense ist eine Kraft oder Fähigkeit der empfindenden Seele ... und wird deswegen ›common‹ (allgemein, Anm.d.Ü.) genannt, weil er im Allgemeinen die Formen oder Bilder empfängt, welche die äußeren Sinne ihm präsentieren.«

In seinem Buch *Die Anatomie der Melancholie* beschreibt Robert Burton 1621 drei innere Sinne: Phantasie, Erinnerung und gesunden Menschenverstand, den er als »Richter oder Vermittler der restlichen Sinne« bezeichnete. Daraus folgt, dass der gesunde Menschenverstand die »Weisheit (ist), die jedes Menschen Erbe ist«. Er macht uns aufmerksam auf »grobe Widersprüche, offensichtliche Unvereinbarkeiten und augenfälligen Betrug. Als Menschen mit gesundem Verstand bezeichnen wir einen, der, wie es heißt, die Spreu vom Weizen trennen kann.« (1726)

1770 schrieb ein weiterer Autor: »Philosophen moderner Zeiten, sowohl französische als auch britische, bezeichnen mit dem Begriff ›gesunder Menschenverstand‹ die Macht des Geistes, die Wahrheit zu erkennen … nicht durch logisch aufgebaute Argumente, sondern durch einen spontanen, instinktiven und unwiderstehlichen Impuls, der weder auf die Erziehung noch auf Gewohnheiten, sondern auf die Natur zurückgeht.«

Das Wort »radikal« stammt vom lateinischen »radii« ab, was »Wurzel« heißt. Im Englischen bezeichnete »the radical« früher auch den Lebenssaft in Früchten und Gemüse und schloss später die Säfte des menschlichen Körpers ein. Menschen wandten das Wort an in Kombination mit Feuchtigkeit, Körperflüssigkeiten, Nässe, Lebenssaft. Bald schon bedeutete »radikal« die Essenz oder Substanz der Dinge. Im 15. und 16. Jahrhundert hieß »radikal« auch so viel wie »direkte Quelle der Vernunft«.

Radikal verweist nicht auf äußere Extreme, sondern heißt tief nach innen schauen. Wenn wir uns etwas radikal nähern, gelangen wir zu seiner Essenz – zur Wurzel des Problems. Gesunder Menschenverstand heißt, im lebendigen Augenblick Körper, Geist und Herz spüren.

Es ist an der Zeit, uns die grundlegenden Bedeutungen der Worte »radikal« und »gesunder Menschenverstand« in dieser Verbindung in Erinnerung zu rufen. Es gibt keine bessere Bezeichnung für die Wahrnehmung mit mehreren Sinnen. Daten plus Geschichte plus Instinkt. Lösungen entstehen aus einer inneren Deutung, einer Wahl, die unsere verschiedenen Sinne treffen und die im Licht der Erfahrung noch einmal überprüft werden. Diese Vernunft/Einsicht ist zu schnell für das Denken. Sie ist eine Gestalt, ein ganzheitliches Sehen und Fühlen.

Wir alle besitzen die Fähigkeit des gesunden Menschenverstands. Wenn sich unsere radikale innere Essenz und unser gesunder Menschenverstand zusammenschließen, können sie zu einer Quelle des Wissens werden. Der radikale gesunde Menschenverstand nimmt sämtliche Frequenzen wahr. Die Sinne vereinen sich und singen das Lied des Körpers, und jeder kann auf diesen »einen Sinn« zurückgreifen.

Wie die Atmung arbeiten auch die Sinne willkürlich und unwillkürlich. Um uns auf den gesunden Menschenverstand berufen zu können, müssen wir uns auf die Sinne einstimmen. Gesunder Menschenverstand erfordert, dass wir das laute Geschnatter unseres hyperaktiven Denkens leiser drehen. Wenn wir den Dingen angestrengt einen Sinn abringen wollen, behindern wir den Fluss.

Der Angriff auf unsere Sinne

Manchmal neigen wir dazu, einen Sinn auf Kosten der anderen übermäßig zu strapazieren. Seit Erfindung der Fotografie im 19. Jahrhundert hat das Sehen Vorrang vor sämtlichen anderen Sinneswahrnehmungen. Wir haben immer mehr darauf gepocht, Geschichten zu illustrieren. Kodak führte den Schnappschuss ein. Filme kamen groß in Mode. Dann packte uns das Fernsehen, gefolgt von Video, Kabelfernsehen, Computergrafiken, Digitalanimationen und virtuellen Realitäten.

Unsere Geschmacksnerven mussten sich mit dem zweiten Rang begnügen. Obst und Gemüse werden so aufgepäppelt, dass sie unseren visuellen Appetit befriedigen, wie sehr das auch auf Kosten von Geschmack und Nährwert geht. Alle möglichen Gifte attackieren unsere Biochemie. Elektromagnetische Strahlen zerstören die natürlichen bioelektrischen Energiefelder, die uns formen.

Unsere Nase bekommt hauptsächlich verschmutzte Luft und synthetische Düfte zu riechen. Verkehr, laute Radios und der Lärm in Ballungsgebieten überreizen unser Gehör. Um fernsehen zu können, muss unsere rechte Gehirnhälfte die Punkte zu einem Bild zusammensetzen. Da bleibt uns keine Energie mehr für die feinen Unterscheidungen, die die linke Gehirnhälfte trifft. Wer schwer fernsehsüchtig ist, wird tatsächlich schwerer; diese Gewohnheit macht den Stoffwechsel träge.

So genannte natürliche Düfte sind nur noch dem Namen nach natürlich und werden organischen Stoffen durch grobe chemische Verarbeitungsprozesse entzogen. Dann versehen die Hersteller diese Waren mit dem Etikett »reines Naturprodukt«, das staatliche Kontrolleure besiegeln.

Unsere Sinne sind wie Schachfiguren in einem närrischen Spiel. Wenn wir uns auf unseren radikalen gesunden Menschenverstand zurückbesinnen, blüht unsere Intelligenz neu auf. Der radikale gesunde Menschenverstand will sich erinnern und wissen, will sämtliche Sinnesorgane öffnen und die eine große innere Sinneswahrnehmung anrufen, den Multimediakanal, den wir Imagination nennen.

In Wirklichkeit sind wir immer in Bewegung, ob wir es wollen oder nicht. Wir raffen unsere Siebensachen zusammen und suchen die Mannschaft unserer inneren Stimmen ab nach der, die uns führen soll. Das Ich und die führende Kraft, die wir für unsere Reise brauchen, sind nicht identisch mit dem Ich und der führenden Kraft, die die Vergangenheit heilen wollen.

Wer weise ist, entnimmt jedem und allem Anhaltspunkte und Hinweise, selbst dem Wissen der Kinder, der Exzentriker und der Menschen, deren Sicht der Dinge er nicht teilt.

Radikaler gesunder Menschenverstand vermittelt uns, was wir brauchen, um zu erfinden und neu zu erfinden, voneinander zu borgen sowie Formalitäten und Taktiken, die nicht mehr funktionieren, aufzugeben und das Bewahrenswerte neu zu gestalten.

Radikaler gesunder Menschenverstand ist alt und neu zugleich. Er ist Weisheit, die der Erfahrung entspringt und die die flüchtigen Chancen des Augenblicks erkennt. Er ist bereit, Fehler einzugestehen, und weigert sich, sich von Fehlern einschränken zu lassen.

Wenn wir als Individuen wachsen und gedeihen wollen, müssen wir nach dem gleichen Rezept vorgehen wie die gesellschaftliche Erneuerung: Wir müssen unseren radikalen gesunden Menschenverstand benutzen, um selbst die Führung über uns zu übernehmen. Visionäre identifizieren sich mit einer Sache, die über sie, ihre Familie und ihren Freundeskreis hinausgeht. Sie widmen sich etwas Größerem als dem persönlichen Erfolg. Die Frage »Werde ich es schaffen?« zieht die noch zwingendere Frage nach sich: »Was sollte ich jetzt tun?«

Unsere Fragen sind unsere Befreier. Wenn der Schüler bereit ist, heißt es, taucht der Meister auf. Ist die Frage, die wir stellen, groß genug, zeigt sich der Lehrplan. Wir haben gesagt: Ja, ich will wissen. Diese Entscheidung muss jede und jeder von uns individuell treffen. Und doch birgt sie den Keim zu einer weltweiten Revolution. Heldentum, so zeigt sich, heißt nichts weiter, als zu unserem eigenen umfassenderen latenten Selbst heranzureifen.

Es *ist* möglich, dass wir von hier dorthin gelangen. Wir sind eine Spezies, der alle Mittel zur Lösung von Problemen in die Hand gegeben sind. Wenn wir uns unsere eigenen Hilfsquellen erschließen, können wir Sprünge machen, die uns bislang nicht im Traum eingefallen sind. Dieser Augenblick der Geschichte hat den Vorteil, dass sich Kunst und Wissenschaft, Spiritualität und Wissenschaft, Analyse und intuitive Erkenntnis gegenseitig befruchten. Wenn wir die wirren Fäden von Psychologie und Gehirnforschung miteinander verweben, können wir uns an unseren gesunden Menschenverstand anschließen. So entsteht das Heilmittel für das, was uns plagt.

Die Reise, bekennen wir uns dazu, ist eine Odyssee zu unserem eigenen inneren Kern. Auf diesem Weg entdecken wir uns selbst. Das ist die eigentliche Herausforderung.

Die große Völkerwanderung verlangt von uns, dass wir tatsächlich das Volk werden, das zu sein uns immer bestimmt war.

3 Aufwachen in der Dunkelheit

Visionen in einer Zeit der Widersprüche

Wir halten uns die Augen mit den Händen zu und weinen, weil es dunkel ist.

Autor unbekannt

Auch wenn die Nacht meine Augen mit dichten Schatten versiegelt – ich halte Ausschau nach dem Licht, ein wenig Licht.

Gu Cheng

Ohne Mäßigung durch gesunden Menschenverstand gleicht der rationale Verstand nicht nur einem Gewehr im Anschlag, sondern ist in seinem manischen Wunsch nach Kontrolle ebenso blind wie der Aberglaube, den er verhöhnt. Wir verbannen alte Leidenschaften und Ängste nicht durch die Macht der Vernunft. Und am wenigsten verbannen wir auf diesem Weg das Mysterium.

Die Illusion der Kontrolle beruht auf dem immer gleichen alten Mythos von der Berechenbarkeit des Lebens. Unsere Leidenschaft für Gewissheiten beruht auf einem Missverständnis von Wissenschaft in ihrem ursprünglichen Sinn. Das Wort »Wissenschaft« stammt vom lateinischen »scientia«, Wissen, ab.

Unsere Vorfahren sprachen von »Wissenschaft und Gewissen« in ein und demselben Atemzug. Das englische Wort für »Gewissen« sprachen sie »con science« (wörtlich übersetzt: mit Wissen) aus. Im Lateinischen bedeutete »conscientia« so viel wie »Mitwissen«. Im Englischen nahm es schließlich die Bedeutung »Wissen um die eigenen inneren Wahrheiten« an oder, wie es im *Oxford English Dictionary* heißt: »die Gottheit in der eigenen Brust«.

Eine durch Nachdenken gemäßigte Wissenschaft ist nicht das Gleiche wie die Wissenschaftlichkeit, die wir in der Moderne vergöttern. Wir haben uns in einen geistlosen Materialismus verrannt, und die Ironie ist, dass dieser unsere materielle Existenz bedroht. Der Kult, in den wir hineingeboren wurden, vergöttert Zahlen. Wir beten Hierarchien, Mengen, Statistiken, Rentabilitäten und Umfragen an. Wir verehren Billigangebote und die oberen Zehntausend, Goldmedaillengewinner, den Dow-Jones-Index, Bruttosozialprodukte, Intelligenzquotienten, Hochleistungssportler, Dinge und Menschen, die unser Ein und Alles sind, und das Jahr der Weinernte unseres Lieblingssekts.

Wir wollen alles als Erste, wollen das Haltbarste, Größte, Beste, Meiste, Letzte, Neueste und wollen wissen, wie viel unser Baby wiegt. Wir haben das Genom kartografisch erfasst. Wir haben das Quark erobert. Ob bei Gott oder bei Newton, wir wollen es wissen.

Dieser Kult der Zahlen hat durchaus Verwandtschaft zum Aberglauben. Viele Rationalisten haben Angst vor allem, was sich nicht messen lässt. Interessant, nicht wahr, dass das Sanskritwort »maya«, das »Illusion« bedeutet, die gleiche Wurzel hat wie das englische Wort »measure« (Maß, Anm.d.Ü.)?

Bei unserer fanatischen Suche nach endgültigen Antworten haben wir unseren Wagen auf dem falschen Stern geparkt. Wir kleben fest am Paradigma der Messbarkeit und Grenzziehungen, und das hat uns die Sinne vernebelt. Zahlen, Zahlen überall und eine Krise der Werte.

Descartes behauptete, wir könnten unseren eigenen Sinnen nicht trauen. Er glaubte ebenfalls, die Wissenschaft der Messbarkeit könne uns zu absoluten Gewissheiten verhelfen. Als brillanter Mathematiker hat er seine wissenschaftliche Gemeinde mitgerissen. Newtons Entdeckung der Gesetze der Schwerkraft schien Descartes zu bestätigen. Als die Araber die Null erfanden und damit den Weg zu mathematischer Präzision ebneten, wurde aus der Messbarkeit ein heiliger Kreuzzug.

Nach und nach begann die Wissenschaft auch nebulösere Dinge wie Charakterzüge und Eigenschaften zu messen. Die ersten Versuche, unterschiedliche Formen von Intelligenz zu definieren, führten zu einer ganzen Industrie der Intelligenztests, des Quotienten, den Stephen J. Gould als »Fehleinschätzung des Menschen« bezeichnete. Raffinierte mathematische Berechnungen zogen die Entwicklung der »wissenschaftlichen Methode« nach sich, durch die man Tatsachen mit einem Netz der Wahrscheinlichkeiten einfangen will. Zahlen regten auch zu Unternehmungen wie Umfragen an, mit denen man herausfinden will, welche Zunft der Zahlenkrämer sich durchsetzen wird. Jetzt konnten die Führungskräfte konkurrierender Unternehmen Statistiken abfeuern, um sich mit ihren Zahlensalven empfindlichen Schaden zuzufügen und den Gegner als Lügner oder Narr zu entlarven.

Heute ordnen wir Unternehmen Fortune 500, Fortune 200, Fortune 100 und so weiter zu (Rangordnung der 500, 200 oder 100 größten Firmen in ganz Amerika, Anm.d.Ü.). Länder vergleichen Zahlen über Import, Export und die wirtschaftliche Produktion. Nationen, Staaten und selbst Nachbargemeinden testen ihre Schüler und Studenten und vergleichen die Ergebnisse. Der Publikumssport fördert die gesellschaftliche Besessenheit von Sieg und Niederlage.

Unser unkritisches Festhalten am Zahlenkult führte zu dem ökonomischen Paradigma, dass nur die Dinge und Eigenschaften von Wert sind, die ökonomisches Wachstum erzeugen. Es untergräbt unser Verantwortungsgefühl für die Gemeinschaft, für die Umwelt und unsere Lebensqualität.

Der gesunde Menschenverstand sagt uns, dass etwas Entscheidendes fehlt. Wenn wir wach sind, nehmen wir das wahr. Lösungen sind zwar zur Hand, doch sind sie nicht zu haben, ohne dass wir uns durch persönliches Einlassen selbst auf die Probe stellen. Nur wenige Menschen können enorm viel Gutes bewirken. Wunder werden wahr, und wir machen Luftsprünge, wenn wir sehen, dass es funktioniert.

Viele von uns verloren das Leuchten, das uns als Kinder umgab, als wir anfingen, unseren eigenen Erfahrungen zu misstrauen, und wir uns dem Kult der Zahlen unterwarfen. Der erneuerte Glaube an unsere Kreativität kann uns retten. Sowohl in der Erziehung als auch in der Unterhaltungsindustrie geht es letzten Endes immer darum, uns selbst zu erkennen, indem wir uns dem Kampf gegen die eigentlichen Ursachen für alle Konflikte und alles Leid in unserem Leben verschreiben: Misstrauen, Konkurrenz um materielle Güter und Ehrungen sowie mangelnde Aufmerksamkeit für heranwachsende Talente. Indem wir unsere Gaben einsetzen und entwickeln, gewinnen wir unsere persönliche Souveränität zurück.

Wir müssen nicht genau wissen, wohin wir gehen. Genau dieses Bedürfnis nach Gewissheit hat dazu geführt, dass wir noch immer im Dunkeln herumirren. Wir bilden uns ein zu wissen, was wir tun, doch hat sich herausgestellt, dass viele unserer Entscheidungen und Annahmen falsch sind.

Dunkelheit ist nichts Gefährliches. Sie ist einfach Dunkelheit. Sie ist nicht etwas an und für sich, sondern die Abwesenheit von Licht. Wir können unsere vernünftige Hoffnung auf nichts anderes gründen als das innere Licht. Es ist die Vorahnung des Guten, das unsere Schritte auf dem Weg beleuchtet und das wir eher spüren als sehen können.

Eine Bresche schlagen für das menschliche Potenzial

Die Krise gründet darin, dass die Menschheit insgesamt ihr Potenzial nicht nutzt. Wir sind zu viele und unsere Schicksale sind zu eng miteinander verwoben, als dass uns Raum für Dummheiten bliebe.

Wir müssen aufwachen. Wir müssen erkennen, welche Verhaltensmuster und Schachzüge uns verdummen. Das Gegenteil von Dummheit ist nicht Schlauheit, sondern Wachheit. Der Gedanke eines kontinuierlichen Erwachens ist aber nicht neu.

Dieses Aufwachen aus unserer Betäubung ist für unsere Zukunft entscheidender als alles, was auf der politischen Tagesordnung steht. Der radikale gesunde Menschenverstand sagt uns, dass bestimmte Probleme um einige wenige zentrale Themen kreisen:

- Können wir uns zu freundlicheren, vernünftigeren Wesen entwickeln?
- Können wir unsere Intelligenz fördern?
- Können wir unsere engen Ziele in ein größeres Bild umwandeln?

Die philosophische Frage, ob der Mensch sich zum Besseren entwickeln kann, zieht sich durch unsere ganze Geschichte. Revolutionäre argumentieren, »gewöhnliche Leute« seien potenziell klüger und besser, als man allgemein annimmt.

Heute, wo von der Frage unserer angeborenen Fähigkeiten in einem ganz konkreten Sinne das Überleben unserer Spezies abhängt, haben wir Zugang zu einer enormen Fülle an wissenschaftlicher Forschung. Das große Beweisbild für menschliche Kapazitäten steht uns direkt vor Augen und ist kein zufälliges. Wir müssen es als Ganzes betrachten.

Es gibt eine visionäre Wissenschaft. Einzelpersonen und ganze Teams von Wissenschaftlern erforschen grundlegende menschliche Funktionen und versuchen, den Zusammenhang zwischen Gehirnstrukturen und der Buchstabensuppe der Neurochemikalien zu verstehen. Andere studieren die seltsame Schnittstelle zwischen Materiellem und Immateriellem, die Frage, wie sich mentale und emotionale Zustände körperlich auswirken und vom Körper beeinflusst werden.

Ein berühmter Neurologe hat beobachtet, dass die meisten Forscher »sehr viele Antworten gefunden haben, ohne die Fragen zu kennen«. Dafür gibt es gute Gründe – extreme Spezialisierung, politische Zwänge innerhalb der einzelnen Berufszweige sowie Finanzierungsmethoden, die zaghafte Ansätze begünstigen. Wissenschaftler stellen nur die Fragen, bei denen sie mit einer Antwort rechnen.

Nachdem Experimente entwickelt, Bewilligungsanträge gestellt und gewährt wurden und die Arbeit durchgeführt wurde, erscheinen die Ergebnisse in exklusiven Fachzeitschriften, die nur einen kleinen Leserkreis erreichen. Häufig entnimmt man einem einzigen Experiment viele kleine Unterergebnisse, um mehrere Artikel schreiben zu können. So profilieren sich die Autoren und steigen beruflich auf. Außerdem liegt das Labor des Wissenschaftlers so weit entfernt vom Getümmel der Gesellschaft, dass er sich deren Bedürfnissen nicht wirklich zuwenden kann.

Flachland-Psychologie

Im Mittelalter weigerten sich Seeleute, über einen bestimmten Punkt hinaus zu segeln, weil sie fürchteten, ihr Schiff würde über den Rand der Erde in die Tiefe stürzen. Heutzutage entspricht dem die Flachland-Psychologie, die auf der Überzeugung beruht, dass der Mensch begrenzt ist.

Wir können die Vorstellung von der menschlichen Intelligenz als feststehende Größe zurückverfolgen bis zu Francis Galton, einem Cousin von Charles Darwin. Nachdem er beobachtet hatte, dass die Kinder von Geigern oft Geige spielen und die Söhne von Ruderern häufig Ruderer werden, gelangte Galton zu dem Schluss, dass solche Fähigkeiten vererbt werden.

Lewis Terman trug Galtons Fackel im 20. Jahrhundert als Verfechter der Gentheorie weiter. 1921 beginnend, begleiteten er und seine Kollegen Hunderte von »begabten Kindern« von der Grundschule bis in die Lebensmitte. Alle Versuchsteilnehmer waren von ihren Lehrern als »Genies« eingestuft und empfohlen worden. Rebellen und Jugendliche, die auf unkonventionelle Weise lernten, waren von der Untersuchung ausgeschlossen. Als man die Terman-Gruppe im Erwachsenenalter neu untersuchte, fand man praktisch keinerlei Hinweise auf kreative Leistungen.

Terman hatte den Einfluss der Umgebung grob unterschätzt. Die meisten Kinder in seiner Untersuchung hatten vor Schulbeginn ohne fremde Hilfe lesen gelernt, wie die Eltern behaupteten, und Terman glaubte ihnen. Er hatte angenommen, dass die Kinder lesen lernten, weil sie begabt waren, stattdessen waren ihre frühen Lesekünste eine Starthilfe gewesen. Terman war nicht auf Genies gestoßen, sondern auf Kinder, die gut darin waren, Tests zu bestehen.

1903 beauftragte die französische Armee den Psychologen Alfred Binet damit, die Tauglichkeit von Rekrutenanwärtern zu messen. Teile von Binets Test existieren weiter im heute noch beliebten Stanford-Binet IQ-Test. Die meisten IQ-Tests messen vor allem die Reaktionsgeschwindigkeit, die über Leistungen im nicht akademischen Rahmen keine zuverlässigen Angaben machen kann. Solche Tests können die Tiefe oder Qualität des Denkens nicht erfassen.

Die Vorstellung, menschliche Intelligenz sei eine feststehende Größe, ist ein universeller Fehler ersten Ranges. Sie beeinflusst die Erziehung unserer Kinder und unsere Bildungstheorien, spielt eine Rolle am Arbeitsplatz und prägt unsere Haltung gegenüber alten Menschen. Sie färbt unsere Erwartungen und beschneidet unsere Ambitionen. Das Paradigma der Begrenztheit des menschlichen Potenzials ist so verbreitet, dass wir noch nicht einmal darüber nachdenken. Da Lernsprünge und dramatische Fortschritte für unser Erziehungssystem nicht typisch sind, ignorieren wir die Beweise dafür, dass Menschen riesige Schritte machen können. Ob in einer Erziehung, die alle gleichschaltet, bei der Zwangspensionierung oder der Betreuung geistig Zurückgebliebener und psychisch Kranker, die wir als »hoffnungslos«

einstufen, überall diktieren diese unantastbaren Überzeugungen unsere Vorgehensweise.

Ebenso wie die Handvoll Menschen, die damals wussten, dass die Erde rund ist, gibt es zum Glück auch heute glaubwürdige Fachleute, die von einem immensen evolutionären menschlichen Potenzial sprechen – und das schließt selbst diejenigen ein, die am unteren Ende der IQ-Skalen angesiedelt werden.

Beweise sind vorhanden. Nahrungsergänzungsprodukte ließen den Intelligenzquotienten von geistig zurückgebliebenen jungen Menschen so dramatisch ansteigen, dass 25 Prozent von ihnen in das normale Schulsystem zurückkehren konnten.

Psychologen brachten geistig zurückgebliebenen Kindern mit Intelligenzquotienten zwischen 25 und 50 eine Zeichensprache bei. Innerhalb kürzester Zeit konnten diese Kinder zwischen 200 und 4 000 Worte in dieser Zeichensprache lesen. Ein Drittel von ihnen wurde daraufhin neu eingestuft als »lernfähig«.

Lernfähige geistig zurückgebliebene Kinder (mit Intelligenzquotienten zwischen 50 und 75) lernten durch Anwendung einer neuen Methode so gut lesen, dass fast die Hälfte von ihnen neu eingestuft wurde und wieder am Regelunterricht teilnehmen konnte. In einer Studie stellte man bei Kindern, die aufgrund ihrer sprachlichen Fähigkeiten als geistig leicht oder schwer zurückgeblieben galten, durchschnittliche oder sogar hervorragende künstlerische Fähigkeiten fest.

Selbst »hoffnungslose« Fälle von Schizophrenie sind heilbar. Sozialarbeiter und Psychiater in Vermont begleiteten und berieten Hunderte von chronisch Schizophrenen, die in den 50er-Jahren des 20. Jahrhunderts in ihre Heimatgemeinden entlassen worden waren. 30 Jahre später hatte sich der Zustand der Hälfte bis zu zwei Drittel dieser »Unheilbaren«

weitgehend verbessert oder sie waren ganz genesen. Fast die Hälfte von ihnen zeigte keinerlei psychiatrische Symptome mehr. Der am häufigsten angegebene Grund für diese Verbesserungen lautete: »Jemand hat sich wirklich um mich gekümmert.«

Zwei europäische Langzeitstudien weisen ähnliche Genesungsraten auf. Diese Ergebnisse lassen ernsthafte Zweifel daran aufkommen, ob es legitim ist, Menschen als chronisch schizophren zu diagnostizieren. Ein Forscher spekulierte, dass Psychiater deswegen zur Diagnose »hoffnungslos« neigen, weil sie so wenig Rückmeldungen über die Erfolge der Patienten bekommen, die entlassen wurden. Und gleichzeitig bekommen sie ständig mit, wie sich der Zustand der eingewiesenen Patienten verschlechtert.

So wie das Gehör von Blinden stärker entwickelt ist als das von sehenden Menschen, so stellte man fest, dass Kriegsveteranen, deren linke Gehirnhälfte verletzt wurde, nicht verletzten Veteranen in Bezug auf die Funktionen der rechten Gehirnhälfte überlegen sind.

Was ist mit »normalen« Schülerinnen und Schülern? Heranwachsende Mädchen in Indien profitierten sehr von der Einnahme eisenhaltiger Nahrungsergänzungen – ein vernünftiger Ernährungsschritt. Englische Schulkinder wurden aufmerksamer, wenn sie nachmittags ein Getränk zu sich nahmen, das mit Glukose angereichert war. Kinder, die man bei jahreszeitlich bedingten Depressionen vorübergehend behandelte, fielen nicht mehr in ihre typischen Löcher.

Selbst das Altern muss nicht den üblichen Tribut fordern. Untersuchungen haben gezeigt, dass Menschen, die sich körperlich fit halten, nicht unter einem wachsenden Verlust an Sehkraft, Gehör, Geruchs- und Geschmackssinn leiden. Bei aktiven Menschen nimmt die Intelligenz im Alter *zu*. Ein Experiment zeigte, dass ältere Menschen, wenn man ihnen keine zeitlichen Vorgaben machte, viele Aufgaben genauso gut erfüllten wie 40 Jahre zuvor.

Die Aussichten sind ziemlich ermutigend. Südkorea vollbrachte in einem Zeitraum von 20 Jahren ein Wunder: Die Rate der Analphabeten in der Bevölkerung nahm um 90 Prozent ab und die der Menschen, die lesen und schreiben lernten, entsprechend zu. Koreanische Erzieher schreiben diese Entwicklung der politischen Entscheidung zu, Erstklässler landesweit an erster Stelle zu fördern.

Wie de Tocqueville schon beobachtete, sind umfassende Bildungsbemühungen in einer Gesellschaft nichts Zufälliges. Die meisten von uns sind Produkte genau des Systems, das wir zu verändern hoffen – des Systems, das unser Vertrauen untergrub und unsere Begeisterung dämpfte. Es ist unwahrscheinlich, dass wir als Einzelpersonen und als Gesellschaft eine wirkliche Anstrengung unternehmen, solange nichts Wichtiges auf dem Spiel steht. Es steht aber Wichtiges auf dem Spiel. Wir müssen aufwachen, mit der Vision zu träumen.

Die Freiheit zu träumen

Ich mag die Träume von der Zukunft lieber als die Geschichte der Vergangenheit.

Thomas Jefferson

Eine Vision ist gesunder Menschenverstand in Aktion. Ein imaginiertes Ziel aktiviert unsere Intelligenz und entfacht unser Feuer. Es bringt Genie und Talente zum Vorschein. Visionen gehen über vorgegebene Normen und die Gegenwart hinaus, ahnen Bedürfnisse und Möglichkeiten vorweg.

Sie schenken uns die Fähigkeit, das größere Bild zu begreifen – die Welt jenseits der uns vertrauten Wege.

Visionen sind entscheidend für die menschliche Intelligenz. Im Verlauf der ganzen Geschichte hat unsere Fähigkeit, experimentell zu denken, uns und unser Leben immer wieder neu geprägt. Schon unsere prähistorischen Vorfahren zeichneten sich durch eine beachtliche Kunst und hohen Erfindungsgeist aus.

Die Fähigkeit, das Mögliche zu sehen und sich Wege vorzustellen, die dort hinführen, ist ein angeborener Mechanismus für Evolution und sozialen Fortschritt. Die Herausgeber der Zeitschrift *Inc.* beschrieben die visionäre Kraft als »Fähigkeit, eine lebendige und ungewisse Landschaft zu betrachten und dabei nur die strahlenden Farben des Möglichen zu sehen«.

Das Wort »Visionär« war einst ein Synonym für »Träumer«, Personen, deren Ideen substanzlos schienen und die als hoffnungslose Romantiker galten. Noch 1986 definierte das *Webster's New Collegiate Dictionary* einen Visionär als jemanden, der zu »unpraktischen Plänen« neigt.

Vor einem halben Jahrhundert benutzte man den Begriff für religiöse Propheten oder Menschen, die unrealistische Projekte verfolgten. Visionäre und Visionärinnen wurden missverstanden, verfolgt und selten zu Lebzeiten anerkannt. Im Rückblick loben wir ihre Voraussicht. Die Zeit hat allmählich bewiesen, welche großen Opfer diese Menschen brachten und wie praktisch sie waren. Rückblickend können wir sehen, dass sie Lösungen für Probleme suchten, die sich ihre Zeitgenossen noch nicht einmal eingestanden hatten.

Ein ungarischer Geburtshelfer, der im 19. Jahrhundert in Wien lebte, rettete unzählige Frauen vor dem Tod durch Kindbettfieber, indem er darauf bestand, dass sich die Ärzte im Krankenhaus die Hände wuschen, bevor sie Babys entbanden. Ignaz Semmelweis, attackiert von Kollegen, die sich weigerten, auf ihn zu hören, wurde aufgrund dieses Drucks schließlich verrückt. Ironischerweise starb er an einer Verletzung, die sich entzündet hatte.

Waren Menschen wie Semmelweis ihrer Zeit voraus oder schliefen ihre Zeitgenossen?

Einige unserer dringendsten Umweltprobleme sowie Wege zu ihrer Lösung wurden bereits vor langer Zeit vorausgesehen. Bereits in den 50er-Jahren des 20. Jahrhunderts warnte der Biologe Julian Huxley davor, dass die Menschheit die natürlichen Bodenschätze erschöpfe und sich selbst zugrunde richte. Als Charles Lindbergh nach dem Zweiten Weltkrieg für das Militär flog, konnte er sich aus der Luft einen Überblick über die Zerstörung der Südseeinseln verschaffen. Er richtete seine Bemühungen darauf, »die Ursprünglichkeit zu erhalten, die die Quelle unserer Kreativität ist«. Häuptling Seattle von den Stämmen der Duwamish und Squamish im Nordwesten von Amerika hat schon vor 100 Jahren davor gewarnt, dass der Fortschritt natürliche Landschaften zerstöre.

Der jesuitische Philosoph Pierre Teilhard de Chardin schrieb von »immer neuen Augen, die immer mehr sehen«. Und es gibt auch immer mehr zu hören, zu riechen, zu schmecken und zu fühlen.

Charles Darwin sagte von sich, er sei weniger klug als seine Zeitgenossen. Er war ihnen nur in einer Hinsicht überlegen – er »bemerkte Dinge, die der Aufmerksamkeit leicht entgehen«. Visionäre scheinen wahrzunehmen, was andere nicht sehen.

Einstein sagte, seine langsame Entwicklung habe ihm Zeit gelassen, sich über die physische Welt schon Gedanken zu machen, bevor er sprechen lernte. Als er mit fünf Jahren krank zu Bett lag, schenkte ihm sein Vater einen Kompass.

Die Entdeckung des magnetischen Nordpols löste bei dem Jungen eine Vision aus – ein Leben lang war er fasziniert von unsichtbaren Kräften.

Aufgrund von Visionen können »ganz gewöhnliche Menschen« Wunder vollbringen. Praktisch jede und jeder von uns ist mit dem dafür Notwendigen ausgestattet. Wenn wir eine Krise bewältigen wollen, haben wir keine andere Wahl, als Visionen zu entwickeln. Auf das Recht auf Visionen verzichten heißt einen kostbaren Teil unserer Unabhängigkeit opfern – die Freiheit zu träumen.

Der visionäre Stil

Eine Vision drängt sich auf, weil sie möglich ist. Sie braucht unsere Mitarbeit. Eine Vision ist etwas Aktives, aber sie ist nicht manipulativ. Sie ist der Prozess des Zusammenspiels von Gegenwart und potenziellen Realitäten.

Visionen beruhen auch auf einem Gespür für abstrakte Mechanismen, dem Gefühl dafür, wie Dinge funktionieren oder eben nicht. Ein erfahrener Visionär sieht vor seinem inneren Auge das Zusammenspiel ganzer Systeme. Sobald wir eine Situation erfassen, wächst die Wahrscheinlichkeit, Lösungen zu finden. Studentenführer zum Beispiel, die gegen den Vietnamkrieg rebellierten, begriffen schnell, dass sie durch Kritik an den Investitionen der Universitäten in die Waffenforschung Einfluss nehmen konnten. Führer der Antiapartheidbewegung machten sich in den 80er-Jahren einen weltweiten Boykott gegen Südafrika zunutze.

1998 zu dem einzigen Zweck gegründet, die von den Republikanern geleiteten Bemühungen zu verhindern, den damaligen demokratischen US-Präsidenten Bill Clinton auf die Anklagebank zu bringen, entwickelte sich MoveOn.org zu einer mächtigen und einflussreichen Gruppe mit mehr als 1,4 Millionen Mitgliedern.

Der Besitzer eines Fernseh-Kabelanbieters war stolz darauf, dass er Gelder für Sendungen über soziale Fragen auftrieb. Doch die Finanzierung war zu kostspielig. Jemand schlug ihm vor, eine nicht profitorientierte Organisation zu gründen, über die andere Stiftungen sich ebenfalls für solche hochwertigen Sendungen einsetzen konnten. So konnte der Besitzer des Anbieters sozial wichtige Sendungen zeigen, die ihm am Herzen lagen, und die Öffentlichkeitsgruppen hatten ein Forum, um ihre Proteste zur Sprache zu bringen.

Zunächst war er skeptisch, die Idee schien zu gut, um wahr zu sein. Dann lachte er erfreut: »Ah ..., das ist der Dreh.« In der Motivationsforschung spricht man bei der Ausnutzung solcher Lücken von »Win-Win-Lösungen«. Wer experimentell denkt, bewegt die Puzzleteile gedanklich hin und her, bis sie so zusammenpassen, dass alle Beteiligten davon profitieren.

Jemand sagte einmal, eine Lösung, die wirklich eine ist, funktioniere, wenn man sie bei Licht betrachtet, aus jedem Blickwinkel. So finden Sie heraus, dass Sie auf der richtigen Spur sind.

4 Die Ichs, die wir mit auf die Reise nehmen

Die Bühnenbesetzung

In jedem Winkel meiner Seele steht ein Altar für einen anderen Gott.

Fernando Pessoa

Eine der schädlichsten Illusionen, zu der wir uns verleiten lassen können, ist der Glaube, wir seien unteilbare, unveränderliche, total beständige Wesen.

Piero Ferrucci

Wenn wir uns auf eine lange, anstrengende Reise vorbereiten, machen wir uns meistens Gedanken über Verpflegung und Gepäck. Selten überprüfen wir, ob wir auch das wirklich Wesentliche dabei haben – unseren Verstand, unsere Selbstkenntnis, unsere Begeisterung und Ausdauer. Diese Eigenschaften halten uns auch dann noch fit und munter, wenn unser Proviant längst aufgebraucht ist.

Unter der Pinie dort drüben liegt ein Stein, und unter dem Stein befindet sich ein Geheimnis: Achte darauf, was du von anderen Menschen annimmst. Oft sind sie sich selbst ein Rätsel, glaube also nicht, dass du sie klar sehen kannst. Nach und nach verfallen wir alle in die Gewohnheit, anderen negative Beweggründe zu unterstellen, und je häufiger wir das tun, desto verführerischer wird es. Diese Erklärungen sind simpler als die Wahrheit.

Da wir niemals die tiefsten Geheimnisse eines anderen Menschen erfahren werden, lernen wir das Leben am besten verstehen, indem wir die Mysterien unseres eigenen Herzens erforschen. Hier stoßen wir gelegentlich auf etwas Gold in Form einer Einsicht, was die Vermutung in uns weckt, irgendwo da drinnen könne sich eine Goldmine befinden.

Hin und wieder wenden wir uns einer Aufgabe zu, die Kräfte von uns verlangt, von denen wir gar nicht wussten, dass sie uns zur Verfügung stehen. Wo haben sich diese Energien bislang versteckt gehalten? Bei Thomas Paine heißt es, dass wir in dem Maße neue Sinne und Fähigkeiten entwickeln, wie wir diese brauchen. Gibt es da keine Grenzen? Warum fahren wir dann so lange im Leerlauf, bis ein Notfall eintritt?

Visionen erhöhen den Einsatz. Wenn wir ein, zwei schwierige Aufgaben bewältigt haben, lernen wir die Herausforderungen kennen und sind eher bereit, uns dem nächsten schwierigen Schritt zu stellen. Wir lernen uns von einer neuen Seite kennen.

Wenn wir aufbrechen, um ein neues Verständnis zu entwickeln, aktivieren wir unser »Reisetalent« – den Sinn für Abenteuer, den Mut, fremde Länder zu erkunden, und die Vorstellung, mit uns selbst immer wieder neu schwanger zu gehen. Es ist, als sei eine ganze innere Reisegesellschaft mit uns zusammen unterwegs.

Und wo waren diese inneren Zustände und äußeren
Fähigkeiten bislang verborgen? Wir haben sie einfach nicht
genutzt, mögen Sie sagen, aber das führt zu einer weiteren
Frage: Warum? Warum nutzen wir dieses Potenzial bei
unseren normalen täglichen Aktivitäten nicht?

Menschen, die an entlegenen Orten leben, müssen viel-
seitig sein. Sie können ihre Gesundheit nicht einfach an
einen Arzt delegieren, die Erziehung ihrer Kinder nicht der
Schule oder Entscheidungen Bürokraten überlassen. Sie
müssen selbst bauen, Nahrungsmittel herstellen und ohne
kirchliche oder therapeutische Betreuung guter Dinge bleiben.

Man könnte sagen, wir haben uns dadurch auf bestimmte
Rollen fixiert, dass wir als Kollektiv irgendwann anfingen,
bestimmte Aufgaben Spezialisten zu übertragen. Das scheint
effektiv zu sein. Experten wissen mehr über ihr Thema, als es
Generalisten je möglich ist. Bringe jede anstehende Rolle zur
Perfektion, dachten die Leute, und wir schaffen die perfekte
Gesellschaft.

Das Problem ist, dass wir damit am Leben vorbeigehen.
Biologie, Chemie, Archäologie, Anthropologie und Psycho-
logie existieren in der Natur nicht als getrennte Einheiten.
Sie sind Wellen und Ströme in einem Ozean des Seins.

Würden Spezialisten ihr Fachgebiet als Teil eines
Gesamtsystems begreifen, könnten sie auf Veränderungen
besser reagieren. Wenn diese Menschen innerlich offen blie-
ben für die Möglichkeit von Transformationen, wären ihre
Wissensgebiete vergleichbar mit sich selbst organisierenden
Systemen, die durch ihre zahlreichen Verästelungen Informationen an das Ganze weitergeben.

Ein Krieger, der sich nicht für eine Sache einsetzen kann,
verkümmert im Müßiggang zu einer verdrießlichen Person,
einem Störenfried, »einem Rebell ohne Anliegen«. Wenn

wir die Signale unseres Körpers ignorieren, weil der Doktor nichts feststellen kann, geht unser innerer Arzt möglicherweise vorzeitig in den Ruhestand. Wir hören auf zu singen, weil wir dem Vergleich mit professionellen Sängern nicht standhalten, und da wir »noch nicht einmal einen geraden Strich ziehen können«, verleugnen wir unser künstlerisches Ich. Sobald der Experte spricht, verstummt der innere Ratgeber.

Zwei Gehirne quer, drei Gehirne tief

Ein Hauptgrund für unsere Unfähigkeit, uns wirklich nachhaltig selbst zu erziehen und positiv zu verändern, ist unser falsches Bild von der Natur unseres Selbst. Wenn wir von einem stark vereinfachten Paradigma ausgehen, müssen wir uns nicht wundern, dass wir nicht weiterkommen.

Es gibt sehr viel Beweismaterial dafür, dass unsere Intelligenz weitgehend unbewusst arbeitet und deswegen nicht leicht zu erschließen ist. Viele kulturelle Pioniere, zukunftsweisende Denkerinnen und Denker aus zahlreichen verschiedenen Disziplinen wie Hirnforschung, künstliche Intelligenz, Psychiatrie, Psychologie und Philosophie haben aus ihren unterschiedlichen Grenzgebieten erstaunlich ähnliche Berichte geschickt.

Menschen sind vielschichtig – aus vielen Strängen geflochten wie ein Zopf. Die Vorstellung von einem einzigen Ich ist wahrscheinlich lediglich eine nützliche Konvention, notwendig für formale Übereinkünfte und Visitenkarten.

Unsere Ansichten, Beweggründe und Reaktionen verändern sich von Zeit zu Zeit, weil diese Vielschichtigkeit eine natürliche Eigenart ist, und nicht, weil wir nur ein einziges wankelmütiges »Ich« besitzen.

Die meisten Menschen, die sich wirklich Gedanken machen, geben gerne zu, dass sie mindestens »zwei Seelen in ihrer Brust« haben, ein Eingeständnis, das von der Forschung über das unterschiedliche Verhalten der linken und rechten Gehirnhälfte bestätigt wird. Wir gehen heute ganz selbstverständlich davon aus, dass wir mindestens zwei Gehirne haben.

Aus einer anderen Perspektive besteht das Gehirn, wie die alten Gallier, aus drei Teilen. Das »dreieinige Gehirn«, wie es der Hirnforscher Paul MacLean beschreibt, setzt sich aus drei Teilen zusammen, die sich zu unterschiedlichen Zeiten unabhängig voneinander entwickelt haben: erstens das uralte Reptiliengehirn, zweitens das jüngere Säugetiergehirn oder limbische System und drittens der noch jüngere Neokortex (die Großhirnhemisphären). Diese drei Teile sind bislang immer noch nicht ganz vereint. Ein unglücklicher Stand der Dinge, den MacLean als »Schizophysiologie« bezeichnet.

Diese drei Gehirne unterscheiden sich in Aufbau, Chemie und Evolutionsgeschichte. Laut MacLean betrachten wir die Welt zwangsläufig mit den Augen dreier ziemlich verschiedener Mentalitäten. Noch komplizierter werden die Dinge dadurch, dass zwei dieser drei Gehirne, das Reptiliengehirn und das limbische System, offensichtlich keine sprachlichen Fähigkeiten besitzen.

Als Menschen neigen wir zu der Vorstellung, das Jüngste und Neueste sei das Beste. Doch unsere beiden älteren Gehirne sind, obwohl stumm, bewusster, als wir annehmen möchten. Sie sind sehr präsent, wenn nicht sogar ausschlaggebend.

Das Reptiliengehirn steuert unsere Gewohnheiten und erschwert Veränderungen. Da es sich immer an den Präzedenzfall hält, ist es verantwortlich für scheinbar irrationales Verhalten. Anatomen haben für dieses Verhalten ungerechterweise das limbische System verantwortlich gemacht, das der Sitz unserer Emotionen ist. Mit anderen Worten: Einiges von dem Unsinn, den wir immer wieder von uns geben, beruht auf Instinkt oder Gewohnheit.

Der bekannte menschliche Widerstand gegen neue Ideen, unser ungewöhnliches Zögern, Gedankengebäude über den Haufen zu werfen, kann unserem »Reptilien-Ich« zugeschrieben werden, das am Altbewährten festhalten möchte. Laut Paul MacLean und seiner Theorie vom dreieinigen Gehirn ist dieses uralte Gehirn ein Traditionalist, »ein Sklave des einmal Gewesenen ... aufgrund eines uralten Über-Ich zwangsläufig neurotisch«.

Experimente mit Tieren zeigen, dass der älteste Teil des Gehirns auf Schatten oder »Phantome« – angedeutete Stimuli wie dunkle Flecken oder ein Aufblitzen am Rande des Blickfelds – reagiert. »Ein rudimentärer Reiz kann raffiniertes, ja sogar ritualisiertes Verhalten auslösen«, sagt MacLean. Wir alle wissen, wie es ist, wenn uns eine falsch verstandene Bemerkung beunruhigt oder wir alarmiert sind durch Dinge, die wir zu sehen glauben.

Eindrücke, Illusionen und Halbwahrheiten treten im Theater unseres Geistes auf. Manche sozialen Missstände beruhen darauf, dass wir die beiden älteren Gehirne zwingen wollen, sich der Schnelligkeit und Planung des neueren Gehirns anzupassen. Psychosomatische Krankheiten, Alkoholismus und Sucht können auf das automatische Denken und Verhalten des Reptiliengehirns zurückgehen.

Ob wir die Aufregung suchen oder lieber zu Hause bleiben, gesellig oder zurückgezogen leben, Veränderungen lieben oder entschlossen am Alten festhalten, kann sehr viel mit der Dynamik unseres Gehirns zu tun haben. Schüchterne Menschen weisen einen niedrigeren Dopaminspiegel auf, des Neurotransmitters, der mit der Suche nach Neuem in Verbindung gebracht wird.

Das vielschichtige Selbst

Eine fruchtbare Betrachtungsweise der rechten und linken Gehirnhälfte und damit eine Wende in der theoretischen Spirale beruht auf den Forschungen von Richard Davis und seinen Mitarbeitern, die in zahlreichen verschiedenen Institutionen tätig sind. Davis hat festgestellt, dass die linke Gehirnhälfte positive Emotionen vermittelt, während die rechte unangenehme Gefühle verarbeitet.

Die beiden Gehirnhälften agieren offensichtlich als eine Art Anleitungssystem, wobei die eine auf Annäherung und die andere auf Rückzug drängt. Wir werden, während wir durch unser Leben gehen, bewusst oder unbewusst von Dingen und Menschen angezogen und abgestoßen.

Wenn wir davon ausgehen, dass die dominierende Funktion einer Gehirnhälfte etwa alle 90 Minuten von der anderen abgelöst wird, können wir das Karussell unserer Zuneigungen und Abneigungen besser verstehen. Die meisten von uns haben beim Aufwachen zwar nicht das Gefühl, im Ehebett neben einem fremden Menschen zu liegen, aber wir verändern uns im Lauf weniger Stunden oder Tage doch so weitgehend, dass unsere Freunde eine ganze Reihe von unterschiedlichen Charakterzügen an uns wahrnehmen, von denen jeder zweifellos zu »mir« gehört – die Friedliche, die Reizbare, das Kind, die Denkerin, die Radikale, die Konservative und so weiter.

Während der Wechsel kommt es zu zehn Minuten langen Übergangsphasen, die Gelegenheit zum Input in das mysteriöse System bieten.

Wir nehmen diese Wandlungen bei anderen natürlich deutlicher wahr. Denken Sie an die Menschen, die Sie gut kennen. Selbst wenn diese ziemlich ausgeglichen sind, können Sie in ihnen verschiedene Ichs entdecken, die sich energetisch und in Bezug auf das Selbstvertrauen deutlich voneinander unterscheiden. Manchmal wählen wir sogar unsere Kontakte danach aus, wie sie zum Kreis unserer »augenblicklichen intimsten inneren Gäste« passen. Wenn wir völlig entmutigt sind, suchen wir eher die Nähe einer ruhigen oder leicht depressiven Person (»Gleich und Gleich gesellt sich gern«), während ein leichtes »Tief« uns veranlassen kann, mit einer Freundin Kontakt aufzunehmen, die Zuversicht ausstrahlt und unsere Lebensgeister weckt.

Die meisten von uns haben ein relativ selbstsicheres, energiegeladenes Ich, das sich auf Dinge einlässt, vor denen das Ich, das sie in die Tat umsetzen muss, zurückschrecken kann. Das Samstagabend-Ich in Partystimmung hat wenig mit dem verkaterten Ich gemein, das sonntagmorgens aufwacht. Natürlich unterscheiden sich die Mitglieder unserer inneren Gesellschaft bei uns allen, aber wir treffen sie bei jedem Menschen an. Die Entdeckung dieser Wechsel zwischen unseren verschiedenen Ichs und vor allem der plötzlichen emotionalen Umschwünge ist ein Schlüssel zur Selbsterkenntnis. Und für unsere Selbststeuerung ist es ganz wesentlich, dass wir lernen, diese Wechsel zu aktivieren.

Jeder von uns ist viele

Das schüchterne Ich vergisst, was das selbstsichere weiß. Das geschäftstüchtige Ich vergisst, was das Ich, das um jeden Preis Frieden möchte, versprochen hat.

Mit anderen Worten: Selbst wenn ich einer Therapeutin oder einem Freund erzählt haben mag, dass ich ein bestimmtes Verhalten bewusster steuern oder verändern möchte, ist das Ich, das sich danebenbenimmt, möglicherweise nicht dabei, wenn ich so rede. Die Weisheit, die ich offensichtlich erworben habe, mag dem Ich, das sich verändern muss, nicht zugänglich sein – es sei denn, es gelingt mir, sie allen Seiten meines Selbst zu vermitteln. Das Ich, das schwört, nicht zu viel zu essen, ist nicht dasselbe, das mir einredet, ein weiteres Stück Kuchen würde mir nicht schaden.

Bei den Psychiatern John und Helen Watkins heißt es: »Wir sind halb vereinigte Staaten. Wir haben uns so organisiert, dass bestimmte Teile oder Bereiche die lokale Kontrolle übernehmen. Wir müssen die Rechte der einzelnen Staaten ebenso berücksichtigen wie das Wohlergehen der gesamten Nation, wenn wir Menschen helfen wollen, ihre Vielschichtigkeit zu einem einheitlichen Ganzen zu organisieren.«

In jedem und jeder von uns existieren möglicherweise eine Sportlerin, ein Gelehrter, eine liebevolle Mutter und so weiter. Unser Mienenspiel, unsere Gesten, unser Vokabular, unsere Handschrift, Phobien und selbst unsere Erinnerungen können flüchtiger sein, als wir uns träumen lassen.

Unser Bewusstseinsstrom schließt auch den Strom der verschiedenen Seiten unseres Selbst ein. Das bewusste Erkennen unserer zahlreichen verschiedenen inneren Zustände ist ein riesiger Schritt in Richtung Selbstverwirklichung.

Denken Sie an das alte Lagerfeuerlied: »Wenn deine Freunde meine Freunde und meine Freunde deine Freunde sind – je enger wir zusammenrücken, desto glücklicher sind wir.« Das können wir auch von unseren verschiedenen Ichs mit ihren unterschiedlichen Werten sagen. Wir müssen jedes – sei es konservativ, wagemutig, träge, ehrgeizig – erkennen, wenn wir zu innerer Übereinstimmung gelangen wollen.

»Jeder von uns ist viele«, sagte der Psychiater Piero Ferrucci. Ferrucci praktiziert die Psychosynthese, eine Technik, die der italienische Psychiater Roberto Assagioli entwickelt hat und die Menschen helfen soll, die widersprüchlichen Energien der zahlreichen verschiedenen Subpsychen zu integrieren – den Perfektionisten, das nörgelnde Kind, den Verfolger, den Diktator.

Wir sind wahrscheinlich sehr irritiert und gekränkt, wenn andere uns Wankelmütigkeit vorwerfen. Und gleichzeitig frustrieren uns die wechselnden Gesichter der anderen, ihr offensichtlicher Gedächtnisschwund, wenn es um Dinge geht, die sie uns eindeutig vermittelt oder die sie getan haben.

Konkurrierende Ichs können, wie Douglas Hofstadter in seinem Buch *Metamagicum. Fragen nach der Essenz von Geist und Struktur* ausführt, nicht beliebig lange in Schach gehalten werden: »Wir können sie nicht herumdirigieren oder ihnen verbieten zu handeln. Jede innere Stimme besteht in Wirklichkeit aus Millionen von Teilchen, die alle aktiv sind. Unter den richtigen Umständen werden diese aktiven Teilchen eines Tages alle in die gleiche Richtung weisen, und in diesem Moment kristallisieren sich alle inneren Stimmen, gehen durch eine Übergangsphase, treten aus der Dunkelheit hervor und erklären sich selbst zu aktiven Mitgliedern der Gemeinschaft der Ichs.«

Hofstadter sagt, dass jede neue Identität – zum Beispiel das brandneue »Gärtner-Ich« einer Person, die bislang behauptete, keinen »grünen Daumen« zu besitzen – erkannt und anerkannt werden möchte. »Vielleicht versucht sie, die Macht zu übernehmen«, sagt Hofstadter. Als Beispiel führt er sein eigenes Klavierspieler-Ich an, das sich, wenn es freie Bahn bekommt, »stundenlang weigert, abzutreten«.

Die Zusammenarbeit der Ichs

Der Psychiater John Beahrs behauptet, dass das Versäumnis, die simple Tatsache dieser Vielschichtigkeit des Selbst zu erkennen, für die Psychologie ein Hindernis darstellt. Seine Theorie über die Funktionsweise des Menschen geht von einem »Co-Bewusstsein« aus: Verstößt jemand gegen den gesunden Menschenverstand, sind seine zahlreichen verschiedenen Ichs in Konflikt geraten.

Vielleicht sind zwei Ichs sich einig und lähmen so das Handeln, oder eines sabotiert die Bemühungen, die ein anderes unternimmt. Bleiben diese Kämpfe unbewusst, verstärken sich ihre gesellschaftlichen Auswirkungen. Wenn Menschen sich ihrer inneren Widersacher nicht bewusst sind, so machte C.G. Jung uns klar, agiert die Welt diese Konflikte aus und spaltet sich in Gruppierungen, die sich gegenseitig bekriegen.

Wir müssen uns eingestehen, dass wir völlig verschiedene Ichs haben, zumindest im Verborgenen. Das ist sowieso eine gute Sache. Wer tagaus, tagein verbissen derselbe ist, langweilt sich selbst wahrscheinlich ebenso wie andere. Ralph Waldo Emerson sagte einmal, »eine törichte Unbeirrbarkeit ist der Kobold von Kleingeistern«. Nicht unsere Vielschichtigkeit ist das Problem, sondern dass wir unsere vielen Ichs vergessen.

Aus Beahrs' Sicht ist es möglich, dass sich die Persönlichkeit, die sich im Augenblick als »Ich« äußert – das Ich auf dem Fahrersitz –, der Informationen nicht bewusst ist, die eine andere Subpersönlichkeit besitzt. Unser unbewusstes Verhalten kann auf der bewussten Entscheidung einer der vielen verschiedenen Seiten von uns beruhen. »Die einzelnen Elemente der Psyche sind nicht lediglich ein abstrakter Mechanismus, sondern ein Wesen, das Erfahrungen macht und mit dem wir Kontakt aufnehmen und kommunizieren können.«

Visionäre lernen diese Vielschichtigkeit kreativ zu nutzen. Beahrs sagt dazu: »Das Unbewusste ist kein Hexenkessel, der überkocht vor Zorn und nach Ausdruck brüllt, sondern ... die Quelle allen Lebens und Wachsens.« Die Vielfältigkeit unserer Ausdrucksmöglichkeiten versetzt uns in die Lage, auf Situationen angemessen einzugehen, wie ein erfahrener General die Führung zu übernehmen, wenn es angesagt ist, uns sanft und mütterlich zu verhalten, wenn das verlangt wird, oder spielerisch zu sein, wenn der Spielgeist die Situation bestimmt.

Die innere Gesellschaft

Der Komiker Tommy Smothers pflegte von »meinem Bruder und meinen Ichs« zu sprechen. Wenn wir von vielen »Ichs« statt von einem ausgehen, bringen wir Licht in manches Mysterium. Tatsächlich kann die Schar unserer Ichs das Ausmaß unserer Genialität widerspiegeln.

Marvin Minsky, Spezialist für künstliche Intelligenz am MIT (Massachusetts Institute of Technology, Anm.d.Ü.), betrachtet diese Unter-Ichs als Konfiguration von spezialisierten Gehirnfunktionen – eine Gruppe von Agenten, die in unserem Auftrag zusammenarbeiten. Sollten wir jemals zu einer so intelligenten Einschätzung der menschlichen Intelligenz gelangen, dass wir qualitative Unterschiede zwischen Individuen entdecken, sagt Minsky, dann stellen wir vielleicht fest, dass die menschliche Intelligenz mit der Anzahl von Agenten korreliert, die bei einem Individuum gleichzeitig um Aufmerksamkeit wetteifern.

Diese schwindelerregende Vorstellung eröffnet uns weitreichende kreative Möglichkeiten. Menschliche Intelligenz könnte dann die Gemeinschaft von talentierten Unter-Ichs widerspiegeln, von denen jedes eine Begabung oder Einsicht mitbringt. Und wenn wir imstande sind, diese verschiedenen Perspektiven und Vorlieben zu steuern, werden wir belohnt mit innerem und äußerem Gleichgewicht.

Für Emanuel Swedenborg, einen Philosophen aus dem 18. Jahrhundert, korrelierte die menschliche Funktionsfähigkeit mit der Anzahl der inneren Gemeinschaften, die aus »Wahlberechtigten« bestehen. Je mehr Gemeinschaften es gibt und je mehr Mitglieder diese Gemeinschaften haben, schrieb Swedenborg in seinem Buch *Himmlische Geheimnisse*, desto besser: »Perfektion und Stärke beruhen auf der harmonischen Versammlung vieler Wahlberechtigter, die einmütig agieren ... Ein bestimmtes Organ oder Mitglied ist nicht nur von einer Gemeinschaft beeinflusst, sondern von vielen, und ... jede Gemeinschaft wiederum umfasst viele Individuen.«

Der südafrikanische Staatsmann Jan Smuts sagte 1926 voraus, dass das Individuum allgemein gültig werden »und das Allgemeingültige individualisiert werden wird. Auf diese Weise wird das Ganze von beiden Seiten bereichert. Flexibilität, Freiheit und Kreativität sind notwendig für die neuen Gruppierungen und Strukturen, die sich auf der psychischen Ebene zeigen werden.«

In Minskys Modell ist das Bewusstsein der Aspekt des Geistes, der genau weiß, wie die anderen, verborgeneren Systeme zum Einsatz kommen können. Betrachten wir unseren Geist als Gesellschaft, ist einsichtiger, warum es uns so schwer fällt, neue Ideen anzunehmen. Minskys »Investitionsprinzip« besagt, dass die ältesten Ideen gegenüber den später aufkommenden im Vorteil sind:

»Je früher wir etwas lernen, desto mehr Methoden ... für seine Anwendung erwerben wir. Jede neue Idee muss also mit einer Menge Fähigkeiten konkurrieren, die wir auf der Basis der alten Ideen erworben haben, ohne dass sie auf diesen Wettkampf vorbereitet ist. Aus diesem Grund ist es fast leichter, neue Dinge auf altbekannte Weise zu tun, als völlig neu anzufangen. Jede neue Idee, so gut sie prinzipiell auch sein mag, erscheint uns so lange fremd und schwierig, bis wir sie beherrschen.«

Das verwaltende Gehirn lernt seine speziellen Funktionen einzuordnen und zu organisieren. Soll ein Kind wirklich klug werden, so Minsky, muss das verwaltende Gehirn durch einen »glücklichen Zufall« auf den Lernprozess selbst aufmerksam werden. Wenn wir dieses Glück haben oder gute Beobachter sind, fällt uns schließlich auf, wie zufällig die Natur des Lernens ist. Von dem Punkt an können wir uns diese »Zufälle« zunutze machen.

Fassen wir noch einmal zusammen: Es ist weder möglich noch wünschenswert, alles Unbewusste ins Bewusstsein zu bringen, aber wir können unseren spirituellen, geistigen und emotionalen Horizont enorm erweitern, wenn wir uns klar machen, wie stark wir durch Transaktionen beeinflusst sind, die wir nicht bewusst wahrnehmen. Weil dieses Eingeständnis unsere weniger selbstbewussten Ichs entlastet, können sie ihre Botschaften konfliktfreier und klarer übermitteln.

Menschliche Notwendigkeit

Die Persönlichkeit ist nicht gleichzusetzen mit dem Selbst. Sie ist weniger, wer wir sind, als vielmehr eine Verkörperung unserer Geschichte – unserer Auslegung der Prüfungen und tröstlichen Seiten des Lebens, unserer Lehrerinnen und Lehrer, unserer Begegnungen und Trennungen.

Die Persönlichkeit beruht überwiegend auf wahrgenommenen Realitäten. Natürlich ist die Gesellschaft, die eine Mischung aus unzähligen wahrgenommenen Realitäten darstellt, kein einheitliches Gebilde. Bestimmte Werte werden lautstark proklamiert, ohne dass Menschen danach leben.

Obwohl wir sagen: »Ehrlich währt am längsten«, neigen wir eher zu einer defensiven Unaufrichtigkeit. Der Verkäufer verlangt einen höheren Preis, als er zu bekommen erwartet, weil der Käufer einen niedrigeren Preis bietet, als er glaubt, zahlen zu müssen.

Weil wir Angst haben, andere könnten die Wichtigkeit unserer Worte nicht verstehen, übertreiben wir. Und da wir wissen, dass »alle übertreiben«, trauen wir uns gegenseitig nicht über den Weg. Da wir die Dinge im Kleinen wie im Großen immer wieder zu unseren Gunsten zurechtbiegen, ist uns gar nicht mehr bewusst, dass wir lügen. Falsche Informationen sind unser täglich Brot.

Da wir unsere soziale Verantwortung mysteriösen »anderen« zuschieben – den Institutionen –, sind wir zunehmend ernüchtert davon, wie diese ihrer Aufgabe nachkommen. Und weil wir immer wieder erleben, dass die öffentlichen Behörden das Allgemeininteresse nur selten berücksichtigen, werden wir zynisch. Wir nehmen weniger Anteil, wissen und tun weniger. Wir wehren uns dagegen, Steuern für Reformen zahlen zu müssen, sind aber auch nicht bereit, direkt an diesen mitzuarbeiten. Wir flüchten. Wir wickeln uns in unsere Kokons. Mit unseren Schulen, unserer Gesundheitsversorgung, unserer Ästhetik, unserer Umwelt und unserer Wirtschaft geht es ständig bergab.

Man könnte argumentieren, schuld daran sei die allgemeine Gier – die Habsucht der Menschen, die andere ausnutzen, bestechen, in Beschlag nehmen, bestehlen, erpressen und die eigenen Schätze horten. Da wir überall auf unsoziales Verhalten treffen, liegt es nahe, dass wir uns als Opfer fühlen und wie gelähmt sind.

Die meisten Menschen sind der Meinung, dass sich etwas ändern muss. Aber was? Es hat keinen Sinn, von den Wächtern des Status quo Lösungen zu erhoffen oder zu erwarten, dass die Ausbeuter ihr Herz öffnen. Wir schaffen unsoziales Verhalten weder durch Argumente noch durch Predigten aus der Welt. Trotz Gesetz und Strafe, trotz sozialer Sitten ist unsere Welt weder gerecht noch im Gleichgewicht.

Da auch wir innerlich nicht im Gleichgewicht sind, tragen wir dazu bei, dass sich die falschen Gewohnheiten, die sich in unserer augenblicklichen weltweiten Krise manifestieren, verfestigen.

In seinem Buch *Über die Entwicklung der Persönlichkeit* wies C.G. Jung darauf hin, dass »niemand seine Persönlichkeit entwickelt, weil ihm jemand erzählt, das wäre nützlich oder ratsam. Die Natur ist bislang noch nie durch wohlmeinenden Rat beeinflusst worden. Das Einzige, was sie bewegt, ist kausale Notwendigkeit, und das gilt auch für die menschliche Natur. Ohne Notwendigkeit bewegt sich gar nichts, und die menschliche Persönlichkeit am allerwenigsten.«

Jung bezeichnete die Persönlichkeit als »enorm konservativ«. Die Entwicklung der Persönlichkeit gehorcht weder Launen noch Befehlen, sondern lediglich brutaler Notwendigkeit.

Wir können uns in diesem Augenblick weigern, Nichtakzeptables zu akzeptieren. Wo auch immer wir uns befinden, welche Fähigkeiten wir auch besitzen oder welchen Status wir haben, wir können diesen ersten Schritt tun. Das Verzwickte daran ist, dass wir gleichzeitig an uns selbst, unseren Unter-Ichs und unserer Umwelt arbeiten müssen.

Wir können fragen: Was ist dieses »Etwas« in mir, das mein Gewissen aufwühlt? Wie sehen meine Gewohnheiten aus und mit welchen Argumenten verteidige ich sie? Was muss ich tun, um ein besserer oder ausgeglichenerer Mensch zu werden?

Wenn es uns schwer fällt, uns zu verändern, können wir schwerlich erwarten, dass die Gesellschaft sich ändert. Mit anderen Worten: Die Gesellschaft besteht aus lauter Menschen, die uns nur allzu ähnlich sind. Aber wir können Feuer mit Feuer bekämpfen. Statt mit unserer inneren Bürokratie zu kämpfen, können wir unsere Tendenz zur Automatisierung nutzen, um positive Verhaltensmuster zu entwickeln und zu verstärken.

Neue Gewohnheiten, neue Ichs

Wir bezeichnen uns oft als »Gewohnheitstiere«. Ohne Gewohnheiten könnten wir kein automatisches Verhalten entwickeln und hätten keine Zeit, nachzudenken oder kreativ zu sein. Wir wären dann zu sehr damit beschäftigt, einen Fuß vor den anderen zu setzen. Wir bewältigen unseren Tag mit ganzen Hierarchien von Gewohnheiten. Minigewohnheiten sind die Bausteine für Verhaltensmuster, aus denen sich schließlich die Persönlichkeit zusammensetzt.

Es hilft uns, wenn wir uns vorstellen, wie bestimmte Gehirnregionen zusammenarbeiten und sich zwischen unseren Unter-Ichs eine neue Harmonie einstellt. Auch wenn unsere Biochemie uns zu Wagemut, Feigheit oder Inflexibilität drängt – wir können diese Antriebe in Forschungsdrang, Wachsamkeit und gute Haushaltsführung umwandeln.

Die irische Romanautorin Edna O'Brien schrieb einmal von 15 Leuten, die alle in ihrem Inneren hockten und da auch hineinpassten. Laut Lewis Thomas können wir diese innere Versammlung gelegentlich komplett zum Schweigen bringen: »Der einzige Weg, sie zu beschwichtigen und zur

Ruhe zu bringen, ist Musik. Das bringt's. Bei Bach werden sie immer still und schalten ab, fast, als hätten sie darauf gewartet.«

Nach zehn Jahren Forschung sagte William James, er wisse über das menschliche Gehirn nur eines mit Sicherheit: dass es ausgezeichnete Dienste leiste, wenn es darum geht, Gewohnheiten zu entwickeln. Die einzig sinnvolle Gegenstrategie besteht darin, sich gute Gewohnheiten anzueignen.

Lernen durch Tun

Wir machen durch Tun größere Fortschritte als durch bloßes Betrachten unserer Sünden oder das Studium von Möglichkeiten zur Selbstentfaltung. Am besten fördern wir persönliche Veränderungen – das Ablegen von überflüssigen Verhaltensweisen und Überzeugungen –, wenn wir uns einer lohnenswerten Aufgabe widmen und dazu in die Lehre gehen. Selbst dienende Tätigkeiten lehren uns Beharrlichkeit und Geduld und geben uns Gelegenheit, Außergewöhnliches zu leisten. Haben wir erst einmal gelernt, bei einfachen Aufgaben unser Bestes zu geben, beschleunigt sich unser Lernen durch unsere eigenen höheren Maßstäbe, die wirken wie ein Düsenantrieb.

Wir schalten einen Gang höher, um wirklich zu leben und nicht nur unseren Lebensunterhalt zu verdienen. Alles wird wichtig. Rückschläge, emotionale Hochs und Tiefs werden zu Stationen einer Heldenreise.

Erfolg kommt nicht über Nacht. Erfolg haben heißt, eine ganze Reihe von Schritten zu absolvieren.

Wenn wir uns stärker engagieren, begreifen wir, wie wir zur Weiterentwicklung unseres kollektiven Lebens beitragen können. Techniken sind nicht genug. Wenn wir innerlich nicht ahnen, dass wir unsere Art, Geschäfte zu betreiben, grundlegend verändern können, bleiben alle Neuerungen »Flickwerk«.

Wenn die inneren Ichs mit vereinten Kräften wirken, sehen wir, wie effektive Prinzipien zusammenarbeiten. Unser Verstehen gleicht einer Selbstvermehrung und wirkt ähnlich wie die DNA. Es keimt und wächst und macht uns bereit für die nächste Herausforderung.

Dieses Gefühl voranzukommen, dieses Aufblühen unserer Fähigkeiten, fließt auch in unsere Alltagsgespräche ein. Der Tag ist nicht fern, an dem unsere vielen Ichs, die bislang auf der Grundlage von »sollte« und »sollte besser nicht« agiert haben, »kann« und »will« sagen werden.

Auf den nächsten Seiten werden wir direkte Begegnungen mit unterschiedlichen Ichs haben, mit Verbündeten, die uns die Vielschichtigkeit unseres eigenen Wesens widerspiegeln. Sie können allein oder zusammen auftauchen.

Wir werden ihre potenziellen Eigenschaften betrachten und erforschen. Mit Hilfe von moderner Wissenschaft und uraltem Wissen, von überlieferten Heldentaten und historischen Beispielen werden wir die geheimen Methoden der Visionäre entdecken. Wir sind nicht auf unsere erworbene Persönlichkeit und eine einzige »Berufung« festgelegt.

In dem Maße, wie die vorliegende Forschung neues Licht auf die mysteriöse Natur unseres Seins wirft, enthüllt sie auch neue wundervolle Kapazitäten für Veränderung. Wir begreifen, dass unsere vergeblichen Versuche, zur Ganzheit zu gelangen, das Versäumnis widerspiegeln, alle Charaktere auf dem Bild zu umarmen, das jede und jeder von uns in sich trägt.

Überwinden wir die Angst vor unserer inneren Gemeinschaft, können wir die Funktionen unserer höheren Unter-Ichs bewusst entfalten. Wenn wir zuerst einmal die

Mitglieder des Stammes versammeln, die wir innerlich selbst gewählt haben, hilft uns das, draußen in der Welt unsere wahren Gefährten und Verbündeten zu finden.

5 Herausforderungen und Selbstermutigung

Der Athlet

Seelen sind wie Athleten, die würdige Gegner brauchen, um sich zu erproben, sich zu verbessern, ihre ganze Kraft zum Einsatz zu bringen und entsprechend ihrer Fähigkeiten belohnt zu werden.

Thomas Merton

Du arbeitest am besten, wenn der Wind von vorn kommt.

Schwedisches Sprichwort

Wenn wir unsere Ziele und Träume verwirklichen wollen, müssen wir uns ins Zeug legen. Wir müssen mit der Aufgabe wachsen. So betrachtet, sind großartige Leistungen kein Kunststück oder Luxus, sondern Sauerstoff für die verzweifelte Seele. Die Vorstellung vom Status quo ist eine Illusion. Nichts steht still. Als Einzelpersonen und als Gesellschaft heilen wir oder bauen ab, bewegen uns auf das Leben oder auf den Tod zu.

Der Volksmund hat viel zu sagen über das Vorankommen durch Schwierigkeiten oder den Lohn, der uns erwartet, wenn wir uns größere Aufgaben stellen, als wir glauben, bewältigen zu können. Wir sagen, dass jemand »eine Feuerprobe bestanden hat« oder durch »eine harte Schule gegangen ist«. Die chinesische Metapher dafür lautet: »Den Tiger umarmen«.

Von klein auf haben wir zu hören bekommen, dass wir durch Schwierigkeiten am besten lernen, und das hat uns oft verärgert. Die meisten von uns hofften trotzdem, irgendwann einmal, wenn »sie mit sich selbst im Reinen sind«, auf leichtem Weg verstehen zu lernen.

Eins zu null für die alten Weisheiten. Laut wissenschaftlicher Forschung sind Herausforderungen ein Weckruf für das menschliche Gehirn. Wird unsere Aufmerksamkeit nicht erregt, agiert unser Gehirn anders. Der Mangel an Anreizen – Langeweile – kann sogar eine der Hauptursachen für Krankheit sein.

Wenn wir das Leben außergewöhnlicher Menschen studieren, stoßen wir auf eine verblüffende Tatsache: Relativ viele von ihnen litten früh im Leben unter Widrigkeiten. Bei manchen handelt es sich um tragische Ereignisse, andere waren körperlich behindert, haben Armut erlebt, waren emotional extrem sensibel oder hatten Lernschwierigkeiten, zum Beispiel beim Lesen. Die Qualitäten, die sie entwickelt haben, um ihre Defizite auszugleichen, haben sich auch in anderer Hinsicht als nützlich erwiesen.

Dem Baseballspieler Jim Abbott, der als 21-jähriger Grünschnabel für die damalige Mannschaft der Anaheim Angels sämtliche Rekorde brach, fehlte die rechte Hand. Sobald Abbott den Wurf losgelassen hatte, wechselte er den

Handschuh zwecks Abwehr zur linken Hand. Dieses zusätzliche Training seiner Reflexe hat ihm als Werfer sicherlich geholfen.

Es gibt immer mehr Beweise dafür, dass so genannte Begabungen in Wirklichkeit Ausdruck des Talentes sind, die eigenen Fähigkeiten zu nutzen. Wir könnten von der Gabe der Begabung sprechen.

Interessant ist, dass das Talent, die eigenen Begabungen zu erkennen und zu nutzen, offenbar darauf beruht, dass Menschen ihre Fähigkeiten – ganz gleich, welche – voll entwickeln. Dabei ist es von wesentlicher Bedeutung, dass diese Entwicklung aktiv vorangetrieben wird. Nur auf diesem Weg und nicht allein durch unser Talent werden wir zu talentierten Menschen.

Wenn wir eine Fähigkeit voll ausschöpfen wollen, beginnen wir damit zu experimentieren. Haben wir den Dreh, unser eigener Meister zu sein, erst einmal zur Perfektion entwickelt – indem wir uns voll ins Zeug legen, beharrlich sind und uns immer wieder selbst ansporn –, können wir viele Dinge meistern. Jede neue Sprache, die wir erlernen, erleichtert uns das Lernen weiterer Sprachen. Unser Gehirn verallgemeinert, baut auf erworbenem Wissen auf und entdeckt die gemeinsamen Fäden.

Haben wir ein bestimmtes Hindernis erst einmal überwunden, verlieren weitere Hindernisse an Bedrohlichkeit. Haben wir uns einmal sehr bemüht, ein Ziel zu erreichen, können wir weitere Mühen leichter hinnehmen. Jedes erreichte Ziel ist ein Sprungbrett zum nächsten. Jede Anstrengung erweitert unser Wissen auf diesem Gebiet, und das wiederum gibt uns die Zuversicht, die wir brauchen, um neue Gipfel zu erklimmen.

Die Schwimm-Olympiasiegerin Janet Evans sagte, sie habe oft deswegen gewonnen, weil sie in der Bahn zunächst hinter den anderen zurückblieb. »Ich bin immer gut in der Endphase. Dann kannst du dein Äußerstes geben. Ausruhen kannst du immer noch, wenn es vorbei ist.«

Ihr Vater sagte: »Weil sie so klein war, haben die Leute immer zu ihr gesagt, sie könne bestimmt nicht schnell schwimmen. Vielleicht wollte sie denen beweisen, dass sie es doch kann.«

Herausforderungen sind ein Anreiz für unser Gehirn und provozieren uns zum Handeln. Je mehr Versuche wir unternehmen, desto deutlicher erkennen wir bestimmte Muster und Analogien. Wir beginnen die Prinzipien zu verstehen. Wo wir uns einst bemüht haben, ein Unvermögen zu überwinden – eine Leseschwäche, mangelnde Koordination, Anfängerschwierigkeiten, die darauf beruhten, dass wir in der Schule immer »die Neue« waren, Armut –, sind wir jetzt gut vorbereitet, mehr zu leisten, als lediglich über die Runden zu kommen.

Zentimeter für Zentimeter

Was manche schwerbehinderte Menschen leisten, ist für viele von uns nicht nur inspirierend oder lässt uns demütig werden. Es ist geradezu atemberaubend.

Ein 50-jähriger blinder Mann wanderte den ganzen Appalachian Trail entlang, einen Fernwanderweg von 3 440 Kilometern Länge, wobei er, nur begleitet von seinem Blindenhund, 14 Bundesstaaten durchquerte. Unterwegs brach er sich eine Rippe, ertrank fast in einem eisigen Fluss, aber er bereute nichts. Er erfüllte seine Aufgabe, um zu zeigen, dass er an Gott glaubte.

Ein 29-jähriger querschnittsgelähmter Mann brauchte acht Tage, um sich mit Hilfe einer speziellen T-förmigen

Kletterstange an der glatten Granitfläche des El Capitan im Yosemite Nationalpark hochzuziehen. »Man hat einen Traum«, sagte er, »und weiß, dieser Traum wird nur wahr, wenn man es einfach tut – selbst wenn man nur Zentimeter für Zentimeter vorankommt.«

Nachdem sie zehn Jahre bei den Paralympics geholfen hatte, fragte sich eine Frau aus Oregon, ob geistig behinderte Menschen nicht ungenutzte schauspielerische Talente haben. Sie schrieb ein Krippenspiel für eine Gruppe von geistig behinderten jungen Erwachsenen. Nachdem sie vier Jahre geprobt hatten, führten sie das schwierige Stück *My Fair Lady* auf.

Auch körperliche Beeinträchtigungen können eine Chance sein, selbst wenn wir sie vielleicht verfluchen. Der Volksmund sagt: »Was dich nicht umbringt, macht dich stark.« Die Beharrlichkeit und der Einfallsreichtum, die eine Behinderung uns abverlangt, helfen uns zwar nicht unmittelbar, können aber dazu führen, dass wir in gewisser Weise über uns selbst hinauswachsen.

Die Literatur ist voll von solchen Geschichten, vielleicht weil Menschen, die große Schwierigkeiten gemeistert haben, davon erzählen wollen. Sie möchten ihre Erfahrungen weitergeben, und schreiben können wir auch, wenn wir im Rollstuhl sitzen, taub und blind sind wie Helen Keller oder unsere Hände nicht benutzen können wie Christy Brown, Autor des Buches *Mein linker Fuß*. Das schlechte Sehvermögen von Aldous Huxley, das Stottern von Somerset Maugham, die Epilepsie, unter der Lewis Carroll litt – all diese Behinderungen haben die Betroffenen in Kunst umgewandelt. Tschaikowsky, Julius Caesar, Alexander der Große, Dostojewski und Apostel Paulus waren alle Epileptiker.

Der Weltspitzenturner Dmitri Bilozerchev erlitt bei einem Autounfall einen mehrfachen Beinbruch. Fünf Jahre später wurde er mit einer Stahlschiene im Bein erneut Welt-meister. Lance Armstrong, Weltchampion im Radfahren, überwand alle Schwierigkeiten und besiegte seinen Krebs. Anschließend nahm er wieder an Rennen teil und gewann zum siebten Mal überraschend die Tour de France. Mike Adame, ehemaliger Boxer im Leichtgewicht bei den Golden Gloves Meisterschaften, der durch Meningitis des Rücken-marks verkrüppelt war und unter großen Schmerzen litt, widmete sich der Betreuung von Jugendlichen in einem Pro-gramm zur Bekämpfung örtlicher Jugendbanden.

In Wirklichkeit geht es bei diesen Geschichten gar nicht so sehr um Turnen oder Boxen. Bilozerchevs Trainer sagte: »Wenn Menschen Dima nur im Gedächtnis behielten, weil er Medaillen gewonnen hat, wäre das sehr schade. Es geht viel-mehr um den gewaltigen Kraftaufwand, den er betrieben hat, um mit seinem Sport eine neue Ebene zu erreichen.« Adame sagte, sein eigentliches Anliegen sei es nicht, aus seinen jungen Latino-Schützlingen Boxer zu machen. Er wollte, dass sie aus den gesellschaftlich vorgezeichneten Spurrillen aussteigen, von der Straße wegkommen und sich überlegen, das College zu besuchen. »Eines Tages werden sie aufwachen und wissen, dass sie das Boxen nicht brauchen. Dass sie aus dem Ring stei-gen können und trotzdem ein Mann sind.«

So sieht das Geschenk von Einstellungen aus, die Men-schen sich erarbeitet haben. Körperkraft und Erfahrung sind dabei nicht unbedingt die wichtigsten Faktoren, und das gilt selbst für äußere Schwierigkeiten, wie zum Beispiel in Situa-tionen, wo ein Mensch ganz allein auf dem Meer oder in der Wildnis ausgesetzt ist. Oft handelt es sich bei den einzigen Überlebenden von Katastrophen um eine zarte Frau oder einen älteren Menschen mit einem starken Willen oder Glauben, während die bei weitem robusteren Leidensgenos-sen ihre Hoffnung und ihr Leben aufgegeben haben.

Sich auf Fähigkeiten konzentrieren

Menschen mit Behinderungen äußern oft den Wunsch, andere mögen ihre Fähigkeiten sehen und sich nicht auf ihre körperlichen Handikaps konzentrieren. Ein Collegestudent mit erheblichem Gehörfehler wies darauf hin, dass Behinderungen einfach Teil unserer menschlichen Erfahrung sind. »Jeder von uns wird, wenn er lange genug lebt, an einen Punkt gelangen, wo er Altersflecken bekommt und nicht mehr so gut hören und sehen kann.«

Jim Abbott sagte nach einem No-Hitter-Spiel (seltene Leistung eines Werfers, beim Baseball in einem ganzen Spiel keinen gültigen Schlag des Gegners zuzulassen, Anm.d.Ü.): »Jeder hat seine Probleme im Leben. Meins ist, dass mir vier Finger fehlen.« Gale Devers, von der Basedow-Krankheit einst so stark in Mitleidenschaft gezogen, dass sie dachte, sie könne nie wieder laufen, errang im 100-Meter-Lauf bei den Olympischen Spielen den Titel »schnellste Frau der Welt«. Mario Lemieux, Hockey-Legende, und Jeff Blatnick, Goldmedaillengewinner im griechisch-römischen Ringen, nahmen beide nach der Diagnose Hodgkin'sche Krankheit ihren Sport wieder auf. Wilma Rudolph, die drei olympische Goldmedaillen im Laufen gewann, lief als Kind mit Hilfe einer Gehschiene. Mit vier Jahren hatte sie eine doppelte Lungenentzündung, dann Scharlach, dann eine milde Form von Kinderlähmung. Wenn sie an ihre frühe Kindheit dachte, sah sie sich nur krank im Bett liegen.

Der Violinist Itzhak Perlman, der Jazzpianist Michel Petrucciani und der Operntenor Seung-Won Choi traten auf, obwohl sie Krüppel waren. Petrucciani sagte, seine Krankheit, eine Störung des Knochenwachstums, sei ein Segen, weil sie in ihm als Kind den Ehrgeiz geweckt habe, ein erstklassiger Jazzmusiker zu werden. »Ich habe eine klare

Richtung, ohne dass mich die Zerrissenheit quält, die manche Künstler blockiert«, erläuterte er. Seine Frau sagte über seine Krankheit: »Sie hat seine Kindheit verkürzt und ihn gezwungen, mit Schmerz so umzugehen, dass es nur wenige Menschen verstehen. Und er hat dadurch Dinge schätzen gelernt, die andere selbstverständlich hinnehmen.«

Eine Gruppe von Jugendlichen, die von Geburt an blind waren, schnitt bei einem Test ihrer Imagination bedeutend besser ab als Gleichaltrige mit einem gesunden Sehvermögen. Der Psychologe, der diese Studie durchführte, wies darauf hin, dass blinde Kinder mehr auf die anderen Sinne angewiesen sind, »und das gilt auch für die Imagination«. Bei einer Gruppe von Patienten in einem Pflegeheim korrelierte die künstlerische Originalität mit der Schwere ihres Gehirnschadens.

Behinderungen sind tatsächlich normal.

Vom Gehirn vollen Einsatz fordern

Das Gehirn will gefordert werden«, sagt der Hirnforscher Jerre Levy. »Offensichtlich bringen Herausforderungen das Gehirn auf Hochtouren. Sie lösen Aufregung aus und sind ein Medium für optimales Lernen.«

Herausforderungen bringen uns dazu, uns emotional zu engagieren. Sie motivieren uns und verlangen unsere Aufmerksamkeit. Levy spricht in diesem Zusammenhang vom »hoch integrierten Gehirn in Aktion«. Forschungen über Patienten mit gespaltenem Gehirn zeigen, dass die Aufmerksamkeit insgesamt schwach ist, wenn nur eine Gehirnhälfte beteiligt ist. Typisch für die großen Männer und Frauen unserer Geschichte ist aus Levys Sicht, dass *sie Herausforderungen als Anreiz betrachteten und weniger, dass sie überdurchschnittliche intellektuelle Fähigkeiten besaßen.*

Wenden wir uns noch einmal dem Gedanken zu, dass jeder und jede von uns viele Ichs sowie unterschiedliche Fähigkeiten, Ansichten und Subpersönlichkeiten in sich versammelt. Im normalen Alltag sind diese Ichs in gewisser Weise vereinzelt. Stehen wir aber vor einer Herausforderung, die uns reizt, sei es ein Problem oder eine selbst gewählte Aufgabe, weichen die inneren Differenzen zugunsten eines einheitlicheren Selbst. Aufgrund der Furcht oder Inspiration schließen sich die einzelnen Elemente unserer Persönlichkeit zusammen, so wie die Mitglieder von Gruppen es meistens tun, wenn sie von außen bedroht werden.

Und erinnern Sie sich auch an Marvin Minskys verblüffenden Gedanken, dass sich unsere Intelligenz an der Zahl der Unter-Ichs ablesen lässt, die darum wetteifern, im Mittelpunkt zu stehen. Wenn das stimmt, wecken wir möglicherweise deren kollektives Interesse, sobald wir uns einer Herausforderung stellen.

Herausforderung als Lernförderung

Wir lernen am besten durch Dinge, die schwierig genug sind, um uns auf Trab zu halten, ohne uns völlig zu überfordern. Diese optimale Förderung unseres Lernens durch Herausforderung ist keine feststehende Größe. Wenn eine Aufgabe neu für uns ist, können die einfachsten Handgriffe uns wach machen und unser Interesse erregen. Für den Anfänger am Klavier kann das bloße Spielen von Tonleitern eine Herausforderung sein. Doch sobald wir etwas beherrschen, brauchen wir, wenn wir uns nicht langweilen wollen, eine neue Anforderung.

Um herauszufinden, wie Herausforderungen in unserem Leben unser Lernen fördern, müssen wir wissen, ob unsere

Arbeit, gemessen an unseren Fähigkeiten, uns *entspricht,* *über-* oder *unterfordert.* Das heißt, wir müssen uns anschauen, in welchen Lebensbereichen wir uns langweilen und wo Langeweile für uns fast schon normal geworden ist.

Der Ursprung des englischen Wortes für Langeweile, »boredom«, ist »bore« und bezeichnet einen uninteressanten Menschen. Worauf er zurückgeht, ist unbekannt. Der Begriff tauchte 1766 zum ersten Mal gedruckt auf. Das Wort »boredom« für den Zustand der Langeweile ist erst seit 1852 in Gebrauch. Das französische Wort für Langeweile, »ennui«, heißt sowohl Überdruss als auch Unzufriedenheit. »Boredom« bedeutet manchmal auch Entfremdung, zum Beispiel im politischen Kontext, wenn es um Fließbandarbeit geht. Aber das alles läuft auf das Gleiche hinaus. Gute Beispiele für den Ausdruck von Langeweile sind Sticker mit Aufschriften wie: »ICH WÜRDE LIEBER SKI FAHREN« oder SEGELN oder HÖHLENFORSCHER SEIN. Mit anderen Worten: »Ich wäre lieber nicht da, wo ich gerade bin.«

Langeweile heißt, wir entziehen einer Tätigkeit oder Situation unsere Präsenz. Dieser Zustand ist ebenso schmerzlich wie verbreitet. Kinder und Teenager beklagen sich oft darüber, dass sie nichts zu tun haben, und wenn ihre Eltern ihnen etwas vorschlagen, sagen sie: »Das ist doch lang-weilig.« Da den Eltern dann auch nichts weiter einfällt, beginnen sie sich ebenfalls zu langweilen. Studenten, die sich langweilen, werden zu Aussteigern. Ehen scheitern aus Gründen der Langeweile. Arbeiter verlieren das Interesse an ihrer Arbeit. Regierungen kommen an die Macht und treten zurück, weil viele von uns an Politik nicht interessiert sind oder sich so weit davon entfernt haben, dass sie nicht mehr wählen gehen.

Selbst Menschen, die immer beschäftigt sind, können ihr Leben langweilig finden. Langeweile heißt nicht, dass wir nichts zu tun haben. Wir können uns auch entfremdet fühlen, wenn wir ständig aktiv sind und uns dabei sinnlos im Kreis drehen.

Langeweile gilt heutzutage als mehr oder weder selbstverständliches Phänomen. Es ist kein besonders prickelndes Leiden und erregt wenig Mitgefühl. Man kann sich kaum vorstellen, dass ein Konzert oder ein Marathonlauf zum Wohle der Gelangweilten veranstaltet wird. Und doch kann Langeweile quälend und laut Forschung sogar tödlich sein.

Ein visionärer Schriftsteller sagte: »Wenn ich auf Dinge stoße, vor denen ich Angst habe, beschäftige ich mich sofort intensiver damit.« Eine Kunsthändlerin beschrieb ihr Lebensmotto mit den Worten: »Wenn mir klar wird, dass ich mich ändern muss, nehme ich als Erstes die schwierigsten Dinge in Angriff.« Um ihre Angst vor Nähe zu überwinden, lernte sie Kontakttanz, eine Bewegungsform, die von der Kampfsportart Aikido inspiriert ist.

Robert Jarvik, Pionier auf dem Gebiet der Entwicklung des künstlichen Herzens, sagte: »Arbeite an dem schwierigsten, wichtigsten Problem, auf das du deine Talente anwenden kannst. Und tu es für dich. Arbeite, um zu spüren, dass du lebendig und ein Teil von allem bist.«

»Wenn du dir selbst keine Herausforderungen suchst«, sagte Jessica Lange, »kann die Schauspielerei langweilig werden.«

Natürliche Freude, Motor einer erfolgreichen Gesellschaft, beruht auf der dynamischen Übereinstimmung von Fähigkeiten und Aufgabe. Aber was wir als Herausforderung erleben, ist natürlich eine Frage der Wahrnehmung. Der britische Autor Colin Wilson erzählte, wie er einmal einen ganzen Stapel Blätter fotokopieren musste. »Der Job schien mich eine halbe Stunde meines Lebens zu kosten, was ein wirklicher Verlust war. Dann wurde mir klar, dass ich aus der

Sache etwas machen konnte. Also verdoppelte ich meine Aufmerksamkeit. Ich vertiefte mich wirklich in das Fotokopieren. Und das beflügelte mich sehr.« Als er am nächsten Tag wieder etwas Langweiliges erledigen musste, wandte er die gleiche Taktik an und richtete seine Aufmerksamkeit bewusst auf das, was er gerade tat. Und wieder stellte er fest, dass er auf wunderbare Weise von großer Kraft erfüllt wurde.

Wenn Langeweile krank macht

Wenn wir das Leben als interessante Herausforderung betrachten, bleiben wir langfristig wahrscheinlich eher gesund als unsere zynischen, schüchternen oder depressiven Freunde. Dem Ausbruch einer Krankheit geht oft der Verlust des Interesses an der eigenen Arbeit oder Umgebung voraus.

Weil wir uns an vertraute Menschen und Umgebungen anpassen und gewöhnen, werden Körper und Geist unruhig und suchen das Neue. Werden unsere täglichen Aufgaben oder unser Lebensstil zu automatischen Abläufen, haben wir aufgrund der daraus folgenden Langeweile zu wenig Energie, um bei guter Gesundheit zu bleiben. In seinem Buch *The Psychobiology of Cancer* erläutert Augustin de la Pena, Chef der Abteilung für Psychophysiologie am Veterans Administration Hospital in Austin, Texas, dass jeder von uns eine bestimmte Kapazität für die Informationsverarbeitung besitzt. Schöpfen wir unsere geistigen und emotionalen Kapazitäten nicht aus, baut unser physiologisches System ab.

Die bemerkenswerte Fähigkeit des Körpers, sich selbst zu erhalten, nennen wir Homöostase. Laut de la Pena beruht Homöostase vor allem auf einem gleich bleibenden Level an effektiver Verarbeitung und weniger auf einer statischen

Menge an Input. Er empfiehlt, auch für die Erhaltung unserer *kognitiven* Homöostase zu sorgen, unserem individuell typischen Level an Informationsverarbeitung. Wenn ein geistig aktiver Mensch innerlich stehen bleibt, aus welchen Gründen auch immer – Ruhestand, zu viele unzusammenhängende Einzelheiten, ein emotionaler Rückschlag –, kann das zentrale Verarbeitungssystem seine Homöostase nicht aufrechterhalten. Je komplexer ein Lerngebiet ist, desto wichtiger sind neue Schritte und Herausforderungen.

Kinder finden Dinge aufregend, die Erwachsene langweilen oder an die sie sich gewöhnt haben. Der erste Schnee ist für ein Kind ein Abenteuer. Der Anstieg von Krebserkrankungen im Alter, so de la Pena, wird möglicherweise nicht nur durch den Abbau des Immunsystems verursacht. Er kann auch ein Ausdruck wachsender Langeweile sein – des Gefühls »Ach, das schon wieder«, oder: »Das habe ich alles schon erlebt.«

Das Gehirn fördern

Unsere Gesellschaften legen sich nicht besonders ins Zeug, um die menschliche Intelligenz von der Wiege bis zum Grab zu fördern. Das ist mit Sicherheit ein Fehler, der uns teurer zu stehen kommt als sämtliche anderen technologischen oder politischen Unsinnigkeiten.

Doch können wir das Steuer jederzeit herumdrehen. Die Forschung zeigt, dass sich das Gehirn von erwachsenen Ratten durch Stimulation ebenso verändert wie das neugeborener Ratten. Bringt man erwachsene Ratten in eine anregende Umgebung, beginnt ihr Gehirn tatsächlich Substanzen zu produzieren, *die wir gewöhnlich nur in frühen Entwicklungsstadien vorfinden.* Selbst sehr alte Ratten zeigten bei Schwimmtests die gleiche Ausdauer wie junge Ratten. »Manche Verbindungen im Gehirn«, so die Forscher, »können infolge neuer Erfahrungen dauerhaft aktiviert (oder deaktiviert) werden.«

Diese und andere Forschungsergebnisse scheinen Ashley Montagus Theorie von der »Neotenie« zu bestätigen, die auf dem Gedanken beruht, dass eine verlängerte Kindheit oder Reifephase die Intelligenz einer Spezies fördert. Menschenkinder brauchen von allen Geschöpfen dieser Erde am längsten, um zu Erwachsenen heranzureifen.

Äußere Anreize zögern den Beginn des Alterungsprozesses tatsächlich hinaus. »Benutze deinen Grips oder du verlierst ihn«, sagt die Hirnforscherin Marian Diamond aus Berkeley. Für Diamond sind die Aktivitäten, die das Nervensystem von Ratten noch bis ins hohe Alter kontinuierlich fördern, vergleichbar dem aufgeschlossenen Geist, den wir bei aktiven älteren Menschen antreffen. »Solche Leute lieben das Leben und andere Menschen.« Liebe und Begeisterungsfähigkeit sind Anzeichen für ein aktives Gehirn.

Es gibt, was Intelligenz betrifft, kein automatisches Höchstmaß. Bei einer langfristigen Untersuchung in Seattle werden die geistigen Fähigkeiten von Menschen alle sieben Jahre überprüft und gemessen, so dass man individuelle Veränderungen vergleichen kann. Menschen, die in den mittleren Lebensjahren ein Leben voller Herausforderungen geführt hatten, zeigten nach dem 60. Lebensjahr gleich bleibende oder sogar verbesserte geistige Fähigkeiten. Diejenigen, die in dieser Zeit ihres Lebens keine größeren Anreize erlebten, tendierten dazu, merklich abzubauen. Ältere Menschen, die körperlich aktiv bleiben, hören und sehen tendenziell besser als ihre Altersgenossen.

Die bahnbrechenden Experimente mit Tieren, die Diamond und ihre Kollegen an der Universität von Berkeley,

Kalifornien, durchführten, zeigten, dass das Gehirn sich, wird es stimuliert, tatsächlich verändert. Eine Ratte, die in einer »bereicherten Umgebung« aufwächst, hat einen signifikant dickeren Kortex als die anderen Ratten aus ihrem Wurf. Außerdem weist ihr Gehirn zehn Prozent mehr eines bestimmten Enzyms und zehn Prozent mehr an Reservezellen auf.

Welche Art von Umgebung stimuliert eine Ratte? Große Käfige, andere junge Ratten als Spielgefährten und Spielgeräte wie Laufräder, Kisten, Röhren und Bälle. Gegenstände zum Hinaufklettern, Beschnüffeln und Hindurchschlüpfen. In den Labors von Berkeley wird das Spielzeug zweimal die Woche gewechselt. Sonst langweilen die Ratten sich ebenso, wie auch wir es tun würden, und die Entwicklung ihres Gehirns wird nicht gefördert.

In den Jahrzehnten nach den ersten Berichten aus Berkeley stellte man in Labors überall auf der Welt fest, dass eine Umgebung, die genügend Anreize bietet, umfangreiche Veränderungen im Gehirn von Ratten bewirkt und deren Lernfähigkeit dramatisch steigert. Indem sie ihre Ratten in zweistöckigen Käfigen unterbrachten, erreichten Schweizer Experten, dass die Kortex-Dicke bei diesen Tieren um 16 Prozent zunahm.

Auch menschliche Berührungen bewirken, dass Rattenjunge klüger und mutiger werden. Weibliche Ratten, die man viel berührt, sind bessere Mütter. Außerdem sind diese Ratten weniger anfällig für Krankheiten und die Folgen von Stress.

Stimulation hat langfristige Auswirkungen. Kurze Berührungen von Ratten in den ersten drei Lebenswochen verhinderten später altersbedingte Schwächen. Im Alter zeigten diese Ratten fast keine der üblichen Beeinträchtigungen und Verluste von Gehirnzellen.

Die Stimulation des Gehirns von Tieren wirkte sich auch auf deren Nachwuchs positiv aus. Marian Diamond fand heraus, dass sich die Stimulation sowohl auf den nicht »bereicherten« Nachwuchs der Experiment-Ratten auswirkte als auch auf deren Nachwuchs, *selbst wenn die Tiere von Ersatzmüttern großgezogen wurden.*

Diamond bezeichnet dieses Phänomen als »bereicherndes Erbe«. Diese Rattenjungen wiegen bei der Geburt mehr als normal und haben ein größeres Gehirn. Bei den Experimenten in Berkeley hatte jede nachfolgende Generation einen dickeren Kortex und wog bei der Geburt mehr als üblich, selbst wenn nur die erste Generation der Mütter in bereicherten Umgebungen aufwuchs! Bei japanischen Experimenten war der Nachwuchs solcher Mütter anderen Ratten weit überlegen, wenn sie lernen mussten, sich in Labyrinthen zu orientieren.

Wenn Ratten und ihr Nachwuchs durch Stimulation klüger und stärker werden, was ist dann mit uns? Diese Untersuchungen legen nahe, dass ein aufgeschlossener Geist sowohl für uns als auch für unsere Nachkommen die beste Voraussetzung zur Steigerung von Leistungsfähigkeit ist.

Die Psychologin Leslie Hart betont, dass Schulen ebenso lebendig sein sollten wie das Leben selbst. Das Lernangebot sollte verzehnfacht werden, »nicht in Form von weiteren verbalen Lehrplänen, sondern zufälligen Erfahrungsangeboten auf vielen verschiedenen Ebenen! Schulen sollten gehirnkompatibel statt gehirnfeindlich sein.«

Die Zone der proximalen Entwicklung

In gewisser Weise ist eine angemessene Herausforderung ein Kompliment an die lernende Person, eine Einladung, eine neue Ebene des Verstehens zu erreichen. Mihaly Csikszentmihalyi, Autor des Buches *Flow. Das Geheimnis des Glücks*, und seine Kollegen an der Universität von Chicago berichten, dass angemessene Herausforderungen das Gefühl auslösen, im Fluss zu sein, was Menschen selbstlose Freude bereitet. Wenn wir eine Aufgabe meistern, die unsere augenblicklichen Kompetenzen leicht übersteigt, freuen wir uns.

Beim Modell des vermittelten Lernens, das der russische Psychologe Lev Vygotsky empfiehlt, bringt eine ältere klügere Person einer anderen bei, was diese braucht, um bestimmte Fähigkeiten oder Ideen weiterzuentwickeln. Der gute Vermittler – seien es Eltern, Lehrer oder Vorgesetzte – nimmt sensibel wahr, ob der Lernende bereit ist, den nächsten Schritt zu machen.

Am besten lernen wir laut Vygotsky, *wenn wir von unserem augenblicklichen Lernstand aus weitergehen.* Mit anderen Worten, wenn wir vor angemessene Herausforderungen gestellt werden. In den Bereichen nicht vermittelten Lernens sind unsere Kapazitäten unbekannt. Dieser unbekannte Bereich – die Zone der proximalen (nächsten, Anm.d.Ü.) Entwicklung – stellt unser reales individuelles Potenzial dar, eine spezielle Fähigkeit zu lernen.

Jeder Mensch hat in bestimmten Bereichen Fähigkeiten und in anderen nicht. Kommt jemand nicht in den Genuss spezieller Anweisungen, können wir sein Potenzial nicht einschätzen. Aus nahe liegenden Gründen ist die Zone der proximalen Entwicklung – das unerschlossene Potenzial – bei benachteiligten Personenkreisen meistens größer. Kinder, die in Großfamilien oder in extremer Armut aufwachsen, erleben wahrscheinlich zu Hause nicht, dass ihnen bestimmte Fähigkeiten vermittelt werden. Ihre Erziehungsberechtigten wissen vielleicht gar nicht, wie das geht oder sind zu sehr damit beschäftigt, das reine Überleben der Familie zu sichern.

Einige wenige glückliche Kinder bekommen zu Hause beigebracht, wie man logisch denkt, verallgemeinert, Dinge grafisch darstellt oder an schwierige Aufgaben herangeht. In der Schule sind Lehrerinnen und Lehrer nur im Ausnahmefall imstande, ihren Schülern Hilfsquellen zu bieten, wie sie Familien benutzen, die ihren Kindern Lernen »vermitteln«.

Das vermittelte Lernen erzielt beeindruckende Resultate. Reuven Feuerstein hat Vygotskys Zone der proximalen Entwicklung für seine Methode der »instrumentellen Bereicherung« übernommen, mit der er geistig zurückgebliebene Kinder in Israel unterrichtete, die daraufhin aufblühten.

Kinder, die in der Grundschule zurückbleiben, steigen eher als andere Schüler aus, bevor sie eine weiterführende Schule abgeschlossen haben – nicht, weil sie dumm sind, sondern weil sie sich langweilen. Förderunterricht ist für sie der beste Anreiz, die Schule fortzusetzen. So können sie ihre Mitschüler bis zum ersten Wechsel auf weiterführende Schulen einholen.

Angeregt durch ein Modellprogramm in Dade County, Florida, haben Kinder aus der City von Los Angeles Chinesisch, Japanisch und Russisch gelernt. 180 Kinder vom Kindergarten bis zur fünften Klasse lernten diese Sprachen mit Hilfe von Bewegungsspielen, Versen und Liedern. Täglich machten sie drei Stunden Hausarbeit.

Eltern und Lehrer berichteten, dass sie von den Fortschritten der Kinder und deren Stolz auf die neu erlernten Sprachfähigkeiten zu Tränen gerührt waren. »Diese Kinder werden zwei- und dreisprachig sein«, sagte eine Lehrerin.

»Und statt sich die Hacken nach Arbeit abzulaufen, werden ihnen die Stellenangebote nur so ins Haus flattern.«

Eine Deutschlehrerin sagte: »Die Kinder an anderen Schulen könnten viel mehr tun, als es augenblicklich der Fall ist. Man fordert sie einfach nicht genug.« Die Testergebnisse der Kinder aus dem Florida-Programm gehörten zu den besten in ihrem Bezirk.

Einkommensschwache Teenager in Houston, die an einem bundesstaatlichen Programm für Sommerjobs teilnahmen, wurden gebeten, Vorschläge für bessere Lernergebnisse zu machen. Ein Zehntklässler sagte: »Die Schulen fordern Schüler nicht genug. Wenn sie ihre Schüler härter rannehmen und ihnen zeigen würden, warum das wichtig ist, hätten die auch mehr Interesse an der Schule.«

Vygotsky behauptete, dass sämtliche höheren psychischen Prozesse auf soziale Umstände zurückgehen, bei denen Menschen und speziell Kinder und Erwachsene sich miteinander austauschen. Die meisten Gesellschaften machen sich relativ wenig Gedanken um latente Potenziale oder zwischenmenschliche Aspekte des Lernens.

Der Haken ist folgender: Wenn uns auf einem bestimmten Lerngebiet kein Lehrer anleitet, der unseren Lernstand und unsere Fortschritte sensibel erfasst – ein »Vermittler« also – , können andere den Eindruck haben, dass wir nicht lernen wollen. Wir können nichts vorweisen, weil wir bislang nichts vorgewiesen haben und niemand uns die einzelnen Schritte gezeigt hat. Das kann auch für emotionale Themen gelten, zum Beispiel, wenn es darum geht, vertrauen zu lernen.

Die Menschen, die uns etwas beibringen sollen, gehen bei ihren Anweisungen meistens von unseren augenblicklichen Kompetenzen aus, ohne unser Potenzial zu berücksichtigen. Das kann dazu führen, dass sie die Geschwindigkeit, mit der wir bei optimaler Unterstützung lernen *könnten*, unterschätzen. Unter diesen Umständen ist die Wahrscheinlichkeit groß, dass wir das Interesse am Lernen verlieren.

Csikszentmihalyi und seine Mitarbeiter stellten tatsächlich fest, dass die Hälfte aller jungen Menschen aussteigt aus dem Gebiet, auf dem sie besondere Begabungen haben. Sie verlieren das Interesse, entweder weil der Unterricht langweilig ist oder die Atmosphäre in der Klasse ihnen eher Angst macht, als dass er freudige Aufregung auslöst.

Überlegen Sie einmal: Die *Hälfte* steigt aus. Wenn diese Zahlen überhaupt verallgemeinert werden können, bedeutet das für die Gesellschaft einen unschätzbaren Verlust. Wenn die offiziell ermittelten begabten Einzelpersonen ihre speziellen Fähigkeiten aufgeben, wenn sie wenig Unterstützung für ihre Begabung finden, dann verwundert es nicht, wenn eine ganze Gesellschaft sich darüber beklagt, dass sie immer mehr an Lebensqualität verliert.

Uns selbst herausfordern

Antoine de Saint-Exupéry beklagte, dass »zu viele von uns schlafen«. Unser Schlafwandeln ist die Quelle unseres kollektiven Leids. Wir verschlafen unsere wirklich heiklen Konflikte, unsere toten Punkte und unsere latenten Begabungen. Sobald wir jedoch einen kurzen Einblick in das Spektrum unseres unbewussten Wissens und unser reiches »geheimes Leben« gewinnen, können wir uns kaum damit zufrieden geben, wieder einzuschlafen.

Da wir wissen, dass Interesse und Intention unsere Neuronen aktivieren und wachrütteln, besteht unser nächster Schritt darin, uns selbst Dinge beizubringen.

Im Sanskrit lautet ein Sprichwort: Gate, gate, paragate, parasamgate. Bodhi sava. Übersetzt heißt das: »Gegangen, gegangen, über alles hinausgegangen und noch darüber hinaus. Gegrüßt sei der, der da geht.« Aus reiner Notwendigkeit ist der Lernende über die Situation, die er vorgefunden hat, hinausgegangen.

Das missbrauchte Kind wird zur einfühlsamen Psychotherapeutin. Der gelähmte Junge tippt langsam und unter Schmerzen die Worte, die ihm literarische Anerkennung bringen werden. Weil es gern normal wirken möchte, lernt das einarmige Mädchen Schlittschuhlaufen, dann stürzt sie sich auf das Hallenturnen und wird bei einem nationalen Sportturnier Zweite. Der junge Physiker, aufgrund einer körperlichen Krankheit verkrüppelt und fast stumm, verblüfft die Welt mit seinen Theorien. Der Prinz versucht der Zwangsjacke seiner königlichen Herkunft zu entkommen und setzt sich für Dinge ein, die seiner Meinung nach das Wohl der Allgemeinheit fördern.

Die selbst gestellte Herausforderung ist ein unwiderstehlicher Lehrer.

Unsere *emotionale* Herausforderung besteht in der Notwendigkeit oder Chance, Verhaltensgewohnheiten wie ständiges Kritisieren, Beklagen oder Aufbrausen bei Kritik zu überwinden. Wir können bewusst entscheiden, wie wir umgehen wollen mit Kummer, Enttäuschung, Verlust, Frustration, Langeweile, Einsamkeit und der Notwendigkeit, Fehler zu bekennen.

Intellektuell werden wir herausgefordert durch neue Ideen, die uns zwingen, die alten zu überprüfen. Wir können lernen, systematisch vorzugehen, wir können uns persönliche Experimente ausdenken und sie durchführen und wir können uns selbst Dinge beibringen. Wenn wir schnell sind, besteht unsere Herausforderung darin, uns in Geduld zu üben. Lassen wir uns leicht ablenken, müssen wir lernen, uns zu konzentrieren. Neigen wir zu Dogmatismus, sind wir aufgefordert, uns für neue Ideen zu öffnen.

Körperlich werden wir herausgefordert durch die Umwelt-belastung. Wir müssen uns besser ernähren und gesunde neue Gewohnheiten entwickeln, damit wir mehr Energie bekommen.

Beruflich müssen wir in Bezug auf neue Ideen und Informationen auf dem Laufenden bleiben, um unseren Standard zu halten, uns unsere Begeisterung zu bewahren, mit Erfolgen und Rückschlägen umgehen zu können und zu wissen, wann wir weitermachen und wann wir zurückstecken müssen.

Unsere *spirituelle* Herausforderung besteht darin, nach unseren Werten zu leben, unseren Glauben zu erneuern, auch Geschöpfe zu lieben, die uns nicht liebenswert scheinen, und Unverzeihliches zu verzeihen.

Sozial besteht unsere Herausforderung in den Erwartungen der anderen. Unsere Beziehungen fordern uns ebenso wie die Vorurteile, die andere uns entgegenbringen, und die Notwendigkeit, eigene Vorurteile zu überwinden. Eine weitere Herausforderung besteht darin herauszufinden, wo wir vertrauen können und wo wir uns abgrenzen müssen.

Kulturell und *historisch* sind wir aufgefordert, die Lektionen unserer sozialen Umgebung zu lernen und unsere kulturellen Grenzen zu erweitern. Uns bedrängen Probleme, die es vorher nicht gegeben hat. Unsere größte Herausforderung besteht darin, das klassische historische Muster umzudrehen, nach dem hoch entwickelte Zivilisationen mit der Zeit ihre Gaben verlieren und auf den eigenen Verfall zusteuern.

Mit anderen Worten: Wir können die Tatsachen verleugnen, mit denen dieses Zeitalter uns konfrontiert, oder die Welt, in der Veränderung die Norm ist, freundlich annehmen. Ausgestattet mit einem Gehirn, das zur Selbstumwandlung fähig ist, haben wir alles, was wir brauchen, um in unserem Leben erfolgreich zu werden. Herausforderungen und Krisen sind die Verbündeten der Intelligenz.

6 Der Beschluss, intelligent zu sein

Der Jäger und Sammler und der Kundschafter

Klar sehen ist Poesie, Prophezeiung und Religion zugleich.

John Ruskin

Ich möchte das Verborgene offensichtlich machen.

Virginia Satir

Die Tatsache, dass Herausforderungen unser Gehirn wecken und gestalten, verlangt von uns, dass wir menschliche Intelligenz mit neuen Augen betrachten. Konventionelle Definitionen sind nicht mehr angemessen.

Manche von uns fühlen sich am besten, wenn sie sich ihre Zeit gut einteilen, andere, wenn sie kreativ arbeiten, und wieder andere, wenn sie anderen gute Dienste leisten. Außerdem unterliegt unsere geistige Wachsamkeit ständigen Schwankungen. Sie ändert sich von einem Tag auf den anderen und sogar von Stunde zu Stunde. Bestimmte Ereignisse können unsere Intelligenz schlagartig aktivieren oder deaktivieren.

Wenn wir Grippe oder eine Erkältung haben, sind wir nicht so wach und können nicht so klar denken wie sonst. Mit anderen Worten: Zu manchen Zeiten sind wir im Vollbesitz unserer geistigen Kräfte, dann wieder schöpfen wir unsere Kapazitäten nicht voll aus.

Wie klug wir uns jeweils fühlen, mag auch von Schwankungen unserer Selbstachtung abhängig sein. Die meisten von uns können eher Zweifel an ihren Beweggründen als an ihrer Intelligenz ertragen. Natur und Ursprung der menschlichen Intelligenz sind immer ein heikleres Gesprächsthema gewesen als Politik, Sexualität oder Religion.

Intelligent – für was?

Wir sollten uns klar machen, dass jede Fähigkeit, die wir falsch einsetzen – zur falschen Zeit, am falschen Ort oder mit der falschen Intensität –, unproduktiv sein kann. Wenn ansonsten begabte Menschen kein gutes Zeitgefühl haben oder nicht imstande sind, sich emotional einzufühlen, können sie ihr Potenzial nicht voll nutzen.

Intelligenz ist wie ein Schweizer Taschenmesser. Sie besteht aus vielen verschiedenen Werkzeugen und Teilen und manche sind zweischneidig. Wenn wir uns zur Einschätzung unserer Intelligenz hauptsächlich auf Tests verlassen, legen wir mehr Wert auf äußere Leistungen als auf ein tieferes Verstehen. In dem Fall ist es wichtiger, klug auszusehen, als klug zu sein.

Und das führt uns zu der Frage nach dem Sinn des Ganzen – der Anwendung von Intelligenz. Wir können Intelligenz nicht als isolierten Charakterzug betrachten, weil sie immer von einem Kontext abhängig ist. Wir müssen sie in Relation zu gegebenen Situationen sehen. Als ein Manager in Peter Druckers Gegenwart erwähnte, dass er »einen guten Mann« suche, stellte der große Management-Theoretiker die Gegenfrage: »Gut für was?«

Der Psychologe Howard Gardner geht von einer multiplen Intelligenz aus statt einfach von Intelligenz. Er hat sieben Kategorien definiert: sprachliche, mathematisch-logische, musische, räumliche, körperlich-kinästhetische, zwischenmenschliche (soziale) und innengerichtete (Selbstkenntnis) Intelligenz.

Für die reine Selbsterhaltung kommen ganz bestimmte Fähigkeiten ins Spiel. Die grundlegende Intelligenz, die unser Überleben sichert, sorgt dafür, dass uns in einsamen Gegenden das Benzin nicht ausgeht und wir tun, was uns gesund erhält. Bestimmte kreative Fähigkeiten wie zum Beispiel das Visualisieren der Schritte, die für ein Projekt oder Produkt notwendig sind, erfordern neben Intelligenz auch das, was wir als Einfühlungsvermögen bezeichnen – die Fähigkeit zu kommunizieren und andere Menschen zur Mitarbeit zu bewegen. Spezielle Facetten von Intelligenz äußern sich in Fertigkeiten wie Kunsthandwerk, Führung eines landwirtschaftlichen Betriebes oder Jonglieren.

Wenn wir unsere Vorstellung von Klugheit noch einmal überdenken, müssen wir auch Fähigkeiten einbeziehen wie die, das Leben zu genießen. Wie intelligent sind wir, wenn unser Leben nicht gut läuft? Und da das Leben uns ständig vor neue Herausforderungen stellt, muss unsere Definition von Intelligenz auch die Fähigkeit einschließen, uns und unsere Welt zu verändern. Wir müssen wissen, was die Welt von uns verlangt, wie unsere eigenen Bedürfnisse und Ziele aussehen und wie wir es anstellen, diesen Anforderungen gerecht zu werden.

Das heißt, für die Bewältigung unseres Lebens ist eine ganze Reihe spezifischer Intelligenzleistungen erforderlich, wie zum Beispiel die, zu befreienden Einsichten zu gelangen, unsere Wachsamkeit zu schärfen, uns zu motivieren und von Rückschlägen zu erholen. Wir können davon ausgehen, dass wir uns intelligent verhalten, wenn wir für unser Überleben sorgen, unser Denken klären und unsere Sinne schärfen sowie Herz und Geist offen halten. Wir müssen imstande sein, sowohl unsere Verhaltensmuster als auch das plötzliche Aussetzen dieser Muster zu erkennen. Und wir müssen wissen, wann es Zeit ist, sich auszuruhen, aufzugeben oder erst einmal gar nichts zu tun, um das Schlimmste zu vermeiden.

Intelligenz und eigene Werte

Auch wenn wir uns eingestehen, dass Intelligenz viele Facetten hat, schätzen wir bestimmte Spielarten von Intelligenz höher als andere. Was intelligent ist, hängt oft vom Auge (oder der inneren Haltung) des Betrachters ab.

Und von der Situation. Manchmal brauchen wir den Rat einer einfühlsamen Freundin, manchmal geschäftliche Tipps. Dann wieder sehnen wir uns nach der Gesellschaft eines Menschen, der uns zum Lachen bringt. Bei einer Naturkatastrophe sind eher ärztliche Fähigkeiten angesagt.

Angesagt ... das ist das eigentliche Thema. Damit sind wir wieder beim Kontext: Zeit und Ort. Diesen Aspekt von Intelligenz könnten wir Sinn oder Wichtigkeit nennen. Zu bestimmten Zeiten existieren unsere Fähigkeiten nicht in glorreicher Isolation, sondern tun sich zusammen, um eine sinnvolle Aufgabe zu erfüllen.

Auf dieser Reise ist es höchst intelligent, zur richtigen Zeit das Richtige zu tun – sich angemessen zu verhalten.

Sollten wir jemals »das Genie in Arbeitskleidung« brauchen, dann hier. In Herzensangelegenheiten zum Beispiel kommen wir mit Denkanstrengungen nicht weiter, und meistens explodieren wir auch nicht vor kreativen Ideen, wenn wir unser Konto ausgleichen.

Früher zeigte sich die Intelligenz des Menschen beim Sammeln oder Auswählen. Für unsere Vorfahren waren wahrscheinlich Menschen intelligent, die erstens Informationen sammelten oder in Zusammenhang brachten und zweitens weise auswählten. In seiner langfristig angelegten Untersuchung über Menschen, die sich selbst verwirklicht haben, beobachtete Abraham Maslow, dass solche Personen »gut auswählen« können. Die meisten trafen in Bezug auf ihre Gesundheit, ihre Freunde und selbst auf ihre Ehepartnerinnen und -partner gute Entscheidungen.

Wir können die vielen verschiedenen Fähigkeiten, die uns zur Verfügung stehen, mit Pferden vergleichen, die sich für unterschiedliche Aufgaben eignen – für Rennen, für langsame, kontinuierliche Arbeit oder Einsatzbereiche, die zwischen diesen beiden Extremen liegen. Unsere Intelligenz ist wie ein Stall voller Optionen.

Tensegrity-Strukturen und Intelligenz

Spannung, der Sog von zwei Gegensätzen, ist ein wichtiger Aspekt unserer produktiven Intelligenz. Thomas Kuhn, der Philosoph, der die Idee des Paradigmenwechsels in die Wissenschaft einbrachte, sprach von der »essenziellen Spannung« im kreativen Prozess. Die Rolle der Spannung wird am besten deutlich durch eine Metapher: die »Tensegrity-Strukturen«, die der Architekt Buckminster Fuller entwickelt hat. (Diese Strukturen beruhen auf einer Kombination von starren Druck- und Zugelementen zum Zwecke einer optimalen Spannung speziell für Kuppelbauten, Anm.d.Ü.) Deren strukturelle Integrität beruht auf Spannung. Ihre strukturelle Kraft, die sogar größer ist als die der geodätischen Wölbung, verdanken diese Bauten der Fähigkeit, aufgrund der ihnen innewohnenden ausgewogenen Spannungsverteilung Belastungen aufzufangen.

Stellen wir uns Intelligenz als eine Art flüssige Struktur vor, können wir sehen, wie wertvoll Fähigkeiten sind, die sich scheinbar widersprechen: Vorsicht und Spontaneität zum Beispiel oder Bewahrungsvermögen und innovatives Denken. Wenn wir beispielsweise durch Beobachtung und Geduld das richtige Zeitgefühl entwickeln, können wir auch spontaner sein. Mit anderen Worten: Die Tendenz zu schnellen Entscheidungen wird ausgeglichen dadurch, dass wir uns erstens an frühere Fehler gut erinnern oder uns zweitens von Fehlschlägen schnell erholen können.

Übrigens können wir viel lernen, wenn wir einmal darauf achten, ob wir die Fähigkeit eines anderen Menschen, eine Katastrophe abzuwenden oder eine Gefahr im letzten Moment zu verhindern, nicht unterschätzen. Manchmal wendet sich eine Ehe, die zum Scheitern verurteilt schien, oder ein heikles Unternehmen, zum Positiven. »Verzogene Gören« erweisen sich manchmal als durchaus liebenswerte, kompetente Menschen.

Wenn wir Qualitäten, die wir nicht beachtet haben, rückblickend erkennen, beginnen wir die subtileren, weniger offenkundigen Aspekte von Intelligenz zu verstehen. Und wir lernen auch aus Situationen, in denen wir die Intelligenz eines Menschen überschätzt haben. Womit hat er uns zum Narren gehalten? Vielleicht haben wir uns von seiner Schlagfertigkeit zu sehr beeindrucken lassen. Wie sagte einmal jemand? »Achte auf das, was nicht gesagt wird.«

Das Haus der Intelligenz besteht aus so vielen Faktoren, von denen manche evolutionär bedingt sind, dass es anmaßend wäre zu behaupten, wir würden unsere eigenen Grenzen oder gar die von anderen Menschen kennen.

Metastrategien

Intelligenz hat ihre eigenen typischen Tricks, Prinzipien, die wir als »Metastrategien« bezeichnen könnten. Wenn wir auch nur eine dieser Metastrategien entdecken, kann das unser ganzes Leben verändern. In seinem Buch *Das starke Selbst* beschreibt der großartige Körpertherapeut Moshé Feldenkrais einige »hochintelligente Menschen«, die »erkannt haben, dass sie ihre Fähigkeiten vor allem der Methode verdanken, am eigenen Beispiel zu lernen«.

Feldenkrais nennt unter anderem den Philosophen Jean-Jacques Rousseau. Rousseau war überzeugt davon, dass er keinerlei »natürliche« Talente besaß, und führte alle seine Leistungen darauf zurück, dass er systematisch am eigenen Beispiel lernte und viele Jahre dafür brauchte. Laut eigener Aussage fand er seinen Weg, indem er versuchte, einen Autor ohne Zustimmung oder Kritik zu lesen, das heißt, ohne jede emotionale Wertung. Feldenkrais schrieb:

»Rousseaus System bestand darin, dass er sich beibrachte, die Gedanken des Autors so klar wie möglich darzustellen und diese ebenso gut zu formulieren wie der Autor selbst. Nach einer langen Lehrzeit in dieser Kunst stellte er fest, dass seine Fähigkeit, die Ideen anderer klar und lebendig zu formulieren, sich im selben Maße entwickelte wie sein eigenes Denkvermögen. Die Methode, die er benutzte, bevor er das entdeckte, fand nirgendwo ihresgleichen.«

Rousseau war überwiegend Autodidakt. An seinem Beispiel zeigt sich deutlich, dass ein solches Selbsttraining der »normalen« Intelligenz völlig neue Ebenen erschließt. Sein Bemühen um eine Art intellektuelles Einfühlungsvermögen war ein Trick, auf den er eher zufällig stieß.

Ein anderer erfolgreicher Mann sagte, er habe, als er jung war, eine »Hitliste« der Personen aufgestellt, die er kennen lernen wollte, Menschen, deren Arbeit er bewunderte. Dabei bot er seinen Gesprächspartnern im Austausch für die Begegnung immer etwas von sich an, meistens seine Arbeit oder ein Geschenk. Auf diesem Weg und mit seiner unverhüllten Bewunderung erreichte er, was er wollte. Er lernte praktisch jede Person auf seiner Liste kennen – und freundete sich mit diesen Menschen an.

Kollektive Intelligenz

Wenn der Geist der Erneuerung oder ein kollektiver Durchbruch eine Gruppe, einen Stadtstaat oder eine Nation revolutioniert, bereichert das offensichtlich auch die Intelligenz der Allgemeinheit. Vergessen wir nicht, dass die Oper und die Stücke von Shakespeare nicht nur der Elite vorbehalten, sondern für alle Menschen gedacht waren.

Die zweite Hälfte des 20. Jahrhunderts ist, was große Errungenschaften betrifft, keine einsame Insel. Unsere modernen Gesellschaften sind nicht unbedingt der Gipfel der Zivilisation, auch wenn wir das gern glauben möchten. An vielen Orten und auf vielen Stationen der menschlichen Odyssee auf diesem Planeten haben großartige Gedanken und Emotionen Geniales hervorgebracht.

Die Idee, menschliche Intelligenz für Regierungszwecke zu nutzen, wie zum Beispiel für Spionage, geht zurück auf den Beschluss der Elisabethaner, den Mangel an bewaffneter

Macht durch Wissenschaft, das Sammeln von Informationen und Kommunikation auszugleichen. Man erwartete von jedem Bürger, der ins Ausland reiste, dass er sich wachsam verhielt und Bericht erstattete über interessante Dinge und Begebenheiten.

Das englische Spionagenetz hatte einen legendären Ruf. Die Königin von England, hieß es, wusste mehr über die spanische Armada als der König von Spanien selbst.

Wir sind in vieler Hinsicht die Erbinnen und Erben des Gedankens, dass Wissen Macht ist – dass Geheimnisse, Entdeckungen, Daten und abstrakte Ideen ein größeres Potenzial sind als Armeen oder Schatzkammern. Ökonomisches und kulturelles Wissen sind mächtiger als Waffen.

Die Früchte der Intelligenz, die ein Land in Form von Verbesserungen in Handwerk und Technik erntet, schenken einem Volk meistens Loyalität und Zusammenhalt. Es ist leicht einzusehen, dass das Wetteifern von Kreativität und Intelligenz die moderne Gesellschaft mehr bereichert als das militärische Wettrüsten. Wir können unsere Intelligenz pflegen – das ist ganz offensichtlich. Die Tatsache, dass die meisten Nationen das nicht tun, beweist lediglich, dass sie sich von dummen Mythen oder Überzeugungen daran hindern lassen, an erster Stelle von dem Glauben, menschliche Intelligenz sei eine feststehende Größe. Außerdem reformieren wir unser Bildungssystem meistens aufgrund bestimmter Notwendigkeiten und nicht, weil wir seine Möglichkeiten neu überdenken und ausschöpfen wollen.

Die Psychologen sagen, Intelligenztests sollten auch Fähigkeiten messen wie aufmerksames Verhalten und Anwendung von Gelerntem, denn die üblichen Tests erfassen lediglich die Fähigkeit zur Speicherung von Information. Unsere Aufmerksamkeit, könnten wir sagen, ist verwurzelt in unserem *radikalen gesunden Menschenverstand*.

Wenn Sie weitermachen wie bisher, ernten Sie auch immer das Gleiche. So einfach ist das. Leider oder vielleicht Gott sei Dank. Der Psychiater R.D. Laing hat den gleichen Gedanken mit folgenden Worten ausgedrückt:

Das Spektrum unseres Denkens und Handelns
ist begrenzt durch das, was wir nicht wahrnehmen.
Und weil wir nicht wahrnehmen,
dass wir nicht wahrnehmen,
können wir nur wenig verändern,
bis wir wahrnehmen,
dass unser Mangel an Wahrnehmung
unser Denken und Tun bestimmt.

Die Psychologin Jean Houston sagte über ihre Reisen an entlegene Orte:

»Am besten gefällt mir, dass ich so vielen Menschen begegne, die viel klüger sind als ich. Was ich hier erlebe, ist völlig anders als das, was ich in den Medien gelesen habe ... Die Geschichte, die ich vor Augen habe, ist viel, viel komplexer.«

In dem Maße, wie offensichtlich wird, dass wir unseren gesunden Menschenverstand bislang nicht wirklich nutzen, zeigt sich auch, dass wir die Dunkelheit hinter uns lassen könnten, wenn wir genauer fühlen würden. Schon bald schauen wir anders hin, hören anders zu und fühlen uns ein.

Denken Sie an Colin Wilsons Trick, »die Aufmerksamkeit zu verdoppeln«. Wer gut lernt, weiß, wie er das eigene Interesse an Informationen wecken und seinen Stoff so lebendig gestalten kann, dass er ihn behält. Mit Aufmerksamkeit hinschauen, durch Beibehalten erinnern, durch Intention Neues schaffen. Wir beobachten, wir behalten, was wir gesehen haben, und beschließen zu handeln.

John Steele, Archäologe und Aromatherapeut, weist darauf hin, dass multiple Sinneserfahrungen – also letztlich der gesunde Menschenverstand – das Gedächtnis stärken. Unser Erinnerungsvermögen steht in direkter Relation zur Qualität unserer ursprünglichen Aufmerksamkeit.

»Ich glaube nicht, dass ich einen hohen Intelligenzquotienten habe«, sagte die Schriftstellerin Edna O'Brien, »aber ich habe eine Intelligenz, die auf alles neugierig ist. Alles interessiert mich.«

Die Kunst der Wahrnehmung

Intelligenz ist weniger eine Frage des klugen Denkens als eine Forschungsreise. Visionen beruhen unter anderem darauf, wie wir Informationen aufnehmen. Lassen Sie uns die Metapher der Migration wieder aufgreifen und uns den Wahrnehmenden als Kundschafter vorstellen. Ein Kundschafter ist wachsam und offen für alle Informationen.

Visionäre nehmen meistens mehr wahr als andere Menschen. Auf jeden Fall interessieren sie sich mehr für das, was sie wahrnehmen. Das Gefühl, Dinge zu beobachten, die wichtig sind und die andere übersehen haben, motiviert sie oft zu ihren Projekten oder lässt sie eine bestimmte berufliche Laufbahn einschlagen. Manche Menschen bekommen mit, dass es ein Bedürfnis nach einem bestimmten Projekt oder bestimmten Dienstleistungen gibt. Andere bemerken sowohl an sich als auch an anderen subtile Eigenschaften.

Wenn wir aufmerksam und offen sind für das, was wir sehen und erleben, entdecken wir bei uns und anderen bestimmte Muster. Allmählich sehen wir schneller, wie Ereignisse oder Ideen miteinander verwoben sind. Immer häufiger nehmen wir Empfindungen wahr, die uns Hinweise auf unsere unbewussten Reaktionen geben, auf die ursprünglichen Gefühle, die ständig spontan in uns aufsteigen.

Wenn wir unsere physischen Sinne optimal nutzen, öffnen wir die Tür zu größeren Visionen. Unsere physischen Sinne schulen die Sinne des Geistes. Wenn wir eine Künstlerin oder einen Detektiv beobachten, gewinnen wir eine subtilere Sicht, neue Einsichten und das stille Wissen, das wir manchmal Intuition nennen. Wenn wir den feinen Geräuschen in unserer Umgebung und sogar in unserem Körperinneren lauschen, bekommen wir ein »drittes Ohr«. Beobachten wir den Strom unserer Gedanken, gelangen wir zu jener »Leere des Bewusstseins«, die das Ziel vieler Meditationsformen ist. In solchen Zeiten erreicht uns alles, was unsere Aufmerksamkeit erregt, ohne jede Anstrengung. Ideen fallen uns einfach zu.

Diese Form der Wahrnehmung hat nichts mit angespannter Konzentration zu tun. Die meisten von uns haben sich angewöhnt, sich zu verspannen, um aufmerksam zu sein. Manche Sehprobleme zum Beispiel beruhen auf einer chronischen Verspannung der Augenmuskeln beim Aufnehmen von Informationen, vor allem beim Lesen.

Visionäre Aufmerksamkeit ist eher eine Art Empfänglichkeit. Maria Montessori sprach vom »absorbierenden Geist«. Typisch für geniale Individuen, sagte John Keats, sei die »Empfänglichkeit für sämtliche Erfahrungen: Kummer, Freude, Alltägliches, Heldenhaftes.« Der Romancier Lawrence Durrell beobachtete, dass geduldige, liebevolle Aufmerksamkeit uns helfen kann, die natürliche Ordnung der Dinge zu begreifen.

Wahre Aufmerksamkeit, schreibt die Autorin Flora Courtois, ist selten und hingebungsvoll. »Sie verlangt, dass wir alles beiseite lassen, was wir gewesen sind oder hoffen zu sein, um uns jedem Augenblick nackt und ohne jede Identität zu stellen und uns für alles zu öffnen, was auf uns zukommt ...«

Auch sollten wir unser Schmerzpotenzial nicht unterschätzen.

Jetzt müssen wir uns der radikalen Tatsache stellen, dass es nichts gibt, wie lieb es uns auch sein mag, was uns nicht von einem Augenblick zum anderen genommen werden kann; nichts, wie ernst oder entsetzlich es auch sein mag, wovor wir zurückschrecken oder wovon wir uns distanzieren dürfen.

Sorgfältiges Beobachten hat zentrale Bedeutung, wenn wir neue Lösungen suchen. Wenn wir nur das sehen, was wir sowieso erwarten, sehen wir durch die Brille unserer Erwartungen und nicht mit den Augen.

Aufmerksamkeit ist unser bester Lehrer

Das bringt uns zum Kern des radikalen gesunden Menschenverstands: der Macht der Aufmerksamkeit. Aufmerksamkeit für sinnliche Eindrücke. Aufmerksamkeit für Gefühle und Empfindungen, die sich normalerweise im Hintergrund abspielen. Aufmerksamkeit für die richtigen Informationen und die stumme »Aura«, die Personen oder Situationen umgibt. Für unsere Gespaltenheit. Für unsere wechselnden Stimmungen.

Aufmerksamkeit ist beim Lernen mit Sicherheit der wichtigste Trick: ein Schlüssel zum Erwerb von Wissen. Sowohl William James als auch Colin Wilson haben behauptet, dass wir mit dem Licht unserer Aufmerksamkeit Feuer machen können.

Die relevanten Fragen lauten: Wie aufmerksam und wach wollen wir sein? Welche unbewussten Dinge lenken uns ab? Wollen wir das wirklich herausfinden oder nicht? Jemand sagte einmal: »Ich weiß nicht, wer das Wasser entdeckt hat, aber es war mit Sicherheit kein Fisch.« Weil wir im unsichtbaren Medium von Kultur und Geschichte schwimmen, ist unsere Aufmerksamkeit nie ungefiltert. Doch wenn es uns gelingt, einige der überflüssigen Filter zu entfernen, können wir unserer Umgebung mehr Information entlocken.

Das englische Wort für Aufmerksamkeit »attention« stammt vom lateinischen »attendere« ab, was so viel heißt wie »sich strecken nach«. Ein interessanter Zusammenhang. Wir unterschätzen mit Sicherheit, wie sehr wir uns strecken müssen, um wirklich aufmerksam zu sein.

Intelligenz und Aufmerksamkeit

Wie intelligent ein Kind mit vier Jahren sein wird, können wir bereits im vierten Lebensmonat anhand von zwei Faktoren voraussagen: dem Dialog zwischen Mutter und Baby und den kindlichen Augenbewegungen. Das aufmerksame Kleinkind betrachtet seine Umgebung ständig mit forschenden Augen.

»Jeder von uns bestimmt durch die Art und Weise, wie er sich den Dingen widmet, in welchem Universum er sich wiederfindet«, schrieb William James in seinem bahnbrechenden Buch *The Principles of Psychology*.

John Briggs wies darauf hin, dass Erstgeborene und Einzelkinder bessere Möglichkeiten haben, sich zu konzentrieren. Sie wachsen ungestörter auf als Kinder mit mehreren Geschwistern und können sich besser in etwas vertiefen.

Dieser kräftiger entwickelte »Aufmerksamkeitsmuskel« ist wahrscheinlich Ursache für die erstaunlich hohe Zahl an erfolgreichen Menschen, die wir unter Erstgeborenen und Einzelkindern finden.

Aufmerksamkeit bewirkt Erstaunliches. Bei einem Experiment war die aufmerksame Beobachtung des eigenen Verhaltens zum Aufgeben von Gewohnheiten effektiver als Strafen oder Belohnungen. Bei einer weiteren Untersuchung bat man die Teilnehmenden, darauf zu achten, worauf sich ihre Aufmerksamkeit richtet. Das hatte eine so erstaunliche Wirkung, dass einige Teilnehmer dachten, man habe ihnen eine bewusstseinserweiternde Droge gegeben.

Eine Visionärin, heute Mutter und erfolgreiche Geschäftsfrau, entdeckte, dass Aufmerksamkeit der Schlüssel zur Überwindung ihrer Krankheit war. Mit 22 Jahren durch multiple Sklerose an den Rollstuhl gefesselt, meldete sie sich für ein Selbsterfahrungsseminar an. »Im Laufe dieses Wochenendes wurde mir irgendwann klar, dass mir Schmerzfreiheit bislang wichtiger gewesen war, als bewusst zu sein.« Als sie das erkannte, entschied sie sich gegen die Betäubung ihrer Schmerzen und versuchte jede alternative Behandlung, von der sie hörte. Sie probierte so viel aus, dass sie später nicht mehr wusste, was ihre bemerkenswerte Heilung herbeiführte. Aber sie ist sich sicher, dass ihre Entscheidung, zu fühlen, koste es, was es wolle, ausschlaggebend für ihre Genesung war. »Ich musste aufwachen.«

Die Fähigkeit, vorurteilsfrei aufmerksam zu sein und sich selbst zu beobachten, heißt in manchen spirituellen Traditionen »Zeuge sein«.

»Das, wonach wir Ausschau halten«, sagte Franz von Assisi, »ist das, was schaut.«

»Das Großartigste, was die menschliche Seele in dieser Welt vermag, besteht darin, etwas zu sehen und es mit schlichten Worten auszudrücken«, heißt es bei John Ruskin, dem Kunstkritiker und sozialen Propheten aus dem 19. Jahrhundert, der den Weg bahnte für die Kunst- und Handwerksbewegung.

Der Physiker Richard Feynman sagte: »Unsere Imagination wird nicht dadurch am meisten beansprucht, dass wir uns fiktive Dinge vorstellen, die es in Wirklichkeit nicht gibt, sondern durch den simplen Versuch zu verstehen, was tatsächlich existiert.«

Meditation, alternative Heilungsmethoden, meditative Musik, schamanische Rituale, Traumtagebücher und Ähnliches mehr helfen uns, aufmerksam zu werden. Die meisten Menschen, die diesen Weg gehen, wollen präsenter werden. Wer das Glück hat, von Zeit zu Zeit aufzuwachen, strebt wahrscheinlich noch größere Wachsamkeit an. Solche Menschen suchen am eifrigsten nach Wegen, ihre Verschlafenheit zu überwinden.

Wenn wir lernen, aufmerksam auf unsere eigene Aufmerksamkeit zu achten, werden wir zu unseren eigenen Lehrerinnen und Lehrern. Wir begreifen, wie wir zu unseren Schlussfolgerungen gelangen.

Wenn wir uns in Aufmerksamkeit trainieren, wird unser Geist frei, zu tun, was er am besten kann – empfangen. Nehmen wir wahr, welche Rolle die Intuition bei unseren Lösungen spielt, können wir unser »Problemlösungsdenken« so steuern, dass es unserer Intuition dient, statt sie zu bevormunden.

Ein Universitätspräsident beschrieb einmal einen Mitarbeiter mit folgenden Worten: Er besitzt »die klassische Eigenschaft eines erfahrenen Vogelkenners oder Naturliebhabers: die Fähigkeit zu spüren, ja, fast zu sehen, was sich 90 Grad nach rechts oder links abspielt, während er jemandem direkt ins Gesicht schaut. Es ist, als hätte er ein drittes Auge, das instinktiv wachsam ist für das Flattern eines Flügels oder das Wippen eines Astes.«

Wir können natürlich nicht aufmerksam sein, wenn wir mit unseren Gedanken beschäftigt sind. Frédérick Leboyer, der französische Geburtshelfer, der mit seiner sanften Geburt in den 70er-Jahren die Entbindung revolutionierte, erwähnte einmal, dass er in der darauf folgenden Woche nach Indien fahren würde. »Was werden Sie dort tun?«, fragte ihn daraufhin jemand. Leboyer entgegnete: »Nichts ... und das sehr achtsam.«

Um empfänglich sein zu können, müssen wir die Aktivität in der okzipitalen Region unseres Gehirns im Hinterkopf drosseln. Mit anderen Worten: Wir schließen ein Tor, um das übliche Geschwätz im Kopf auszusperren, damit subtilere Wahrnehmungen in unser Bewusstsein treten können.

Bei Rainer Maria Rilke heißt es:

»Wer du auch seist: Am Abend tritt hinaus/aus deiner Stube, drin du alles weißt;/... wer du auch seist./Mit deinen Augen, welche müde kaum, von der verbrauchten Schwelle sich befrein,/hebst du ganz langsam einen schwarzen Baum/und stellst ihn vor den Himmel: schlank, allein./Und hast die Welt gemacht. ...«: (»Eingang«: *Die Gedichte*, Frankfurt am Main: Insel, 1998, S. 317, Anm.d.Ü.)

Wenn unsere sozialen Herausforderungen wachsen, sagte der Erfinder Richard Lang, »haben wir keine andere Wahl mehr, als die Dinge wahrzunehmen. Bestimmte Probleme werden sich uns aufdrängen. Wir bemerken, dass die Sommer ungewöhnlich schwül oder die Winter so bitter kalt sind, dass wir uns an nichts Vergleichbares erinnern können. Uns fallen Menschen auf, die kein Zuhause haben, und wir sehen Berge von Müll, die nirgendwo deponiert werden können. Uns fällt auf, dass unsere politischen Führer manchmal dort auftauchen, wo wir sie nicht erwartet hätten. Uns fällt auf, welche Auswirkungen es hat, dass uns Dinge nicht früher aufgefallen sind. Uns fällt auf, dass uns Dinge auffallen. Und schließlich kann uns auffallen, wo wir stehen als Gesellschaft, die sich vorbereitet auf zukünftige

Jahrzehnte, in denen wir entdecken, wer, was und warum wir hier sind ...«

Wie wir noch sehen werden, heißt aufmerksam wahrnehmen mehr, als das zu sehen, was wir mit bloßen Augen erblicken.

7 Sich einstimmen auf das Energiefeld

Der Wünschelrutengänger

Ob wir schlafen oder wachen, wir hören die lautlosen Schritte der seltsamen Dinge nicht, die nur beinah geschehen.

Nathaniel Hawthorne

Wenn Tatsachen Samen sind, die später Wissen und Weisheit hervorbringen, dann sind Emotionen und Sinneseindrücke der fruchtbare Boden, in dem die Samen wachsen müssen.

Rachel Carson

Auf unserer Reise zu einem neuen Verständnis führt uns unsere Suche unweigerlich durch das Schattenreich der Gefühle und Wahrnehmungen, für die es kaum Worte gibt. Denken Sie an Tom Paine's Äußerung: »Unsere Art zu denken hat eine Revolution erfahren. Wir sehen mit anderen Augen; wir hören mit anderen Ohren; und wir denken andere Gedanken als früher.«

Können wir mit Hilfe unserer jetzigen Augen und Ohren zu diesen »anderen« Formen des Empfindens gelangen?

Die meisten Lebewesen besitzen eine Art Orientierungssystem, zum Beispiel ein hochsensibles Gehör oder einen ausgeprägten Geruchssinn, Barthaare, Geweihe, biologische Sonarsysteme oder Fühler. In gewisser Weise wäre es unsinnig, wenn Menschen *nicht* ähnlich wie Delphine, Fledermäuse, Lachse oder unsere Haustiere mit einer Reihe von feinen Sinnesorganen ausgestattet wären. Tatsächlich stehen uns solche sensiblen Wahrnehmungsantennen zur Verfügung, aber die meisten von uns schenken ihnen aus verschiedenen Gründen kaum Beachtung.

Viele menschliche Verhaltensweisen hängen zusammen mit der Bindung zwischen Mutter und Kleinkind. Ein Säugling kann die Stimme seiner Mutter aus anderen weiblichen Stimmen heraushören und sogar den Geruch ihrer Milch von dem anderer Mütter unterscheiden. Trotzdem stellten Forscher, die Mütter beim Spielen mit ihren Kleinkindern beobachteten, fest, dass von hundert Müttern nur etwa ein Drittel auf die emotionalen Signale ihrer Babys achtet.

Ein weiteres Drittel dieser Mütter war imstande, die kindlichen Bemühungen um Kommunikation erkennen zu lernen, wenn man sie erst einmal darauf aufmerksam machte. Und ein letztes Drittel der Frauen war nicht fähig, die emotionalen Signale ihrer Kinder wahrzunehmen.

Der Philosoph E.H. Gutkind behauptete, dass die Menschheit ihre Selbstzerstörung nur verhindern könne, wenn sie ihre Lebensinstinkte neu entdecke. Aktivität auf höchster Ebene, so sagte er, strahle Energie aus wie »die Sonne selbst«. Für Henry Miller barg Gutkinds Botschaft die Möglichkeit »einer spirituellen Revolution, die mitten in das neue Zeitalter hineinführt ... ein spirituelles Klima, in dem wir den Körper nicht länger verleugnen«.

In diesem Falle sprach Miller nicht als Verfechter von sexueller Freizügigkeit, als der er am meisten bekannt ist, sondern von der allgemein verbreiteten Tendenz, das Leben zu verschieben – er sprach von unserer »Weigerung überzufließen«.

Kreative Menschen, die ihre Umgebung meistens erstaunlich genau wahrnehmen, sind im typischen Fall ebenso wachsam für das eigene Innenleben – für Schmerz, innere Dialoge, tiefe Gefühle, Spannungszustände, Energiewellen. Vielleicht stehen ihnen manchmal buchstäblich die Haare zu Berge. Diese inneren Empfindungen scheinen ein Ausdruck dafür zu sein, dass sie die unausgesprochenen Botschaften anderer Menschen in ihrer Umgebung aufnehmen und deren soziale Fassade durchschauen. »Künstler«, sagte Ezra Pound einmal, »sind die Antennen der Welt.«

Wenn wir generell aufmerksamer werden, nehmen wir »da draußen« mehr wahr. Allmählich werden wir wach für weitere Empfindungen. So haben wir Menschen zum Beispiel ein ähnliches Heimatgefühl wie Tauben. Interessanterweise ist dieses Empfinden ohne visuelle Eindrücke offensichtlich stärker. Bei einem Experiment hat man Menschen die Augen verbunden und dann auf kreisförmigen Wegen an weiter entfernte Orte geführt. Selbst wenn man sie auf eine Insel brachte und sie mehrmals im Kreis drehte, konnten sie in die Richtung zeigen, wo sie zu Hause waren. Nahm man ihnen die Augenbinde ab, wurden ihre Angaben unpräziser. Wenn man auf ihrer Stirn einen Magnetstreifen befestigte, verloren sie die Orientierung ganz. Bestimmte Stoffe in unserem Gehirn verbinden uns mit dem natürlichen Energiefeld der Erde.

Körperelektrizität

Menschen in Labors entdecken immer wieder leichte Veränderungen des Gravitationsfelds. Manche sind regelrecht »allergisch« gegen Elektrizität. Sie geraten dadurch in Verwirrung oder ihre Stimmung ändert sich. Vielleicht weinen sie oder klagen über körperliche Schmerzen, wenn sie sich in einem gewöhnlichen elektrischen Energiefeld befinden. Solche Menschen fühlen sich gestört durch elektronische Geräte wie Audio- und Videorekorder, Computer, Haushaltsgeräte, Navigationshilfen, computergesteuerte Tanksysteme in PKWs und selbst elektrische Uhren. Im allergischen Zustand senden sie tatsächlich messbare Mengen an elektromagnetischer Strahlung aus, die ausreichen würde, elektronische Geräte nachhaltig zu stören.

Ein Teil unseres Gehirns ist ständig damit beschäftigt, unsere Umgebung abzusuchen, selbst wenn wir schlafen oder in Gedanken verloren sind. Bestimmte Veränderungen der Gehirnwellen im Labor beweisen, dass Menschen selbst im Tiefschlaf reagieren, sobald ihr Name ausgesprochen wird.

Wie die Zellen unseres Körpers können wir einander spüren. Familiäre Bindungen, Zuneigung und Nähe wirken sich körperlich aus. Wenn ein Mann und eine Frau zusammenleben, stellt der männliche Partner seine Körpertemperatur allmählich auf einen Rhythmus um, der dem Zyklus des Eisprungs seiner Partnerin entspricht. Diese Synchronizität verschwindet, sobald sie Verhütungsmittel nimmt. Freundinnen, die in einem Haushalt oder im selben Flügel eines Wohnheims zusammenleben, haben oft ähnliche Menstruationszyklen. Forscher in Mexiko trennten menschliche Paare voneinander und baten sie dann, sich aufeinander »einzustellen«. Die Paare wiesen bemerkenswert ähnliche EKGs auf.

Wir können lernen, diese schwachen kinästhetischen Signale wahrzunehmen wie Farben oder Geräusche.

Dem Energiefeld lauschen

Merkwürdig, dass die Forschung über nonverbale Kommunikation so viel Interesse erregt. Schließlich tauschen wir uns schon immer ohne Worte miteinander aus.

Manchmal ist diese Metakommunikation ausdrucksstärker als Sprache. »Dein bloßes Dasein spricht so laut, dass ich nicht hören kann, was du sagst«, heißt es. Wir kommunizieren durch unsere Kleidung, Bewegungen, Schweigen, Körperhaltung, Stimme, den Tonfall unserer Worte und unser Auftreten. Unsere Präsenz ist Medium und Botschaft zugleich.

Das automatische Lächeln, die hochgezogenen Schultern. »Es ist nicht, was du gesagt hast, sondern *wie* du es gesagt hast.«

Wir sprechen und hören auf zahlreichen verschiedenen Ebenen. Aber weil wir das Energiefeld der Metakommunikation meistens nicht beachten, sind wir frustriert.

Die Menschheit hat schon immer um dieses Energiefeld gewusst. Der Kunsthistoriker Jose Arguelles nennt es »salsa de vida«, den Tanz von und zwischen lebenden Organismen. Wenn Sportler sagen: »Ich habe verloren«, meinen sie nicht nur das Spiel oder Rennen. Sie haben auch die Verbindung zum Energiefeld des Augenblicks verloren.

Am offenkundigsten zeigt sich diese energetische Verbindung bei Stars, die Charisma besitzen. Es ist dieses Leuchten, das uns alle von Zeit zu Zeit umgibt und das bei manchen Menschen so stark ist wie der Feuerschweif des Vesuvs.

Gefühlsnuancen

Viele Menschen nehmen gefühlte Informationen bewusst wahr und nutzen sie für sich. Mit dem Wort »fühlen« meinen wir meistens nicht Gefühle an sich (wie wenn wir zum Beispiel sagen: »Komm in Kontakt mit deinen Gefühlen«), sondern die sensible Wahrnehmung unserer Empfindungen.

Ein Gefühl kann eine Emotion, eine Idee oder ein Verhalten auslösen. Und manchmal setzt es all das zugleich in Gang. Gefühlte Information ist nicht schwarz oder weiß. Sie ist subtil, literarisch im ursprünglichen Sinne des Wortes, »fein gewebt«. Wir müssen sie bewusst wahrnehmen, denn sie drängt sich uns nicht auf. Wir müssen unsere innere Sensibilität mit der gleichen bewussten Absicht entwickeln, mit der wir lauschen wie eine Katze oder scharf hinsehen wie ein Raubvogel.

Durch Einstimmung auf diese Form von Information können wir unsere Intelligenz verfeinern. In den letzten Jahren sind Forscher aus vielen verschiedenen Fachgebieten zu der Vermutung gelangt, dass unser Fühlen unser Denken prägt.

Die Regionen unseres Gehirns, die am Fühlen beteiligt sind, sind auch ausschlaggebend für das kognitive Wissen. Das alte emotionale Gehirn (das limbische System), das stärker mit der rechten als mit der linken Gehirnhälfte verbunden ist, ist entscheidend für eine funktionsfähige Intelligenz.

Der Psychiater William Gray und der Systemtheoretiker Paul LaViolette gehen davon aus, dass wir Gefühle wie Farben auf einer Palette wiederholt neu miteinander mischen, um unseren Gedanken eine Form zu geben. Mit anderen Worten: Wir erinnern uns an die Dinge, die wir wissen, aufgrund der subtilen Gefühle, die damit verbunden sind. Diese

Gefühle sind wie Markierungen, die Ereignisse als mehr oder weniger wichtig hervorheben.

Die Vorstellung vom »rechten Winkel« zum Beispiel geht einher mit gefühlsmäßigen, körperlichen und visuellen Empfindungen. Wenn wir einmal eine kreisförmige Wendeltreppe gesehen haben, kann uns das bei der Integralrechnung helfen.

Der Zugang zu einer Erinnerung löst in uns eine Art Körperbild aus. Deswegen lernen wir nur schwer Dinge, für die wir »kein Gefühl haben«. Und das erklärt auch, warum die Schule so wenig erreicht und Schülerinnen und Schüler über Langeweile klagen. Wenn der Unterricht nicht das Gefühlszentrum stimuliert, ist unser Gehirn nicht voll am Lernen beteiligt. Der präsentierte Stoff bietet keine emotionalen Anreize. Auswendig Gelerntes können wir schwerer erinnern oder praktisch anwenden. Menschen, die gut lernen, haben meistens ein Gefühl für sinnvolle Aufgaben, und das reizt ihr Interesse.

Nach diesem Modell setzt sich eine Erinnerung aus einer Reihe von Gefühlsnuancen zusammen, die unsere Erfahrungen miteinander verknüpfen. Kreative Wissenschaftler und Wissenschaftlerinnen haben immer wieder berichtet, wie wichtig es für ihre Forschungen ist, dass sie ein kinästhetisches Empfinden haben, damit sie spüren können, ob sich etwas falsch anfühlt oder überraschend zusammenpasst.

William Gray gelangte zu seinem Modell durch Einsteins wiederholte Äußerung, dass Ideen ihn zuerst als vage und diffuse Körperempfindungen erreichen, die sich allmählich zu reproduzierbaren Gefühlsnuancen verfeinern. Eine dieser Ideen war, dass im Universum alles mit allem zusammenhängt und in ständiger Bewegung ist. Die Schriftstellerin Virginia Woolf war fasziniert von Wellenformationen, die sie zurückverfolgte bis zu frühesten Kindheitserfahrungen.

Der Wissenschaftshistoriker Gerald Holton bezeichnet
gefühlte Bilder als »Themata«. Unsere ersten Lebenserfah-
rungen sind für uns alle etwas Anrührendes.

Abschalten

Wenn Gefühle für das Lösen von Problemen von so
unschätzbarem Wert sind, warum tendieren dann die meisten Menschen dazu, sie zu übergehen oder geringschätzig
abzutun? Warum blenden wir diese wichtigen Informationen aus dem Spektrum unseres Bewusstseins aus?

Der erste Grund besteht darin, dass man uns von klein auf
beibringt, Gefühle zu verleugnen. Als Kinder haben wir
gelernt, unsere Blase zu kontrollieren, wenn sie sich meldet.
Gutes Benehmen, hieß es, kann sowohl heißen, Nein zu
sagen, sollte man uns etwas zu essen anbieten, selbst wenn
wir hungrig sind, oder das Angebot anzunehmen, obwohl
wir keinen Hunger haben. Wir haben gelernt, unsere Tränen
zurückzuhalten und unsere Begeisterung zu dämpfen, still zu
sitzen und unsere sexuellen Impulse zu zügeln.

Die Beherrschung von Impulsen ist für eine funktionie-
rende Gesellschaft von grundlegender Bedeutung, aber sie
muss nicht dazu führen, dass wir uns von unserem Gefühlsleben völlig abschneiden. Wenn wir uns erlauben, unsere
Gefühle bewusst wahrzunehmen, ist das bereits ein aktiver
Schritt, eine innere Geste. Wenn diese Gefühle im Licht
unserer Aufmerksamkeit deutlich werden, können wir sie in
unsere bewussten Pläne einbeziehen. Und wenn wir unsere
Gefühle zulassen, fließen sie eher durch uns hindurch, als
dass sie uns überfluten.

Ein weiteres Hindernis für die Wahrnehmung unserer
Gefühle besteht darin, dass es uns an innerer »Gemeinschaft-

lichkeit« fehlt. Meistens beziehen wir uns auf unsere verschiedenen Unter-Ichs separat.

In der Regel nehmen wir unsere Gefühle ebenso zufällig wahr, wie sie hochkommen, und dabei hat das Gefühl Vorrang, das sich am stärksten bemerkbar macht. Vielleicht hören wir auf das intellektuelle Ich, das immer auf derselben Sache herumreitet, oder folgen dem Ich, das sich leicht ablenken lässt. Vielleicht sind wir hauptsächlich von einem hartnäckigen körperlichen Symptom wie Rückenschmerzen in Anspruch genommen. Selten treten wir einen Schritt zurück, um uns das ganze Spektrum unserer Gefühle anzuschauen und zu überprüfen, welche Unter-Ichs möglicherweise fehlen.

Da wir gelernt haben, unsere Gefühle in sozialen Situationen zu ignorieren, und wir eine clevere Spezies sind, setzen wir bei Unbehagen oder Schmerz meistens unsere Fähigkeit ein, uns von solchen Empfindungen abzuspalten. Wenn »ich« in Schwierigkeiten bin, kann »ich« an etwas anderes denken. Das bedeutet, das besorgte »Ich« tritt beiseite. Doch es verschwindet nicht.

Wir können unseren eingebauten Schmerzunterdrückungsmechanismus testen, indem wir das nächste Mal, wenn wir uns verletzen – mit dem Fuß umknicken, uns verbrennen oder das Schienbein stoßen – ein kleines Experiment durchführen. Der Schmerz wird sofort spürbar und flaut dann etwas ab. Wenn wir ihn nach einer Weile bewusst einladen, bis an seine natürlichen Grenzen anzuwachsen, schaffen wir Raum dafür, dass er sich verändern kann.

Wahrscheinlich wird der Schmerz durch unsere Einladung zunächst stärker, zumindest für eine Weile. Bleiben wir jedoch bewusst offen für die unangenehmen Empfindungen, nehmen sie meistens ab oder hören plötzlich ganz auf. Dankbar können wir dann feststellen, dass unsere Verletzung nicht so schlimm ist, wie wir befürchtet haben. Unsere Prellung ist vielleicht kleiner als sonst üblich, die Schnittverletzung oder Verbrennung entzündet sich nicht.

Bei Verletzungen reagiert unser Körper meistens sofort mit Notfallmaßnahmen, die zum Teil ausgelöst werden durch die Angst, die hochkommt, wenn wir Blut sehen, die uns an frühere Verletzungen erinnert oder befürchten lässt, kostbare Zeit zu verlieren. Schreckliche Möglichkeiten rasen uns durch den Kopf. Der Arzt Lewis Thomas sagte einmal über die körperliche Neigung zur Überreaktion auf Viren, die »Heilung« sei traumatischer als die eigentlichen Beschwerden. Das Pentagon unserer Abwehrmechanismen ist mit seinen Truppen und seiner Ausrüstung schnell zur Stelle.

Die Tatsache, dass wir durch unser Verhalten den Schmerz, der auf das ursprüngliche Trauma folgt, verstärken können, ist ein Zeichen dafür, dass sich unsere angeborenen Schmerzunterdrückungsmechanismen sofort ans Werk machen. Wenn wir den Schmerz nach einem ursprünglichen Trauma bewusst verstärken können, heißt das nichts anderes, als dass wir ihn anfangs ausgeblendet haben – ein Phänomen, das wir als »battlefield anesthesia« (Schlachtfeld-Anästhesie, Anm.d.Ü.) bezeichnen können. Das ist natürlich wertvoll für die Anpassung an bestimmte Situationen. Dass wir Schmerz durch bewusstes Erleben zum Abklingen bringen können, beweist, dass der Körper noch weitere Tricks auf Lager hat. Ein höherer Schmerzpegel aktiviert bestimmte längliche Neuronen, die uns Linderung verschaffen können.

Geistiges und emotionales Unwohlsein

Wenn wir uns unwohl fühlen, geht das meistens auf mentale und emotionale Stressfaktoren zurück. Öffentliche Demütigungen bereiten uns wahrscheinlich eher Alpträume als körperliche Gefahren. Trotzdem sind die Mechanismen gleich.

Wir neigen dazu, die Dinge zu sehr zu vereinfachen. Da es uns widerstrebt, uns mit den Widersprüchen unserer eigenen Lebensphilosophie auseinanderzusetzen, schieben wir spontane Gefühle, die gegen unsere stereotypen Vorstellungen rebellieren, einfach beiseite. Wir empfinden Komplexität als natürlichen Widersacher unserer Behaglichkeit. Haben wir uns über bestimmte Dinge erst einmal unsere Meinung gebildet (Gott, Sexualität, politische Themen, Menschen), wollen wir uns nicht die Mühe machen, sie neu zu überdenken.

Der Psychologe Ernest Becker sagt dazu: »Jeder Mensch verschließt seine Welt im wahrsten Sinne des Wortes. Mitten im eigenen Wachstums- und Entwicklungsprozess errichtet er Zäune um sich. Um sein Handeln von einer zentralen Kontrollstation aus überwachen zu können, begrenzt das Individuum seinen Aktionsradius und das Spektrum seiner Gedanken und Gefühle: Wir müssen alles so ordnen und hüten, dass es unter Kontrolle bleibt.«

Positive Gefühle bewirken natürlich meistens, dass wir uns für neue Menschen und Ideen öffnen. Das Gefühl von Offenheit, das wir Liebe nennen, bringt diese Barrieren zum Einstürzen, selbst wenn die Anziehung nicht sehr stark ist. Als junge Menschen, die sich begeistert ins Leben stürzen, schützen wir uns nicht so vehement und öffnen unser Herz schneller für andere Menschen oder neue Ideen.

Wie filtern Sie die Wirklichkeit?

Wir alle machen immer wieder die Erfahrung, dass unsere Stimmung umschlägt und zwischen Aufregung und Verzweiflung hin und her schwankt. Vielleicht leben wir nur so dahin und versacken ständig auf dem Sofa. Die »normale« Müdigkeit am Tag, von der Forscher berichten, kann eine Abwehr von Gefühlen sein.

Vielleicht schneiden wir uns von unseren Gefühlen völlig ab, ein Zustand, den wir als »Alexithymie« bezeichnen. Hirnforscher gehen davon aus, dass viele von uns ihr Gehirn ohne chirurgischen Eingriff wirkungsvoll spalten. Wir verhindern, dass unsere Gefühle verbal zum Ausdruck kommen.

Hoher Blutdruck kann ein Anzeichen für die Abwehr von Gefühlen sein. In dem Maße, wie der Blutdruck steigt, nimmt die körperliche Empfindsamkeit ab. Interessant ist, dass der Anstieg des Blutdrucks gesellschaftlichen Hierarchien folgt. Bei Menschen aus den unteren wirtschaftlichsozialen Schichten steigt der Blutdruck meistens schneller, wenn sie abgehorcht werden. Wenn ein Arzt den Blutdruck von Patienten misst, steigt er eher, als wenn die Krankenschwester das erledigt.

Ein Laborexperiment war für diese Mechanismen sehr aufschlussreich. Man wiegte die Teilnehmer in dem (falschen) Glauben, dass sie irgendwann im Laufe der einzigen Sitzung des Experiments einen Schock erleiden würden. Während der Sitzung wurden Muskelspannung und Puls der teilnehmenden Personen kontinuierlich gemessen. Anschließend bat man sie, sich für eine von zwei Äußerungen zu entscheiden, die ihren Zustand während der Sitzung präziser zum Ausdruck brachte.

Die Gruppe teilte sich in fast zwei gleiche Hälften. Wer den Dingen eher aus dem Weg ging, beschrieb sich als passiv. Da sie sich eingeschlossen und eingeengt fühlten, hatten diese Menschen versucht, »... der Situation zu entkommen, indem ich mich auf angenehme Dinge konzentrierte. Ich wollte mich vor dem Schock so lange wie möglich schützen. Ich wollte einfach nicht über die Belastungen nachdenken, die möglicherweise auf mich zukamen«, wie ein Teilnehmer sagte.

Die Menschen hingegen, die dazu neigten, sich mit den Dingen zu konfrontieren, überlegten meistens, was sie gegen die Stresssituation unternehmen und/oder wie sie sich darauf vorbereiten könnten. Sie zogen immer neue Möglichkeiten in Betracht und schauten sich im Labor um auf der Suche nach Wegen, sich gegen den Schock zu wappnen.

Und die körperlichen Reaktionen der beiden Gruppen? Wer zu Vermeidung tendierte, hatte einen erhöhten Blutdruck. Bei den Personen, die sich der Situation stellten, verspannte sich der Trapezmuskel in Erwartung des Schocks, der nie eintrat – eine gesündere Reaktion.

Welch missliche Lage. Wir schrauben unsere Gefühle zurück, weil sie zu schmerzlich sind. Und doch kommen wir ohne sie nicht gut zurecht und fühlen uns chronisch unwohl.

Das ist der Preis, den wir zahlen müssen, wenn wir unbewusst leben und unerwünschte Dinge ausklammern. Haben wir den Mut, uns dieses Territorium zurückzuerobern?

Soziale Ablenkungen als Betäubungsmittel

Die Sensationsnachrichten in den Medien und die Unterhaltungsindustrie lenken uns von Empfindungen ab, die uns unmittelbar betreffen. Im Lichte dieser äußeren Dramen – Kriege, Siegesmeldungen, heimliche Liebesaffären und

Skandale – können unsere eigenen Hoffnungen und Ängste ziemlich belanglos aussehen. Selbst mit dem Redeschwall der Politiker können wir uns von schwierigen persönlichen Themen ablenken.

Ein junger Mann erzählte, er ließe ständig das Radio laufen, »damit ich meine eigenen Gedanken nicht hören muss«. Viele Menschen berichten, sie hätten das Gefühl, im Hintergrund lauerten ständig Gefahren, selbst wenn im Augenblick alles in Ordnung zu sein scheint. Andere haben Angst, von Erinnerungen an frühere Missetaten und Fehler überflutet zu werden.

Es liegt schon eine gewisse Ironie darin, dass die Außenwelt unsere Innenwelt vernebelt, obwohl wir genau hier Antworten auf unsere äußeren Krisen finden könnten. Unser innerer Drehbuchschreiber kann uns mit Sinn und Sinnbildern, die deswegen einmalig sind, weil wir sie selbst erfinden, viel besser inspirieren, bereichern und heilen als jedes äußere Drama.

Wenn wir unseren inneren Bedürfnissen einen Riegel vorschieben, verschwinden sie nicht. Vielleicht äußern sie sich als körperliche Symptome. Oder sie mutieren zu unrealistischen, ehrgeizigen Zielen. Sind wir dann unglücklich, können wir äußere Bedrohungen dafür verantwortlich machen. Kein Wunder, dass das öffentliche Leben so oft zum Rededuell verkommt. Flammende Forderungen gegnerischer Lager, brutale Filme, Fernsehkonflikte – all das schürt unsere innere Sorge und wird von dieser geschürt.

Das kann unter anderem dazu führen, dass unser Gefühlsleben zu Rechthaberei und persönlicher Erstarrung verkommt. »Ich trinke nie Kaffee.« »Ich kann ohne meine Tasse Kaffee nicht leben.« »Ich wähle nie.« »Ich halte mich immer an das Gesetz.« »Ich hasse solche Menschen.« Weil wir emotional so eingleisig sind und uns entsprechend verhalten, können wir nicht mehr sehen, was oder wen wir wirklich vor uns haben.

Wir alle scheuen uns, unsere Meinungen zu ändern.

Gefährliche Betäubung

Die führenden Köpfe unserer Gesellschaft, die uns manipulieren, sind sich der wortlosen Kommunikation sehr wohl bewusst. Verkäufer, Werbeagenturen, Schauspieler, Redenschreiber und Produktdesigner profitieren von den Bedürfnissen und Wünschen, die wir uns nicht eingestehen.

Der Kommentator des Werbespots redet wie unser Lieblingsonkel. Imbissstuben hüllen uns in Rot und Gelb und spielen laute, schnelle Musik, damit wir uns beim Essen beeilen. Öffentliche Redner benutzen einen rhetorischen Rhythmus, der uns in eine hypnotische Trance wiegen soll.

Unser Gehirn ist ein Rateinstrument und so beschaffen, dass es ausgetrickst werden kann. Wenn wir nicht herausfinden, was und wer uns wie an der Nase herumführt, landen wir in den Klauen derjenigen, die das »Feld« beherrschen. Wir müssen lernen, Menschen zu durchschauen – wissen, was sie eigentlich meinen, nicht was sie sagen. Das ist für unser Überleben grundlegender als Lesen. Da wir unsere Gefühle den Markenzeichen vorbehalten, sind wir nicht in Kontakt mit unserem instinktiven Wissen und machen uns zu Opfern unserer eigenen Oberflächlichkeit.

Wir könnten endlich einmal sagen: »Würde mein wirkliches Selbst jetzt bitte aufstehen?«

8 Die Flamme der Intuition neu entfachen

Der Feuermacher

Werde selbst zur Flamme und die Menschen kommen von weither, um dich brennen zu sehen.

Autor unbekannt

Du musst die Stadt verlassen, in der du dich gemütlich eingerichtet hast, und die Wildnis deiner Intuition aufsuchen. Dort wirst du etwas Wunderbares entdecken – dich selbst.

Alan Alda

Blitze, Meteoriten, Vulkane – diese Naturphänomene vermittelten unseren Vorfahren erste Erfahrungen mit Feuer. Wir können nur ahnen, wie Respekt einflößend diese Flammen für ihre neugierigen Augen waren, wie schön, mysteriös und erschreckend. Wir müssen sie dafür bewundern, dass sie sich bemühten, diese flammende Gottheit mit Stock und Feuerstein selbst heraufzubeschwören.

Laut griechischer Sage überbrachte der Gott Prometheus der Menschheit das Feuer, ein Alleingang, der die anderen Olympier ärgerte. Polynesier auf den Cook Islands behaupten, der Gott Maui sei in die Hölle hinabgestiegen und habe das flammende Geschenk bei seiner Rückkehr mitgebracht. Ein Mythos der amerikanischen Ureinwohner schreibt die Erfindung des Feuermachens dem Büffel zu. Als eine Herde nachts über die Prärie galoppierte, stießen die Tiere mit den Hufen gegen Steine, die Funken schlugen und das Gebüsch in Brand setzten.

Da Menschen durch die Gabe des Feuermachens auch in kälteren Gegenden überleben konnten, setzte diese Erfindung ganze Völkerwanderungen in Gang, durch die sich die Zentren der Zivilisation verlagerten. Außer Sprache und Ackerbau hat keine Erfindung unsere soziale Evolution so entscheidend geprägt wie die Fähigkeit, Feuer zu machen.

Gewitterblitze am Himmel und die Fähigkeit, unser eigenes inneres Feuer zu entzünden, sind natürlich zwei völlig verschiedene Sachen. Doch so, wie sich unsere Vorfahren aufgrund ihrer neuen flammenden Technologie freier bewegen konnten, werden auch in uns Kräfte frei, um Neues zu erfinden und alte Probleme zu lösen, wenn wir stärker in Kontakt mit unserer Intuition sind.

Empfindungen entfachen

Eugene Gendlin, Psychologe an der Universität von Chicago, hat William Grays Ansicht, dass menschliche Wahrnehmung und Erkenntnis auf Gefühlen gründen, teilweise bestätigt durch die von ihm entwickelte Technik, die er

»Focusing« nannte. Sie besteht darin, durch Aufmerksamkeit für den »gefühlten Sinn« zu spontanen Einsichten zu gelangen.

Die Welt der Gefühle scheint ihre ganz eigene tiefe Logik zu haben. »Das Herz hat seine vernünftigen Gründe«, schrieb Blaise Pascal, »von denen die Vernunft nichts weiß.« Große Dichter und Wissenschaftler haben immer wieder lobend hervorgehoben, welch bedeutende Rolle unbestimmte Gefühle bei der Erweckung ihrer Muse spielten.

Wenn wir lernen wollen, Visionen zu entwickeln, wäre es dumm, subtilen Empfindungen keine Aufmerksamkeit zu schenken. Gefühle schlagen eine Brücke zwischen Geist und Materie. Sie sind die Lingua franca, die universelle Sprache, mit der sich unser Intellekt und unser Biocomputer verständigen. Sie zeigen uns Assoziationen und Möglichkeiten auf, weisen uns auf Reizvolles hin oder warnen uns, wachsam zu sein.

Das Wort »Intuition« stammt vom Lateinischen »intuere«, instinktiv wissen. Gelegentlich hören wir jemanden sagen, er habe mit seiner Intuition »falsch gelegen«. Aber Intuition ist per Definition richtig. Wenn ein Hinweis hin und wieder nicht zutrifft, haben wir ihn entweder falsch interpretiert oder falsch befolgt. Selbst wenn wir deutliche Signale bekommen, müssen wir uns an zeitliche Bedingungen halten und die richtige Strategie anwenden. Das erste Aufblitzen intuitiven Wissens ist ein Antrieb, kein festes Gesetz. Manche inneren Anweisungen bringen uns in schmerzliche Situationen. Möglicherweise hält unsere höhere Intelligenz die schwierige Lektion aber für notwendig.

Es gibt auch die kleinen Ahnungen, die uns durch den Tag helfen. Wir sagen: »Ich habe das Gefühl ...« oder »Mir kommt gerade ...« Im Auf und Ab unseres Lebens blüht unsere Intuition manchmal auf wie eine patente Helferin. Sie kann uns aber auch packen wie ein älterer Bruder, der verhindern will, dass wir in eine Stromschnelle geraten.

Manchmal scheint unsere Intuition wankelmütig zu sein. Diese Schutzheilige von Pilgern und Eltern, Finderin verschwundener Dinge, zieht sich manchmal zurück, ohne Spuren zu hinterlassen. Nicht nur, dass wir beim Klingeln des Telefons keine Ahnung haben, wer uns anruft, wir wissen auch nicht, was wir sagen sollen, wenn wir den Hörer abheben. Durch merkwürdige Zufälle treffen wir mit Menschen zusammen, die wir gar nicht sehen wollten. Die Synchronizität, so scheint es, wendet sich gegen uns.

Wenn unser Grundgefühl im Leben von viel versprechend zu unheilvoll wechselt und es so aussieht, als würde nie wieder etwas gut ausgehen, ist es Zeit für ein wenig Innenschau.

Manchmal sind wir zu ängstlich. In Krisen, wo wir unsere Intuition am dringendsten brauchen, kann unser innerer Dialog so schrill sein, dass ihr feines Flüstern darin untergeht. Manchmal erreichen uns ihre Signale nicht, weil wir zu heiß oder zu kalt sind oder der Barometerdruck zu hoch ist. Auch der Kummer anderer Menschen kann sich störend auswirken.

Instinktiv »reinspringen«

Menschen benutzen die Begriffe »Intuition« und »Instinkt« meistens synonym. Ein Instinkt blitzt plötzlich auf, wie ein Reflex. Wir zwinkern, um unsere Augen zu schützen. Wir haben mütterliche oder väterliche Instinkte, sexuelle Instinkte, einen Fütterinstinkt. Wir haben instinktiv große Lust auf bestimmte Nahrungsmittel.

Instinkt und Intuition profitieren beide von unterschwelligen Wahrnehmungen. Eine Seite in uns reagiert auf die leisen Töne, die nicht bis ins Gehör vordringen, und auf Bilder, die zu flüchtig sind, als dass wir sie beschreiben könnten.

Im Schlaf verändern sich unsere Gehirnwellen, wenn jemand unseren Namen spricht. Menschen, die im Koma liegen, zeigen manchmal auf dem EKG Reaktionen auf Fragen, die man ihnen stellt.

Aber auch unsere direkte, »normale« Wahrnehmung bleibt uns in mancher Hinsicht ein Rätsel. Der radikale gesunde Menschenverstand sagt uns, wir sollten unseren Eingebungen folgen und sehen, was passiert. Emerson äußerte dazu einmal:

»Alle unsere Fortschritte entfalten sich wie eine Knospe. Als Erstes regt sich unser Instinkt – dann bilden wir uns eine Meinung – dann kommt Wissen hinzu, so wie eine Pflanze Wurzeln, Knospen und Früchte entwickelt ... Vertrauen Sie Ihrem Instinkt völlig, auch wenn Sie keine Gründe dafür angeben können. Es bringt nichts, ihn zur Eile anzutreiben. Indem wir unserem Instinkt bis zum Ende vertrauen, erblüht er zur Wahrheit, und dann wissen wir, warum wir an ihn geglaubt haben.«

Wenn wir uns ohne Intuition durchs Leben bewegen, ist es, als würden wir in der Wildnis herumirren, ohne uns am Stand der Sonne zu orientieren. Intuition ist das »unerklärliche und manchmal nicht in Worte zu fassende Gefühl, etwas zu wissen, das spontan ins Bewusstsein tritt, meistens ohne jede Vorankündigung« *(Webster's Collegiate Dictionary)*. Intuition kann sich verschiedener Mittel bedienen – der Energie, die sich in einem bestimmten Körperteil regt, vernehmbaren Tönen, lautlosen Befehlen, dem Drang, sich zu bewegen oder zu handeln. Oder sie erreicht uns »wie ein Blitz aus heiterem Himmel«.

Wir sprechen auch von einer »geschulten« Intuition. Denken Sie an das »goldene Händchen« von Investoren und die hochkonzentrierte Phase vor dem Wettkampf, in der für Sportler die Zeit stillsteht, so dass ihr Spiel perfekt wird. Aufgrund ihrer »weiblichen Intuition« kann eine Mutter ihr Kleinkind gerade noch festhalten, bevor es vom Stuhl fällt. Professionelle Bombenentschärfer sagen, sie würden die innere Machart der Geschosse »sehen«, bevor sie sich an die Arbeit machen.

Der Zahlenkult schüchtert den Feuermacher nicht ein, denn sein intuitiver Geist kaut noch im Schlaf Zahlen durch. Der Feuermacher kann subtile Unterschiede in Farbe, Struktur, Tonlage und Geschmack ausmachen. Zwei Menschen begegnen sich an einem Ort, den sie sonst nie aufsuchen. Und plötzlich wird eine Vision, die bislang nicht die geringste Chance zu haben schien, zur vereinbarten Sache.

Wir müssen den linearen Verstand ablenken, damit sich unser ganzes Wissen zeigen kann. Während wir allmählich unsere Tasche mit entsprechenden Tricks füllen, fällt uns das immer leichter.

Der Körper als Instrument

Als Erwachsene haben die meisten von uns ziemlich gut gelernt, ihren Körper der Vorherrschaft des Kopfes zu unterwerfen. Wir blocken ungewollte Schmerzen und lästige Gefühle ab. Und damit blockieren wir auch unsere Intuition, die nicht nur durch Gedanken, sondern auch durch Empfindungen zu uns spricht.

Wir können unsere Intuition und unser Fühlen als verwandte Prozesse betrachten und manchmal sind beide auch identisch.

Ohne Intuition entwickeln sich unsere Visionen meistens nicht über das Anfangsstadium hinaus. Lohnt es sich, eine

Vision zu verfolgen, läutet die Intuition eine Glocke. Wenn wir Herausforderungen annehmen, wird unsere Intuition zur leitenden Kraft. Sie leuchtet uns den Weg, taxiert die Lage, stupst uns an, damit wir Gelegenheiten beim Schopf ergreifen und nützliche Verbündete erkennen. Die primäre Aufgabe besteht darin, unsere verschiedenen isolierten Teile – Gehirn, Geist, Herz und Wille – wieder zu vereinen. Wir müssen uns erinnern an das, was wir abgespalten haben, um uns zu betäuben – Gefühle, Emotionen, Empfindungen, Ahnungen.

Durch intuitive Signale werden wir wach für das, was wir bei unseren alltäglichen Erlebnissen und Entscheidungen wissen müssen. Um unsere Intuition neu anzufachen, müssen wir noch die feinsten Empfindungen wahrnehmen.

Gefühle, die wir uns nicht eingestehen, sind wie ungeöffnete Briefe, die uns eine ganz reale Seite von uns schickt. Wenn wir sie ignorieren, verschwinden sie nicht einfach. Sie stapeln sich wie unbezahlte Rechnungen.

Für Freud waren Träume der Königsweg zum Unbewussten. *Radikaler gesunder Menschenverstand ist der Königsweg zur Intuition.*

Wenn wir uns bei Angst oder Aufregung ruhig hinsetzen, finden wir heraus, wo im Körper diese Gefühle ihren Ursprung nehmen. Simple Aufmerksamkeit bewirkt oft einen radikalen Wandel.

Wenn wir lernen, die Spur bestimmter Signale zu verfolgen, werden wir zu Kundschaftern auf eigenem inneren Terrain und können immer subtilere Empfindungen entschlüsseln. Unsere Intuition nutzt sämtliche Fähigkeiten, die uns zur Verfügung stehen, auch die kinästhetische Wahrnehmung, die wir bislang meist vernachlässigt haben.

Schon Tage vor einer wichtigen Entdeckung können unsere Gefühle in Aufruhr sein. Es ist, als würde die alte

Denkweise auf einer Ebene bereits weichen, damit ein neuer Geist im Körper lebendig werden kann. »Die Dinge fügen sich zusammen«, sagen wir, aber es würde uns schwer fallen zu erklären, was wir damit meinen.

In Dantes *Göttlicher Komödie* kann Virgil, der die Vernunft symbolisiert, den Helden nicht ins Paradies begleiten. Bevor er das Fegefeuer verlässt, hat Dante einen furchterregenden Traum. Eine Irre verflucht ihn und fesselt ihn an seine eigene Libido. Virgil wendet sich Beatrice zu, einer »heiligen und wachen« Frau, die diesen Fluch mit ihrer Stimme von ihm nimmt.

Wenn ein Mann nicht wach ist für seine innere Beatrice – die Jung als Anima bezeichnete –, verzerrt sich das abgelehnte weibliche oder empfängliche Selbst zur Sirene, die oberflächliche Lust und Macht verspricht.

Blaise Pascal behauptete, dass es einen Logos gibt, der auf Gefühlen beruht und im Körper verwurzelt ist: »Lieben Sie mit der Vernunft?«

Er sprach sich für einen Dialog aus, der auf Körpergefühlen beruht – dem Ausdruck von Gefühlen. Das Denken allein kann niemals heilen, was uns leiden lässt. »Wir beweisen durch Logik«, sagte Henri Poincaré, »aber wir entdecken durch Intuition.«

Philip Goldberg weist darauf hin, dass Menschen, wenn sie vernünftige Gründe fordern, sehr viele nützliche Informationen ignorieren. »Selten sagen sie: Nenne mir ein gutes Gefühl, das dafür spricht, dass John sich irrt.«

Der Quantenphysiker David Bohm bezeichnete das Denken als »den Teufel, der uns diesen ganzen Schlamassel eingebrockt hat«. Der Architekt Frank Lloyd Wright ist durch Beobachtung zu der Erkenntnis gelangt, dass die Wahrheit wichtiger ist als Fakten.

Ein inneres Brennen

Ohne Unterstützung durch unsere Intuition würden wir lange brauchen, bis wir unsere Visionen erkennen. Intuition ist eine Art Abkürzungsweg des Geistes, eine Form des Denkens, die eher ein Einfühlen ist. Emerson bezeichnete sie gerne als »inner-tuition« (etwa: »innerer Privatunterricht«, Anm.d.Ü.), den Gegenpart zu Anweisungen aus der äußeren Welt.

Intuition scheint unter anderem auf Neugierde zu beruhen, dem Staunen, mit dem wir feine Empfindungen und Signale wahrnehmen. Das treibt uns an, mit unserer Suche nach neuen Ideen fortzufahren, statt uns mit einer einzigen Antwort zufrieden zu geben. Eine fruchtbare Intuition, sagte Jerome Bruner, geht einher mit einem permanenten Gefühl von Unvollkommenheit, denn es gibt immer noch mehr zu wissen oder zu tun. Die visionäre Erfahrung vermittelt uns, dass das Leben unendlich viele Offenbarungen bereithält.

Weil die Intuition Sprünge macht wie ein Traum oder ein wildes Tier, gehen wir davon aus, dass sie nicht für alle Zwecke eingespannt werden kann. Nach Bruners Ansicht sollten wir unsere Intuition durch rigorose Befragung und Nutzung zur Lösung von Problemen »zu fassen bekommen und disziplinieren«. Wenn wir darauf achten, welche Hinweise sich als richtig oder falsch erweisen, können wir die entsprechenden Signale immer besser entschlüsseln.

Wir entwickeln eine intuitive Sprache für dieses unwissentliche Wissen. Und doch ist die Intuition selbst oft sehr exakt, wie Bruner darlegt. Vieles an unserer Mathematik zum Beispiel baut auf »Eulers Beweis« auf, einer intuitiven Gedankenkette, die erst ein Jahrhundert, nachdem sie zur Anwendung kam, bewiesen wurde. Bruner behauptet, dass wir als Kinder sehr viel mehr wissen, als wir beweisen oder auch nur verbalisieren können.

Es ist allgemein bekannt, dass Menschen, die kreative Visionen haben, ihre Einsichten oft schwer formulieren können. Die meisten Sprachen haben relativ wenige Worte für die Beschreibung innerer Erlebnisse. Wer mutig genug ist, den eigenen Prozess zu schildern, wird von denen, die danach fragen, oft beschuldigt, »herumzufaseln« oder gar die Unwahrheit zu sagen.

Kinder hören schon früh auf, über ihr Innenleben zu sprechen. Nur selten wird ein Kind in der Familie oder im Klassenzimmer ermutigt, über diese schwer fassbaren Themen zu reden. Und doch macht fast jeder von uns Erfahrungen mit dieser Form des plötzlichen, nahezu unheimlichen Wissens. Durch Berechnungen, die so komplex sind, dass wir sie selbst nicht nachvollziehen können, »wissen« wir etwas, bevor es geschieht oder andere es uns sagen.

Spontaner Aufruhr

Wenn wir gezielt lernen, unsere Aufmerksamkeit auf gefühltes Wissen zu richten, kann das therapeutische Wirkung haben. In ihrem Buch *A Life of One's Own* erzählt Joanna Field von einer dreijährigen Odyssee, bei der sie sich verpflichtete, Tagebuch über Erlebnisse zu führen, die tiefe Glückszustände bei ihr auslösten:

»Bislang glaubte ich, dass ich glücklich bin, wenn ich ›meinen Spaß habe‹, wie man so sagt. Als ich jedoch anfing, glückliche Erlebnisse täglich bewusst zu empfinden und miteinander zu vergleichen, stellte ich fest, dass bestimmte Momente eine ganz eigene Qualität hatten, völlig unabhängig davon, was um mich herum passierte, denn sie stellten sich manchmal in ganz banalen Situationen ein.«

Sie erkannte, dass es ihr in diesen Augenblicken gelang,

einen Schritt zurückzutreten und ihre Erfahrung zu betrachten, »ohne etwas Bestimmtes zu wollen oder zu erwarten«. Jetzt machte sie sich daran herauszufinden, worauf diese Fähigkeit »des Betrachtens« beruhte.

»Anfangs benutzte ich die wissenschaftliche Methode der Beobachtung, um herauszufinden, was mich glücklich machte, stellte aber bald fest, dass sie mich über die wissenschaftliche Perspektive hinausführte. Denn durch Beobachtung dessen, was mich glücklich machte, stieß ich auf Dinge, die ich nicht mitteilen konnte und die im Grunde ganz persönlich waren.«

Sie entdeckte einen Zugang zum Wissen wieder, dem sie sich zuletzt als Kind anvertraut hatte:

»Ich fand heraus, dass ich ein intuitives Gespür dafür hatte, wie ich leben sollte. Denn mir drängte sich die Schlussfolgerung auf, dass der Geist mehr ist als Vernunft und blindes Denken, wenn wir nur wissen, wie wir danach suchen müssen. Das Unbewusste war offensichtlich mehr als eine Abstellkammer für verwirrende und beschämende Erfahrungen, die ich mir nicht anzuschauen wagte. Gab es da nicht auch noch die Weisheit, die in all den Jahren meines Lebens von der ersten Zelle an von meinem Körper geprägt worden war?«

Durch ihre Forschungen wurde ihr die Existenz von etwas (»Ich kann es nur als Weisheit bezeichnen«) bewusst, das ihre Suche geprägt hatte.

Field, deren wirklicher Name Marion Milner lautete, wurde später eine bekannte Therapeutin.

Die Flamme prüfen

Wie können wir lernen, genau zu unterscheiden zwischen Wunschdenken und Impulsen, die echten Eingebungen entspringen?

Viele Menschen sagen, ihre intuitiven Erkenntnisse seien nicht von Emotionen überlagert, sondern direkte Hinweise, die ihnen oft Handlungsschritte aufzeigen, welche ihnen sonst nicht in den Sinn gekommen wären oder gegen die sie sogar Widerstände haben. Nicht wenige berichten, dass sie das Handeln erst einmal verschieben, um herauszufinden, ob sich die Signale wiederholen. Hinweise, die sich als nützlich erwiesen, kamen im typischen Falle immer wieder.

Eine Verlegerin erzählt, sie nähme informative Empfindungen, unabhängig von den Gedanken in ihrem Kopf, im Körper wahr. Ein früherer Schuldirektor spricht von der Dichte und Struktur intuitiver Eingebungen, durch die sie sich »von der Zuckerwatte der Wünsche« unterscheiden. Eine bekannte Therapeutin berichtet, sie habe ein »Körperwissen« entwickelt, das »greifbarer ist als Gedanken. Wenn die Dinge völlig aus heiterem Himmel kommen, erweisen sie sich meistens als richtiger Schritt.«

Ein Psychiater sagte, für ihn gehe Intuition einher mit einem Gefühl von Freude, das überzeugender ist als jeder Gedanke. »Dieses Gefühl ist auf konkrete Ergebnisse aus.«

Ein Seminarleiter geht Schritte, die er in Erwägung zieht, vorher innerlich durch und spürt nach, welche Empfindungen sich dabei in seinem Brustkorb regen. »Wenn es sich lediglich um Wunschdenken handelt, spüre ich meistens, wie sich mein Herz zusammenzieht.«

Ein weiterer Psychiater, der über den praktischen Nutzen innerer Vorstellungsbilder schreibt, sagte, dass er immer überprüfe, wie überzeugend diese sind. »Im Allgemeinen kann ich den Unterschied zwischen Intuition und Wunschdenken erkennen, indem ich darauf achte, ob ich mich oder eine andere Person zu der Idee überreden muss.«

»Ein Impuls fühlt sich an wie ein körperlicher und emotionaler Drang oder Sog«, sagte ein Arzt. »Intuition ist mit einer ruhigen, wachen Achtsamkeit verbunden. Sie entspannt und ist zugleich aufregend.« Ein früherer Rechtsberater ist der Meinung, Intuition sei ein Ganzes, in sich rund, eine »liebevolle Schöpfung« und keine automatische Reaktion auf etwas oder jemanden.

Eine Frau aus der Filmbranche sagt, sie prüfe den praktischen Nutzen und die Lebensfähigkeit intuitiver Eingebungen gründlich, indem sie zum Beispiel mit anderen darüber spricht. Ein Erfinder und Unternehmer berichtet, dass er intuitive Eingebungen einem logischen Test unterzieht und sich von Freunden, denen er vertraut, ein Feedback dafür holt. »Wenn sich diese Einfälle dann noch real anfühlen, sind sie es wahrscheinlich auch.«

Der Herausgeber einer Zeitschrift erzählt, dass er 24 Stunden wartet, bevor er intuitive Ideen in die Tat umsetzt und mit dieser Strategie seine Tendenz bekämpft, zu impulsiv zu handeln.

Eine Künstlerin prüft ihre Eingebungen, indem sie sich auf ein Bein stellt und versucht, die Balance zu halten. »Meistens gelingt mir das«, bemerkt sie. »Wenn nicht, bleibe ich skeptisch.«

Wir müssen unsere Intuition ständig testen und weiterentwickeln. Wenn wir dabei sämtliche uns zur Verfügung stehenden Hilfsquellen nutzen, stehen wir in der Tradition aller großen Visionäre. Weil Intuition wirkungsvoll zum Ziel führt, üben sich die Kreativsten unter uns meistens in dieser Fähigkeit.

Die heilige Verbindung von Herz und Geist

Die Bereitschaft, subtilen Informationen zu vertrauen, ist ein zuverlässiger Indikator für persönlichen Erfolg und persönliches Gelingen. Menschen, die wiederholt ihren Ahnungen folgten und sie erfolgreich in die Tat umsetzten, sind beispielhaft für diesen Weg.

Selbst Menschen, deren Ruhm praktisch auf den eigenen Vorahnungen beruht, berichten, dass sie ihre instinktiven Gefühle, ihre innere Stimme oder visuellen Hinweise zu häufig unbeachtet lassen. Obwohl sie wissen, welchen Preis es fordert, wenn sie ihrer Intuition nicht vertrauen, vergessen sie, auf ihre inneren Signale zu achten.

Ein Ausschnitt aus Christopher Frys Stück *Ein Schlaf Gefangener* von 1945 scheint in Bezug auf dieses Thema passender denn je:

»Das menschliche Herz kann sich emporschwingen bis zu Gott. Vielleicht ist es dunkel und wir frieren, aber der Winter ist jetzt vorbei. Das frostige Leid von Jahrhunderten beginnt zu tauen, zieht Risse, kommt in Bewegung. Was wir für Donner halten, ist das Krachen der Eisschollen, des Tauwetters, der Fluten, des Frühlings, dieses Emporkömmlings. Gott sei Dank ist unsere Zeit die des Jetzt, wo uns überall das Falsche vor Augen tritt, das erst dann von uns weichen wird, wenn unsere Seele den größten Schritt nach vorn tut, den Menschen je getan haben.«

Rückkehr zum Heiligen

Als Kinder haben wir uns unsere eigenen inneren Welten ausgedacht. Manchmal waren diese Visionen intensiver als die uns umgebende Realität. Meistens griffen die Erwachsenen genau an diesem Punkt in unser Spiel ein, um uns zu maßregeln. Und so übt dieses mysteriöse Reich weiterhin seine Anziehungskraft auf uns aus, auch wenn es uns ein wenig Angst macht.

Im bekannten Song »Aquarius« ist von einer Zeit die Rede, in der sich der Geist wirklich befreit. Vielleicht ist diese Zeit jetzt gekommen. Zumindest könnten wir einmal darüber nachdenken. Wir könnten Nachforschungen anstellen oder herumhorchen.

Oder wir könnten unsere Intuition befragen. Schließlich haben wir nichts zu verlieren.

9 Entdeckungsdrang

Der Künstler-Wissenschaftler

Manchmal betrachte ich mich als Künstler und Poet und die Wissenschaft ist mein Medium.

Jonas Salk

Wenn Kunst die Wurzeln unserer Kultur stärken soll, muss die Gesellschaft dem Künstler die Freiheit geben, seiner Vision zu folgen, wo immer sie ihn hinführen mag.

John F. Kennedy

Statt als Fachgebiete könnten wir Kunst und Wissenschaft auch als Sichtweisen bezeichnen. Beides sind Methoden, mit deren Hilfe wir Entdeckungen machen. Wenn wir überlegen, wo Künstler und Wissenschaftler sich ähneln und wo sie sich unterscheiden, lernen wir uns selbst besser kennen. Der Sozialhistoriker Lewis Mumford sagte, dass die Reife einer Nation und eines Individuums »nicht in Machtzuwachs besteht, sondern in zunehmender Selbsterkenntnis, Selbstkontrolle, Selbststeuerung und Selbstveränderung«. In einer reifen Gesellschaft sind wir das Hauptkunstwerk.

Durch wissenschaftliche Strenge werden künstlerische Werke kraftvoller, und ein ästhetisches Feingefühl inspiriert Wissenschaftler. Das englische Wort für Kunst »art« stammt vom Lateinischen »ars«, »Fähigkeit« (Im Deutschen: »Kunst« kommt von »Können«, Anm.d.Ü.), und das englische Wort für Wissenschaft »science« geht auf »scientia« – »Wissen« – zurück. Wissenschaft steht für das Sammeln von Wissen. Die Kunst hingegen, die über das vorhandene Wissen hinausgeht, schafft Neues. Wissenschaft muss kunstvoll betrieben werden, wenn sie mehr sein soll als ein bloßes Anhäufen von Fakten.

Die Distanz zwischen Kunst und Wissenschaft, betont von einer akademischen Haltung, die Charles Percy Snow in seinem Essay *Die zwei Kulturen. Literarische und naturwissenschaftliche Intelligenz* populär machte, beruht weniger auf dem Krieg zwischen diesen beiden Disziplinen als auf dem Unvermögen zu sehen, dass gute Kunst und gute Wissenschaft uralte Verbündete sind.

Kunst ist, in einem umfassenderen Sinne, kein Produkt, sondern ein ursprünglicher Impuls, der uns drängt zu erfinden, zu verbessern und vorwegzunehmen. Die analytische linke Gehirnhälfte und die ganzheitlich wahrnehmende rechte Gehirnhälfte arbeiten zusammen und schaffen erfolgreich etwas Neues. Neurologisch betrachtet heißt das, jeder von uns ist ein Künstler-Wissenschaftler, der Antworten sucht und unaufhörlich neue Fragen stellt.

»Vielleicht sollte ich mich innerlich gespaltener fühlen«, sagte Miroslav Holub, ein tschechischer Wissenschaftler und Poet, einer Gruppe amerikanischer Wissenschaftler. »Aber ich habe nach der höheren Schule, wo jeder von Biologie oder Physik zu Literatur überwechselte, die Tür hinter mir nicht einfach zugeschlagen. Ich habe nur die Räume gewechselt, nicht aber Denkgewohnheiten oder Kulturen.«

Es ist gewiss kein Zufall, dass das goldene Zeitalter der griechischen Wissenschaft mit dem goldenen Zeitalter der griechischen Literatur und Kunst zusammenfiel. Während der italienischen Renaissance, als die Druckereikunst die wissenschaftlichen Erkenntnisse vieler Kulturen allgemein verbreitete, blühte auch die Kunst auf. Die geradezu explosionsartigen Fortschritte der Physik im München der 20er-Jahre schrieb Werner Heisenberg dem fruchtbaren Austausch von Künstlern und Wissenschaftlern zu.

Die Gretchenfrage

Wie wählen Künstler ihr Thema aus? Eine langfristige Untersuchung an der Universität von Chicago, die in den 60er-Jahren des 20. Jahrhunderts gestartet wurde, ging aus von der Vermutung des Psychologen Jacob Getzels, dass der Kern von Kreativität nicht in Problemlösungen besteht, sondern im *Finden* von Problemen – mit anderen Worten: dem Wählen einer Aufgabe.

Getzels und Mihaly Csikszentmihalyi beschlossen, den kreativen Prozess in einem speziellen Bereich zu erforschen: den schönen Künsten.

31 männliche Studenten vom Art Institute of Chicago nahmen teil. Jeder wählte unter 27 Objekten die Vorlage für ein Stillleben und machte sich dann an die Arbeit. Man beobachtete die Künstler genauestens und fotografierte ihre Bilder in verschiedenen Entwicklungsstadien.

Später zeigte man ihre Werke in einer Ausstellung für Kunstkritiker. Sieben Jahre später konnten nur die Künstler, welche die Kunstkritiker als die besten eingestuft hatten, von ihrer Arbeit leben. Die anderen hatten aufgehört zu malen oder arbeiteten nur noch zeitweise künstlerisch.

Denken Sie daran, das Ziel des Experiments bestand darin, den kreativen Prozess generell zu verstehen. Die Forscher wollten wissen, ob die Themenauswahl Auswirkungen auf den Erfolg oder Misserfolg der Künstler hatte. »Ich beschloss, der Gretchenfrage nachzugehen«, formulierte Getzels sein Anliegen.

Mehrere signifikante Unterschiede zwischen den besseren Künstlern und ihren Mitstudenten stachen hervor:

Verzögerter Anfang: Die erfolgreichen Studenten beschäftigten sich mit mehr Objekten, bevor sie mit der Arbeit begannen. Sie brauchten länger, um anzufangen, verbrachten aber insgesamt nicht mehr Zeit mit ihrem Bild. Im typischen Fall bearbeiteten sie zuerst einen Teil der Leinwand, dann einen anderen. »Dem Beobachter kam es vor, als würden diese Maler nichts erreichen«, sagten die Forscher. »Gegen Ende jedoch fügten sie die verschiedenen Teile ihres Werkes zu einem organischen Ganzen zusammen.«

Die Künstler äußerten, es habe sie selbst überrascht, wie sich plötzlich die endgültige Form ihres Bildes ergab. Offensichtlich hatten sie einfach ihrer Intuition vertraut. Sie neigten weniger als die andere Gruppe zu der Befürchtung, es könne ihrem Bild schaden, wenn sie es immer wieder änderten.

Kunst als Suche: Als man die weniger erfolgreichen Künstler in der Untersuchung fragte, warum sie malten, sprachen sie meistens vom Produkt – von überraschenden Effekten, der Zusammenstellung bestimmter Farben. Für die erfolgreichen Künstler hingegen war der Prozess, der Akt des Malens, wichtiger als das mögliche Ergebnis. »Das ist eine grundlegende Frage ...« »Ich versuche herauszufinden, welche Absichten ich verfolge.« »Ich betrachte gern Menschen aus früheren Generationen, um sie verstehen zu lernen und mich an ihnen zu freuen.« Oder: »Ich male, um mich selbst (oder den Tod oder Beziehungen) zu verstehen.«

Für diese Künstler war Kunst eine Forschungsreise zum menschlichen Sein. Häufiger als die anderen wählten sie aus den 27 Vorlagen menschliche Gestalten.

Andere Unterschiede: Die erfolgreichen Künstler waren leidenschaftlicher, pragmatischer und dem eigenen Erfolg gegenüber eher misstrauisch. Sie waren entschlossen, sich nicht zu wiederholen. Ihre Arbeit im Atelier wurde besser eingestuft als die der anderen Künstler, aber nach akademischen Maßstäben schnitten sie schlechter ab. Den Forschern fiel auf, dass die erfolgreicheren Künstler bei der ästhetischen Beurteilung ihrer Bilder nicht besonders gut abschnitten. Deswegen wiesen sie darauf hin, dass diese Tests auf herkömmlichen Werten beruhen, erfolgreiche Künstler jedoch eher Lust auf Neues wecken, als alte Gelüste zu befriedigen.

Kurz, man könnte sagen, dass die erfolgreichen Künstler an der Universität von Chicago eher »Macher« als Akademiker waren. Und sie misstrauten vorgegebenen Rollen oder Stilen. Die meisten teilten mit, sie seien als Kind nicht besonders begabt gewesen, doch hatten sie im Gegensatz zu den anderen Gruppenteilnehmern mehr Unterstützung von ihren Eltern bekommen.

An welchem Punkt erwächst aus dieser Ermutigung die Fähigkeit, sich selbst Mut zu machen?

Der respektvolle, respektlose Wissenschaftler

Durch eine Untersuchung des Lebens von über 2 000 Wissenschaftlerinnen und Wissenschaftlern fand Dean Keith Simonton heraus, dass die erfolgreichsten unter ihnen mit Eltern aufwuchsen, die ihnen ein reiches Spektrum an

Erfahrungen vermittelten, ohne ihnen starre Glaubenssysteme aufzudrängen.

Ähnlich wie die erfolgreichen Künstler begegneten auch die hervorragenden Wissenschaftler den Mysterien, auf die sie bei ihren Forschungen stießen, mit Ehrfurcht. Mit vorherrschenden Einstellungen und Überzeugungen gingen sie jedoch respektlos um. Erfolgreich sind Wissenschaftler offensichtlich dann, wenn sie imstande sind, »zu bestimmten Ideen eine Fülle von Assoziationen zu entwickeln«.

In einer Untersuchung tendierten überragende Wissenschaftler zu der Einstellung, dass Studenten, die auf einem bestimmten Fachgebiet zu viel Ausbildung bekommen, eher stehen bleiben und feste Standpunkte entwickeln. Die Folge ist, dass sie mit Experimenten an erster Stelle etwas beweisen wollen. Hängen Fachwissenschaftler jedoch einem bestimmten »Glauben« an, erleben sie wenig Überraschungen auf ihrem Gebiet und machen selten wirkliche Entdeckungen.

Oft verwechseln wir die ehrwürdige Idee der Wissenschaft mit der modernen Erfindung der wissenschaftlichen Methode. Diese ist, allgemein betrachtet, ein System zur Erforschung von Phänomenen, die man beobachten, wiederholen und voraussagen kann. Meistens sind auf diesem Hintergrund die Fragen, denen der Wissenschaftler nachgeht, begrenzt. Weil die Betonung bei dieser Methode auf objektiven Daten liegt, müssen die Wissenschaftler so tun, als würden sie an ihre Arbeit völlig emotionslos – das heißt, nicht subjektiv – herangehen.

Auch wenn Wissenschaftler Themen wie Inspiration oder die Fähigkeit zur Wahrnehmung und Nutzung glücklicher Zufälle erst in jüngster Zeit öffentlich diskutieren, waren visionäre Wissenschaftler für ihre Mitstreiter – und auch für uns alle – schon immer ein Vorbild für radikalen gesunden Menschenverstand. Da wir wissen, dass Eingebungen uns unaufgefordert kommen, können wir lernen, erst einmal zu lauschen, bevor wir voreilige Schlüsse ziehen. Thomas Henry Huxley riet Wissenschaftlern dringend, »sich Fakten anzunähern, wie kleine Kinder es tun würden«.

Als James Olds bereits einen Namen als hervorragender Hirnforscher hatte, wollte er wissen, warum eine seiner Laborratten ständig freiwillig zum elektrisch geladenen Gitter rannte, um sich dort immer wieder einen Schlag zu holen. Dann sah er, dass eine Elektrode in der falschen Gehirnregion der Ratte angebracht war. Weitere Experimente führten zu Olds' Entdeckung der Lustzentren im Gehirn.

Ein vorbildlicher Wissenschaftler-Künstler ist natürlich, wer die Theorie in die Praxis umsetzt und Produkte entwickelt. »Als guter Erfinder«, sagte Stanford Ovshinsky, der als Erster amorphes kristallinisches Material für Halbleiter benutzte, »brauchst du eine körperliche Intuition, ein Gefühl für das, was ich als perfekten Wurf bezeichne.«

Die Intuition des Erfinders, sagte Ovshinsky, »ist eine andere Art von Logik«. Ideen selbst entspringen einer gewissen Metalogik »mit vielen parallelen Pfaden, die ähnlich und wahrscheinlich unbewusst verlaufen und die auf vielen scheinbar unzusammenhängenden Informationen beruhen.« Tatsächlich haben entsprechende Untersuchungen gezeigt, dass Wissenschaftler, denen ein Durchbruch gelang, eher künstlerisch denken als ihre weniger erfolgreichen Kollegen.

Der Wissenschaftler als Künstler

Phantasie«, betonte Einstein, »ist wichtiger als Wissen.«

In jüngerer Zeit hat der Biochemiker Robert Root-Bernstein behauptet, eine künstlerische Ausbildung sei nahezu Vorbedingung für große wissenschaftliche Leistungen. Eine

Studie über 150 hervorragende Wissenschaftler zeigte, dass die meisten von ihnen sich mit Kunst, Musik oder Literatur beschäftigten. Durch dieses Interesse an der Kunst, so nahm man an, übten sie sich in der Fähigkeit, bestimmte Muster und entsprechende Abweichungen aufzuspüren.

Jacobus Henricus van't Hoff führte Untersuchungen mit 200 Wissenschaftlern durch, die auch Künstler waren. Von all den Eigenschaften, die wir bei Wissenschaftlern antreffen, so van't Hoffs Schlussfolgerung, ist die Imagination am entscheidendsten.

Galileo und Pasteur waren Poeten, Kepler war Musiker und bildender Künstler. Root-Bernstein nennt viele Wissenschaftler des 20. Jahrhunderts, die Anleihen bei der Kunst machten, darunter auch den Physiker Murray Gell-Mann, ein Dichter, und Max Planck, der auch Musiker war. Werner Heisenberg spekulierte, dass alle wirklich großen Wissenschaftler mit »der Welt der Poesie vertraut waren«.

Lev Vygotsky, der talentierte und einflussreiche russische Psychologe, begann seine Karriere als Dichter und Literaturkritiker. Seine tiefe Liebe zur Sprache führte ihn zu vielen wichtigen Entdeckungen, zum Beispiel auch der »inneren Sprache«, wie er es nannte. Die Hirnforscherin Candace Pert, Mitentdeckerin der Opiatrezeptoren, wechselte am College von ihrem Hauptfach Englische Literatur zu Chemie, nachdem ein Aufsatz von ihr ungerecht benotet worden war, wie sie fand. (»Ich beschloss, mich einem Gebiet zuzuwenden, wo es objektive Methoden gab, die Richtigkeit deiner intuitiven Einschätzungen zu messen.«) William James, dessen Arbeit für die moderne Psychologie bahnbrechend war, beschäftigte sich als Jugendlicher ernsthaft mit Kunst. Einstein spielte ebenso gut Klavier wie Geige und klimperte auf Arpeggios, wenn er mit seinen wissenschaftlichen Überlegungen in eine Sackgasse geraten war. Ilya Prigogine,

Nobelpreisträger für Chemie, war in seiner Jugend Konzertpianist.

Von den Gründern der amerikanischen Republik verfolgten mehrere sowohl wissenschaftliche als auch künstlerische Interessen. Benjamin Franklins erste Veröffentlichung war ein gelungenes Gedicht, und er arbeitete hart daran, es auf literarischem Gebiet zu etwas zu bringen. Als Wissenschaftler wurde er aufgrund seiner Entdeckungen über Elektrizität, das Wetter und Meeresströmungen weltberühmt. Er machte Hunderte von Erfindungen, darunter den Blitzableiter, die Bifokalbrille und den Franklin-Holzofen. Er entwarf Belüftungssysteme für öffentliche Gebäude. Zu seinen sozialen Erfindungen gehörten die freiwillige Feuerwehr und die Leihbücherei.

Monticello war Thomas Jeffersons Privatlabor. Er experimentierte endlos mit Feldfrüchten, verfasste einen archäologischen Bericht über ein indianisches Hügelgrab, das er auf seinem Grundstück entdeckte, erfand eine Kalenderuhr und eine Drehtür und entwarf den Campus der Universität von Virginia. Als junger Mann liebte er die Geige und spielte mehrere Jahre mit Kollegen Kammermusik. Selbst heute noch sind Naturliebhaber beeindruckt von seinen *Notes on the State of Virginia*, einem Buch, das er für Europäer schrieb.

Thomas Paine schrieb eine Abhandlung für Napoleon Bonaparte, in der er dem französischen Volk empfahl, eine ursprünglich in Amerika ansässige Pflanze, die Kartoffel, anzubauen. Er erfand auch eine nicht qualmende Kerze und ein Fahrzeug mit einem Verbrennungsmotor, der mit Schießpulver betrieben wurde. Eine von ihm entworfene Eisenbrücke war das erste Bauwerk dieser Art.

In *Die neue Biologie. Evolution und Revolution in der Wissenschaft vom Leben* nennen der Philosoph Robert Augros und der Physiker George Stanciu eine Reihe von Physikern, für die Wissenschaft mit ästhetischen Erfahrungen verbunden ist. Richard Feynman sprach von der Schönheit und Schlichtheit wissenschaftlicher Wahrheit. Heisenberg war von der Richtigkeit der Quantenmechanik aufgrund ihrer »abstrakten Schönheit« sofort überzeugt.

Henri Poincaré behauptete, dass das Nervensystem elegante Lösungen suche. »Genau die nützlichsten Kombinationen sind auch die schönsten ... Wenn die Natur nicht schön wäre, lohnte es sich nicht, etwas über sie in Erfahrung zu bringen – und das Leben wäre nicht lebenswert.«

Laut Max Planck, dessen Entdeckungen den Weg für die Quantentheorie bahnten, entstehen neue Ideen nicht durch Deduktion, sondern durch »künstlerisch kreative Phantasie«.

Bei Barbara McClintock, die einen Nobelpreis für ihre Arbeit auf dem Gebiet der Genetik erhielt, heißt es, dass grundsätzlich alles eins ist. »Man kann zwischen den einzelnen Dingen keine Trennungslinie ziehen.« Die Einteilungen, die Menschen erfinden, entsprechen nicht der Realität, sagte sie. »Ich denke, die Poeten verstehen das.«

Jacob Bronowski ist, wenn er über »den gesunden Menschenverstand der Wissenschaft« schreibt, offensichtlich der gleichen Meinung: »Bei unserer Suche stellen wir fest, dass die Natur eins ist, eine zusammenhängende Einheit. Das gibt Wissenschaftlern das Gefühl, einer Mission zu folgen, und erfüllt sie außerdem, geben wir es zu, mit ästhetischer Befriedigung: Jede Forschung ist durchdrungen von dem Gefühl, die Fäden der Welt zu einem Netz zu verweben, in dem sich die Muster zusammenfügen.«

Der Künstler als Wissenschaftler

Kunst ist ein durchaus respektabler Weg, das so gewirkte Netz aufzuspüren. Wie die Fähigkeit zur Herstellung von Werkzeugen scheint auch sie von Anfang an ein grundlegender Aspekt der menschlichen Natur gewesen zu sein. Bilder aus der Altsteinzeit und die ersten Gegenstände aus Glas zeigen, dass wir als menschliche Familie Kunst geschaffen haben, seit wir mit unseren Händen etwas anzufangen wissen.

Als Jonas Salk 1936 einem Vortrag zuhörte, hatte er einen visuellen Einfall, der ihm den Weg zum ersten wirksamen Impfstoff gegen Polio aufzeigte. »Es war, als würde jemand Licht machen, und ich sah alles klar vor mir.«

Salk sprach aus, was viele Visionäre ebenfalls denken, aber nur selten laut äußern: »Intuitive Einfälle wie diese haben wir nicht nur einmal. Wir können sie mit unserem Blutkreislauf und unseren Gehirnwellen vergleichen. Sie sind wie unser Herzschlag. Intuitive Menschen ziehen Schlussfolgerungen aus dem, was sie als Muster wahrnehmen. Das hat man mir nicht beigebracht. Ich habe es entdeckt.«

Beachten Sie: *Salk entdeckte den Vorgang des Entdeckens.*

Die besten Künstlerinnen und Künstler besitzen wissenschaftliche Strenge und Objektivität. Bach sprach von »der Wissenschaft meiner Kunst, der Kunst meiner Wissenschaft«. Der Komponist Alexander Borodin war eigentlich Chemiker und hinterließ mit seinen Experimenten manchmal Flecken auf seinen Notenmanuskripten.

Der Stückeschreiber William Coleman weist darauf hin, dass Edgar Allan Poe die Theorie vom Urknall in einer wissenschaftlichen Abhandlung mit dem Titel »Eureka« vorwegnahm. »Poe ging davon aus, dass das Universum mit der Explosion eines ›ursprünglichen Teilchens‹ anfing.«

Diana Vandenberg, eine holländische Künstlerin, beschäftigte sich jahrzehntelang mit der Verfeinerung von Techniken der Ölmalerei, die sie entdeckte, als sie die Methoden Leonardo da Vincis studierte. Wissenschaftler haben darauf hingewiesen, dass einige ihrer Symbole molekulare Strukturen sind. Der Direktor einer Sternwarte schrieb ihr, sie habe eine obskure Sternenkonstellation gemalt, die auch die Astronomen fasziniert hatte.

Der Gedanke, dass visionäre Künstlerinnen und Künstler wissenschaftliche Entdeckungen vorwegnehmen, ist natürlich nicht neu. Tennyson träumte von Luftbataillonen. In unserer Zeit befragen Militärbeamte Science-Fiction-Autoren nach ihren Quellen. Die Erfindung des Kommunikationssatelliten geht auf eine Anregung des Science-Fiction-Autors Arthur C. Clarke zurück.

Mythoswissenschaft

Manche wissenschaftlichen Entdeckungen sind so verblüffend, dass wir von einer »Mythoswissenschaft« sprechen könnten. Solche Erkenntnisse gehen als neue Versionen von WIE ES IST vollständig in das Bewusstsein der Allgemeinheit über. Das Paradigma verlagert sich nicht – es macht einen Sprung! Die Mythoswissenschaft wird nicht immer von allen verstanden, doch ihre Entdeckungen sind wie Donnerschläge.

Wir sind fasziniert, doch eigentlich nicht schockiert, wenn wir hören, dass menschliche Bindungen eine körperliche Basis haben und das Gehirn seine eigenen Schmerzkiller produziert. Die Nahtoderfahrung ist Teil der Mythoswissenschaft geworden.

Diese Wissenschaft entspricht dem radikalen gesunden Menschenverstand. Wenn wir uns in dieses Wissen einfühlen, wissen wir, dass es grundsätzlich wahr ist. Es bringt in uns allen eine Saite zum Schwingen.

Václav Havel spricht von »der schwindelerregenden Entwicklung der Wissenschaft« und führt die Gaia-Hypothese und das anthropomorphische Prinzip als Beispiele an. Die Gaia-Hypothese besagt, dass diese Erde ein sich selbst regulierender Organismus ist. Das anthropomorphische Prinzip geht davon aus, dass die für die Evolution des Lebens notwendigen Ausgangsbedingungen auf der Erde extrem eng waren, was die Idee des Zufalls in Frage stellt. Havel sagte: »Beide Ideen bringen uns in Erinnerung, was wir schon lange vermuten und in unsere vergessenen Mythen projiziert haben – wir sind hier nicht allein und wir sind auch nicht nur für uns allein hier.«

10 Der richtige Einsatz für die eigene Sache

Der heilige Krieger

Es gibt zwei Arten von Krieg, den kleinen Krieg und den großen Krieg. Der kleine Krieg spielt sich in der Welt ab. Der große Krieg findet in dir statt.

Islamischer Spruch

Die Glocken dieser Erde haben lange genug für den Tod geläutet. Lasst sie jetzt für das Leben erklingen.

Sean O'Casey

Die Krieger, von denen die Geschichte und die Mythen erzählen, gelangen zu Stärke und Integrität, indem sie ihre inneren Dämonen besiegen. Der Krieger verschreibt sich einer Sache. Er setzt sich für diese Sache ein und kämpft gegen jene, die sie boykottieren oder den Weg dorthin versperren. Der erste Schritt bei Konflikten besteht immer in diplomatischem Verhalten. Der Krieger beschützt und zerstört, er ist kein Eroberer.

Vielleicht wirkt es merkwürdig, wenn wir in einer Zeit, in der manche den Einsatz der Militärs fordern, an den gesunden Menschenverstand appellieren. Doch denken Sie an unsere Vorfahren, die in Amerika einen Krieg ausfochten, bei dem ihr Mutterwitz obsiegte.

Wir leben natürlich in einer anderen Zeit und können für die Bekämpfung des Riesenheeres an Problemen, mit denen wir konfrontiert sind, nicht zu den Waffen rufen. Unsere Führungspersönlichkeiten und Regierungen können nicht tapfer für uns ins Feld ziehen. Teil unserer Problematik scheint es zu sein, dass es uns an Mut mangelt. Das Richtige zu tun ist Belohnung an sich. Krieger sind nicht auf Lob aus.

Wie viel Mut würden wir beweisen, stünden unser Leben und unser Eigentum auf dem Spiel? Würden wir uns zu einer Guerilla-Bewegung zusammenschließen? Hätten wir den Mut, mit Patrick Henry zu sagen: »Gib mir meine Freiheit oder den Tod«?

Mut: Leidenschaft für eine Sache

Das englische Wort für Mut »courage« stammt vom französischen »coer« – »Herz«. So betrachtet, ist Mut eine Kraft von Herz und Gehirn oder des limbischen Systems. Das englische Wort »brave« für »tapfer« geht auf den englischen Begriff »barbarous« zurück, was »barbarisch« heißt. Ursprünglich benutzten die Römer ihn, um den Mut der »wilden Völker« zu bezeichnen.

Mut ist die Bereitschaft, sich einer Herausforderung zu stellen. Das Wort steht weniger für eine einzelne Eigenschaft als vielmehr für eine ganze Reihe von Wesenszügen: Bereitschaft, Beharrlichkeit, Engagement, Tapferkeit.

Wirklich mutige Menschen sind nicht eitel oder skrupellos. Sie blicken der Realität ins Auge. Wenn Veränderungen notwendig sind, akzeptieren sie das. Sie wägen ab, ob mögliche Risiken im angemessenen Verhältnis zum Ziel stehen.

Mit 23 Jahren kletterte Julia Butterfly Hill auf einen über 50 Meter hohen uralten Redwoodbaum. Zwei Jahre lebte sie in diesem Baum, rettete ihn vor den Holzfällern und inspirierte durch ihr Beispiel eine ganze Generation von Umweltschützern.

Den Krieger wecken

Wir können unseren inneren Krieger wecken, wenn wir mit Situationen konfrontiert sind, die uns und die Menschen, die uns nahe stehen, in Gefahr bringen. Viele Helden mussten ihre Kräfte völlig überraschend beweisen. Diese plötzlichen Krieger ahnten nicht, dass Konfrontationen auf sie zukommen würden.

Ein junger chinesischer Soldat schlief im Bus, als er von einem Tumult wach wurde. Mehrere aggressive Halbstarke forderten eine junge Frau auf, ihnen Geld zu geben. Als sie sich weigerte, drohten sie ihr, sie nackt auszuziehen und aus dem Fenster zu werfen. Ohne zu zögern, brüllte Xu Honggang die Randalierer an, die Frau in Ruhe zu lassen. Sie warfen sich auf ihn und stachen 14-mal auf ihn ein, bis seine Gedärme aus dem Körper quollen.

50 Meter lang war die Blutspur, die er hinterließ, als er seine Angreifer auf der Straße verfolgte. Anfangs weigerte er sich, seine Verletzungen behandeln zu lassen.

Das Angebot, ihn nach Hause zu fahren, lehnte er ab, und im Zug überließ er seinen Sitz einer Frau, die ein Kind auf dem Arm trug.

Er sagte: »Ich betrachte mich nicht als Helden. Ich bin immer noch Sohn der Menschen aus dem Wmeng-Gebirge und ein gewöhnlicher Soldat.«

Maulhelden beherrschen die Kunst des Bluffens. Weil andere sie selten konfrontieren, werden sie immer dreister, aber ein Mensch mit Mumm kann ihnen ordentlich einheizen.

Lucky Babcock ist ein gutes Beispiel für eine spontane Kriegerin. Als sie eines Tages aus dem Fenster schaute, erblickte sie einen Mann, der eine junge Frau auf das Pflaster warf und ihr die Bluse vom Leib riss. Lucky, damals 66 Jahre alt, griff nach ihrem Stock, stieß die Tür auf und stürzte auf der Eisentreppe die zwei Stockwerke nach unten.

»Ich hatte das Gefühl zu fliegen. Ich ergriff mit beiden Händen das Geländer und sprang einfach vier Stufen auf einmal nach unten.« Sie schwang ihren Stock wie einen Polizeiknüppel und verjagte den Mann.

Manche Menschen sind Krieger auf Mission – sie verfolgen eine bestimmte Sache. Raoul Wallenberg wurde als junger schwedischer Diplomat im Sommer 1944 nach Budapest geschickt, um dort Juden vor der Gestapo zu retten. Zu der Zeit stellte die schwedische Regierung nur 1 500 Pässe im Jahr aus. Wallenberg besorgte so schnell wie möglich gefälschte Reisedokumente. Überall in Budapest richtete er Häuser ein, in denen Juden in Sicherheit waren, indem er auf diesen Gebäuden die schwedische Fahne anbringen und sie von blonden Juden in Naziuniform bewachen ließ.

Einmal stellte er sich selbst schützend vor eine Familie, damit sie nicht erschossen wurde. Ein anderes Mal rannte er neben einem langsam fahrenden Zug her, öffnete eine Lüftungsklappe und warf die falschen Dokumente in den Waggon. Dann stieg er in den Zug ein und befahl den Truppen, alle »Schweden« freizulassen.

Manche Menschen sind natürliche Krieger und kämpfen ständig gegen die Justiz. Als junge Forscherin in Molekularbiologie bezweifelte Margot O'Toole die Richtigkeit eines Papiers, das ein Kollege verfasst hatte. Entscheidende Daten seien gefälscht, behauptete sie. Als Jahre später herauskam, dass sie mit ihren Aussagen Recht hatte, erzählte ihre Mutter einem Reporter: »Sie hat schon immer beharrlich hingeschaut, wenn Sie wissen, was ich damit meine. Wenn sie eine Antwort von Menschen wollte, waren die besser beraten, sie ihr auch zu geben, sonst holte Margot sie sich. Das war ihre Ehrlichkeit, ob die ihr nun praktische Dienste erwies oder nicht.«

Ihre Mutter konnte sich noch erinnern, dass Margot einmal vom Mittagessen zurückeilte und sah, wie ein kräftiger Kerl einen schmächtigen Mann zusammenschlug: »Sie lief auf den Angreifer zu, stellte sich vor ihn hin und sagte: ›Was machen Sie da?‹ Er sagte, er sei Detektiv und nähme jemanden fest, aber er hatte keinen Dienstausweis bei sich. Margot ließ sich den Namen nennen und brachte die Sache vor die Behörden. Der Beamte wurde für ein Jahr vom Dienst suspendiert.«

Ein beharrlicher Krieger

Der Texaner Marcelino Benitez erfuhr in Mexiko von seiner Mutter, dass ein Mann namens Ramirez seine 14-jährige Schwester als Sexsklavin entführt und in die Vereinigten Staaten gebracht hatte. Jemand gab Benitez ein Foto des Verbrechers und erzählte ihm, dass dieser in Los Angeles ein eigenes Restaurant betreibe. Sofort machte sich Benitez auf den Weg nach Westen.

Er durchforschte die Gelben Seiten im Telefonbuch nach Lieferrestaurants, bestellte sich Essen und fragte nach den Namen der Menschen, die ihn bedienten. Als Nächstes durchforstete er überall im Stadtgebiet die Straßen nach Restaurants, die er überprüfte.

Er fürchtete, der Entführer seiner Schwester könne auf ihn aufmerksam werden, wenn er sich an die Öffentlichkeit wandte. Mom's Bar B-Q wollte er zuerst gar nicht überprüfen, da er dachte, sie sei geschlossen. Aber dann sah er drinnen ein Gesicht und erkannte den Mann auf dem Foto wieder. Um sich zu vergewissern, bat er einen Passanten, in die Bar zu gehen, sich etwas zu bestellen und nach dem Namen des Inhabers zu fragen. Es war Ramirez. Benitez rief die Polizei.

Seine Schwester war verängstigt, aber sie war am Leben und jetzt in Sicherheit. Ein Reporter kommentierte Benitez' großartige Tat:

»Er wirkte wie ein Mann, der einfach tat, was getan werden musste. Er hatte sich in eine Metropole mit Dutzenden von Polizeirevieren, Tausenden von Sozialämtern und Millionen von Fremden begeben – und es gelang ihm, sich sein Recht zu verschaffen, ohne gegen das Gesetz zu verstoßen.«

Ein Krieger mit Feingefühl

Ein Motorradfahrer fuhr eine ungewöhnlich holprige Bergstraße in Jugoslawien hoch. Je höher er kam, desto extremer wurde das winterliche Wetter, die Straße schlechter und der Abgrund neben ihm tiefer. Aber er konnte nicht zurück.

Nachdem er eine Weile in Panik gefahren war, wurde ihm klar, dass er sich die ganze Zeit auf die Risse konzentriert hatte, die in der Straße klafften, und er begann, vor allem auf die glatten Abschnitte zu achten und ein Gespür dafür zu entwickeln.

Von dem Zeitpunkt an erlebte er die Fahrt völlig anders. Nach kurzer Zeit erreichte er den Gipfel und stolperte in eine Raststätte, wo der Wirt nicht schlecht staunte, als mitten im Schneesturm ein Gast hereinkam.

Wenn wir uns auf ein Projekt oder ein Ziel tiefer einlassen, müssen wir oft die unterschiedlichsten Krisen überwinden. Durch die Bewältigung dieser Herausforderungen werden wir seefest. Wir bekommen zunehmend Vertrauen in unsere Fähigkeit, mit diesen Turbulenzen zurechtzukommen. Allmählich lernen wir, uns unerwartete Ereignisse zunutze zu machen.

Friedliche Krieger

Mitgefühl ist motivierend. Wirklich engagierte Menschen entwickeln ein geradezu leidenschaftliches Mitgefühl. Die Mitfühlenden sind die wahren Hüter dieser Erde. Sie sind so empört und engagiert, dass sie zu Schwert oder Stift greifen, um gegen ungerechtes und barbarisches Verhalten ins Feld zu ziehen.

Gandhi und Martin Luther King jr. hat man als friedliche Krieger bezeichnet, weil sie gewaltlose revolutionäre Bewegungen ins Leben gerufen haben.

Michail Gorbatschow war ein großer politischer Krieger. Durch seine Denkweise löste er die Fesseln der Geiseln in vielen Nationen und eröffnete ihnen damit die Möglichkeit, sich gegen Tyrannei und Unterdrückung zu erheben.

George Black, früherer Herausgeber der Zeitschrift *Nation*, lobte sowohl Gorbatschow als auch Václav Havel und

Nelson Mandela: »Das sind Politiker, die wirklich Substanz haben und sich nicht in Äußerlichkeiten verlieren; sie engagieren sich für historische Kämpfe ... Sowohl Havel als auch Mandela wurden aufgrund ihrer politischen Überzeugung verfolgt und eingesperrt.«

Ein Interviewer fragte Mandela, ob er über seine Zeit im Gefängnis Bitterkeit empfände: »Wenn du für deine Überzeugungen ins Gefängnis gehst und darauf gefasst bist, für das, woran du glaubst, leiden zu müssen, ist das etwas Lohnenswertes. Es ist eine Leistung, wenn ein Mann hier auf der Erde seine Pflicht tut, ohne auf die Konsequenzen Rücksicht zu nehmen.«

Beispielhaft für den unpolitischen mitfühlenden Krieger ist John Scherrer. Der frühere Lehrer sah sich nach einer sinnvollen Aufgabe um. Er lud eine Gruppe von Freunden ein, entsprechende Möglichkeiten zu diskutieren. Alle Anwesenden waren unverheiratet, also gaben sie sich zunächst den Namen »Singles for Charity« (etwa: Barmherzige Singles, Anm.d.Ü.), den sie aber aufgrund ihrer Erfolge, ihrer zunehmenden Bekanntheit und einiger neu geschlossener Ehen später in L.A. CAN umänderten.

Scherrers unorthodoxe Methode, ein Netzwerk von freiwilligen Helferinnen und Helfern zu gründen, erregte weltweit Aufsehen, weil sie so simpel war. Organisationen melden bei ihm ihren Bedarf an freiwilligen Helfern an, und die Mitglieder seiner Gruppe entscheiden, welche Aufgaben sie übernehmen. Vielleicht streichen sie Regale, schmücken Räume für Wohltätigkeitsveranstaltungen, verschicken Informationsmaterial für die Paralympics oder stehen den Trainern der CPR (International Institute for Conflict Prevention and Resolution, etwa: Internationales Institut zur Vorbeugung und Lösung von Konflikten, Anm.d.Ü.) zur Seite. »Das ist eine wunderbare Möglichkeit zu helfen«, sagte eine Freiwillige, »und mit vielen großartigen Menschen, die helfen wollen, zusammenzuarbeiten.«

Und Mutter Teresa, die für ihre Arbeit mit Sterbenden den Nobelpreis erhielt, pflegte unglücklichen Menschen zu sagen: »Geh und hilf den Armen. Dann vergisst du deine Probleme.«

Alarm schlagen

> Ich möchte nicht, dass Jasager für mich arbeiten. Selbst wenn das meine Angestellten ihren Job kosten sollte.
> *W.C. Fields*

Menschen, die Alarm schlagen, sind eine besondere Spezies. Wenn wir ihren Mut honorieren, wächst unsere eigene Entschlossenheit, dem Sog der Anpassung zu widerstehen.

Bereits 1969 wies der Toxikologe John Olney von der Universität von Washington darauf hin, dass sich der weitverbreitete Geschmacksverstärker Natriumglutamat schädlich auf das Gehirn junger Mäuse auswirke. Er startete eine Kampagne, um zu verhindern, dass man diese Substanz in Babynahrung verwendete.

Ein Jahr, nachdem die Hersteller zugestimmt hatten, diese chemische Substanz nicht mehr zu benutzen, hatten sie sie in Form von verflüssigtem Pflanzenprotein wieder eingeführt. Es brauchte weitere sieben Jahre, viele Anhörungen und Protestaktionen, bevor die Hersteller auf diesen Stoff in ihren Produkten verzichteten. Wahrscheinlich hatten sie ihn für Babynahrung verwendet, damit diese für Mütter appetitlicher aussah.

Viele Menschen in der Welt machen sich offensichtlich wenig Gedanken um das Schicksal dieses Planeten und tragen – bewusst oder unbewusst – aktiv dazu bei, dass unser Ökosystem zu versagen droht. Lange Zeit haben korrupte Führungspersönlichkeiten und ihre Mitarbeiter Produkte verkauft, die für Menschen schädlich sind, haben schwachen Bevölkerungsschichten die Unterstützung entzogen und die Umwelt vergiftet. Sie biegen sich für eigene Zwecke alle Theorien oder Argumente zurecht, die ihr Verhalten rechtfertigen könnten. Wir empören uns oft über die Berichte von Bestechungsaffären, und doch kommen Woche für Woche immer schlimmere Geschichten von Gier und Herzlosigkeit ans Licht. Wir müssen die Auffassung, dass wir gegen die Gesetzesbrecher aus der Großindustrie nichts unternehmen können, aufgeben.

1994 entdeckte Erin Brockovich, eine alleinstehende Mutter von drei Kindern, die in einer kalifornischen Anwaltspraxis arbeitete, beim Durchblättern von Immobilienakten für ihren Chef einige medizinische Berichte. Da sie wusste, dass medizinische Berichte in den Unterlagen über Immobilien nichts zu suchen haben, forschte Brockovich nach und fand heraus, dass die Firma Pacific Gas & Electric große Grundstücke in Hinkley, Kalifornien, aufgekauft hatte, um zu verschleiern, dass sie über einen Zeitraum von 40 Jahren über 1 400 Millionen Liter krebserregende Chemikalien in die Brunnen der Stadt gekippt und damit das Grundwasser und die Leitungen vergiftet hatte, welche die Stadtbewohner mit Trinkwasser versorgten. Brockovich und ihr Chef vertraten die Stadt als Kläger vor Gericht gegen PG&E und bewirkten den größten Ausgleich, der für eine zivile Umweltklage bei einem Gerichtsprozess jemals erzielt wurde.

Die Wege von gewissenlosen Menschen scheinen sich immer wieder zu kreuzen. Sie schließen kreative Bündnisse, machen gemeinsame Sache und erzielen damit einen Verstärkungseffekt. Die Bestecher finden die Bestochenen. Die

Unternehmen, die Preispolitik betreiben, kennen sich gegenseitig gut genug, um sich auf entsprechende Zahlen zu einigen. Pharmazeutische Vertreter kennen Ärzte, die gegen Provision bereit sind, Kindern überflüssige Medikamente zu verschreiben.

Aus welchen Gründen auch immer scheinen sich Menschen anzuziehen, die es meisterhaft verstehen, aus allem das Beste für sich herauszuschlagen, und sie machen gemeinsam erfolgreich krumme Geschäfte. Doch die Weisen und Gutherzigen haben sich bislang nicht auf einer ähnlich hohen Ebene zusammengeschlossen. Wer die Alarmglocke läutet, egal in welchem Bereich, wird immer noch bestraft. Wer den Schleier lüftet, bringt sich in Gefahr. Immer wieder erfahren wir, dass Missetäter ihre Ankläger einschüchtern, bestrafen oder sogar umbringen.

Die »Jersey Girls«, vier Frauen, deren Männer bei dem Angriff auf das World Trade Center ums Leben kamen, betrieben unerschrocken ihre eigenen Nachforschungen über die Ereignisse, die zum 11. September 2001 führten. Sie weigerten sich, den öffentlichen Verlautbarungen, Regierungsbeamte und -behörden hätten vorher keine Warnungen erhalten, Glauben zu schenken. Sie strengten Prozesse gegen den Präsidenten, den Vizepräsidenten, den nationalen Sicherheitsberater und andere wegen Pflichtversäumnis an. Ihre Bemühungen führten zur Einrichtung einer unabhängigen, aus Mitgliedern beider Parteien bestehenden »9-11 Kommission«, die damit beauftragt wurde, einen vollständigen Bericht der Umstände zu erstellen, welche die Angriffe begleiteten.

Als moderne Kriegerinnen und Krieger, die in Kampfstellung gehen, um sich für ihre Visionen einzusetzen oder ihre Werte zu verteidigen, können wir uns auf unseren gesunden Menschenverstand berufen. In dieser dynamischen Welt

kann Passivität eine tödliche Entscheidung sein. Auch unser
Beschluss, nichts zu tun, ist ein Tun: Unbewusst blockieren
wir damit unseren natürlichen Impuls, uns um unsere Welt
zu kümmern.

Visionen vorantreiben

Hat uns eine Sache erst einmal gepackt, fließt uns aus unseren Hilfsquellen meistens Unterstützung für unsere Vision
zu. Hat der Krieger oder die Kriegerin in uns sich auf ein Ziel
verpflichtet, schlägt unser gesunder Menschenverstand wirkungsvolle Mittel und Strategien vor.

Cathy Sneed, Beraterin für eine Strafanstalt im Sheriff's
Department von San Francisco, las im Krankenhaus *Früchte
des Zorns*, John Steinbecks klassischen Roman über einge-
wanderte Landarbeiter in Kalifornien während der großen
Depression. Steinbeck hatte geschrieben:

»Ein Mann kann sich beim Anblick eines brachliegenden Feldes innerlich selbst vor Augen halten, wie er mit
gebeugtem Rücken und der Anstrengung seiner eigenen
Arme Kohlköpfe ans Licht holt und goldenes Korn, Rüben
und Karotten. Und ein heimatloser hungriger Mann, der
mit seiner Frau auf dem Beifahrersitz und den ausgehungerten Kindern auf dem Rücksitz die Straße entlangfährt,
könnte die brachliegenden Felder betrachten ... und dieser
Mann wüsste, dass ein brachliegendes Feld Sünde und das
unbebaute Land ein Vergehen an seinen ausgehungerten
Kindern ist.«

Als Sneed erfuhr, dass sie sterben würde, machte sie sich
Sorgen um ihre Kinder und die Gefangenen, die sie beriet.
Ihr fiel ein, dass es auf dem Gefängnisgelände, als die Straf-
anstalt in den 30er-Jahren gebaut worden war, einen aktiven

landwirtschaftlichen Betrieb gegeben hatte. Sie sagte zu ihrem Chef: »Wir müssen den Hof wieder in Betrieb nehmen.«

»Sobald du hier rauskommst, machen wir das auch«, entgegnete er. Krank, wie sie war, aufgeschwemmt aufgrund ihrer versagenden Nieren, ließ sie sich aus dem Krankenhaus entlassen und begann das Feld zu roden.

Sie bat den Grundschullehrer ihrer Kinder, den Gefängnisinsassen das Gärtnern beizubringen. »Cathy war so aufgewühlt«, sagte der Lehrer, »und so krank. Und beharrlich. Damals wusste ich noch nicht, dass sie eine Visionärin war, die nie aufgibt.«

Das war 1984. Cathy Sneed starb schließlich doch nicht, und die Insassen des San Bruno Gefängnisses bauen jetzt jährlich mehr als 22 000 Kilo Feldfrüchte an. Nach der Entlassung werden sie »befördert«. Sie arbeiten dann in einem Garten, der in einer von San Franciscos schwierigen Wohngegenden liegt, und bauen dort Gemüse für Restaurants an.

Krieger haben ihre eigenen Methoden, negative Erfahrungen in positive umzuwandeln.

Während des Zweiten Weltkriegs schlossen sich die Einwohner eines armen französischen Bauerndorfs – die meisten von ihnen Nachkommen von Hugenotten – zu einer Verschwörung zusammen, um 5 000 Juden das Leben zu retten. Selbst die Regierungsbehörden von Vichy und die deutschen Soldaten gaben vor, nicht mitbekommen zu haben, was da passierte.

Pierre Sauvage war einer der Geretteten. Als Erwachsener kehrte er nach Le Chambon zurück, um die Dorfbewohner für einen Dokumentarfilm mit dem Titel *Weapons of the Spirit* (etwa: Waffen des Geistes, Anm.d.Ü.) zu interviewen. Sie waren überrascht, dass sie als Helden gefeiert wurden. »Wir haben geholfen, weil diese Menschen Hilfe brauchten«, sagten sie. »Das war doch selbstverständlich.« Für sie war klar, dass sie gar keine andere Wahl hatten.

Auch Charles Schumer, den Demokraten aus Brooklyn, der den Kampf gegen den Verkauf von nach militärischem Vorbild gefertigten Waffen ins Leben rief, haben Kollegen als Krieger beschrieben. Für Schumer ist es von grundlegendem Wert, wenn Menschen sich für etwas engagieren:

»Lassen Sie mich Ihnen eine kleine Geschichte über meinen ersten Job erzählen. Ich bediente ein Kopiergerät. Es war Sommer. Ich war 13 oder 14 Jahre alt und fing morgens um 9 Uhr an. Viele meiner Freunde waren am Strand oder amüsierten sich anderswo. Um 9.10 Uhr schaute ich auf die Uhr. Dann um 9.15 Uhr. Dann um 9.30 Uhr. Damals schwor ich mir, eine Arbeit zu finden, die nicht so langweilig ist. Was ich jetzt mache, ist nicht langweilig.«

Eine Frau, die einen Schönheitssalon betrieb, entdeckte, dass sie Brustkrebs hatte. Zuerst wollte sie nicht, dass irgendjemand davon erfuhr. Während der Chemotherapie machte ihr Mann ihr Mut und sagte, sie könne trotz der Krankheit schön aussehen. »Zeig den Leuten da draußen in der Welt, wie man mit Krebs umgeht«, drängte er sie.

Sie erzählte ihren Kundinnen, dass sie mit einer Krankheit zu kämpfen habe, und machte damit klar, was für sie im Augenblick an erster Stelle stand. Fünf Jahre später hatte sich ihr Tumor zurückgebildet. Sie sprach regelmäßig mit anderen Erkrankten und lud Frauen zu kostenlosen Seminaren in ihren Salon ein.

Der Herausgeber einer Zeitung aus Uruguay, der sich auf ein Duell mit einem wütenden Polizeiinspektor eingelassen hatte, verkündete, er werde ohne Waffe kommen. Der Inspektor hatte ihn zu diesem Duell herausgefordert, nachdem die Zeitung berichtet hatte, dass man in Autos, die auf den Namen des Beamten registriert waren, Schmuggelware aus Brasilien gefunden hatte. »Ich werde keine Waffe auf einen anderen Menschen richten«, sagte der Herausgeforderte.

Mit dieser Haltung stellte er sämtliche Konventionen auf den Kopf und gewann die Unterstützung der Presse, vieler Politiker und großer Teile der Öffentlichkeit. Die Menschen waren entsetzt darüber, dass es in den 90er-Jahren überhaupt noch zu einem Duell kommen konnte. Die Enthüllung dieses Falls führte zu einem Machtwechsel, der einen neuen Präsidenten und eine neue Partei mit sich brachte.

Der große Krieg: Der Kampf für die Wahrheit

Harry Truman sagte einmal: »Ich lasse niemanden zur Hölle fahren. Ich sage einfach die Wahrheit, und Menschen denken, das sei die Hölle.«

Bei dem großen Krieg – dem Krieg in uns – geht es um das Wesen von Realität, unsere Illusionen und Verdrehungen. Die beste Waffe gegen jedes Problem ist die Wahrheit. Wenn wir nicht auf der Wahrheit bestehen, belügen wir uns weiter. Wenn Schweigen Zustimmung bedeutet, sind nicht ausgesprochene Wahrheiten stillschweigende Lügen.

Die Wahrheit hat bestimmte Vorteile: Wir vergessen sie nicht so schnell. Sie bietet uns mehr realistische Möglichkeiten, Situationen zum Guten zu wenden. Sie ist entwaffnend.

Die Wahrheit erreicht uns oft in unmöglichen Situationen und aus dem Mund von merkwürdigen Menschen. Der Biologe Garrett Hardin sagte einmal: »Zu keinem Zeitpunkt sind alle Grundüberzeugungen einer Gesellschaft richtig. Um Fortschritte machen zu können – von ihren Fehlern wegzukommen und auf die Wahrheit zuzugehen –, muss eine Gesellschaft den Mut haben, ihre Idee der Kritik derjenigen auszusetzen, die als Spinner und Verrückte gelten.«

Hin und wieder hat auch ein Spinner Recht.

Was, wenn wir eine freiwillige Hilfsaktion für die Wahrheit ins Leben rufen und Krieg gegen schädliche Lügen führen würden? Was, wenn wir Projekte statt Raketen starten würden, wenn wir es positive Vorschläge und konstruktive Erwiderungen hageln ließen und Ungerechtigkeiten attackierten? Wenn wir unsere Kräfte zusammentäten, um die Tyrannen unseres unbewussten Ichs zu überwältigen?

In den Schriften, mit denen Martin Luther King den Ruf nach bewaffnetem Widerstand beantwortete, heißt es: »Unsere mächtigsten Waffen sind die Stimmen, Füße und Körper entschlossener Menschen, die sich zusammenschließen, um unbeirrbar ein gerechtes Ziel anzusteuern.« Das soll nicht heißen, dass wir unterschätzen, wogegen wir uns auflehnen, sagte Dr. King. »Die Geschichte hat bewiesen, dass soziale Systeme gerade dann, wenn ihr Ende in Sicht ist, einen langen Atem haben, und die Wächter des Status quo stehen immer mit ihren Sauerstoffzelten bereit, um die alte Ordnung wiederzubeleben.«

»Wenn das Böse Oberhand behalten soll, braucht es nicht mehr, als dass sich gute Menschen passiv verhalten«, sagte Edmund Burke. Protestieren wir nicht, wenn die Werbung uns Lügen auftischt oder wenn wir sehen, dass andere uns ausnutzen, machen wir uns zu deren Komplizen. Was würde passieren, wenn wir die Wahrheit sagten? Wenn wir unsere heimlichen Pläne offen mit anderen besprächen? Die Wahrheit würde gefährliche Mythen auslöschen, wie die von der Technologie als Erlöser, oder Lügen ans Licht bringen wie die, dass wir uns mit einem Präventivkrieg Sicherheit erkämpfen.

Wenn alle Menschen, die wirklich Anteil nehmen an der Welt, sich für diese einsetzten, würde sie sich verändern. Aber wir können nicht für andere Verantwortung übernehmen, sondern nur für uns selbst. Wenn wir unseren Teil beisteuern, wer weiß? Und wenn nicht, wer weiß?

Ein Krieger hat die Aufgabe, seine Sache trotz massiver Widerstände zu verfolgen. Selbst wenn unsere Bemühungen auf einer Ebene vergeblich sind, sorgen wir zumindest dafür, dass die Engel nicht von unserer Seite weichen. Mut haben heißt nicht, für das, was wir glauben, unser Leben zu riskieren, sondern aufzuräumen mit dem Glauben, dass es überhaupt nichts zu riskieren gäbe.

11

Kreative Antworten auf Angst

Der heilige Narr

Wir müssen im Leben nichts fürchten, sondern lediglich verstehen. Jetzt ist die Zeit, immer mehr Dinge zu verstehen, so dass wir uns weniger fürchten müssen.

Marie Curie

Ich habe keine Angst vor dem Teufel. Ich habe Angst vor Menschen, die Angst vor dem Teufel haben.

Teresa von Avila

»Zwischen Gedanke und Schöpfung fällt der Schatten«, sagte T.S. Eliot. Dieser Schatten, nicht unsere Unfähigkeit, ist das Hindernis, das der Umsetzung unserer besten Ideen im Weg steht. Der Schatten füllt die Kluft zwischen dem, was wir wollen, und dem, was wir bekommen. Er überbrückt die Entfernungen zwischen dem Menschen, der wir sind, und dem Menschen, der wir sein sollen und können. Und am längsten, breitesten und tiefsten erstreckt er sich zwischen der augenblicklichen Krise und unserer Vision von der Zukunft.

Ein Schatten entsteht durch das Abblocken, Abblenden oder Abfangen von Licht. Immer, wenn eine Angst geboren wird, lebt und wächst sie und bleibt ein Teil von uns, indem sie sich zwischen das Licht der Schöpfung und unser inneres Wissen schiebt.

Paranoia, Sorge, Zweifel, Krankheit belegen jeden dieser Knotenpunkte mit einem Bann. Die Angst hindert uns, klar zu sehen oder zu fühlen. Sie blockiert den natürlichen Fluss der Sinne und den Zugang zum Radikalen als unsere tiefste Wurzeln.

Ängste verdunkeln Lösungen oder lähmen die Tatkraft, die wir für deren Verwirklichung brauchen. Wenn es uns gelingt, den ersten Schritt zu tun, ruft die Angst uns oft bei der ersten Enttäuschung oder dem ersten Anzeichen von Kritik zurück. Sie nimmt uns Energie. Sie verzögert unser Erwachen. Angst macht uns »dumm«, weil sie uns die gleichen schmerzlichen Fehler ständig noch einmal begehen lässt und uns den Blick für unseren gesunden Menschenverstand trübt. Wir müssen dieses Terrain hinter uns lassen, wenn wir unsere visionären Fähigkeiten entdecken wollen.

Die Geschichte zeigt, dass sich kreative Menschen oft von ihrer Gesellschaft abgeschnitten fühlten – wir könnten von der »Einsamkeit der Weitblickenden« sprechen. Es ist, als hätten diese Menschen den Widerspruch zwischen dem, was ist, und dem, was sein könnte, zu scharf vor Augen. Wer Neues erfindet, ist oft isoliert, da seine Ideen und Einsichten dem allgemeinen Gedankengut seiner Kultur weit vorauseilen. Die Angst vor Isolation ist den meisten von uns nicht fremd. Wir befürchten, andere könnten sich von uns zurückziehen, wenn wir unsere Gedanken zum Ausdruck bringen oder in die Tat umsetzen.

»Die visionäre Stimme ist das Einzige, was uns an diesem Punkt retten kann«, sagte Andy Lipkis, Begründer der Tree People (einer Gesellschaft zur weltweiten Pflanzung von Bäumen, Anm.d.Ü.). »Aber die Menschen haben Angst, ihre eigenen Ideen zu verfolgen. Sie glauben, dass andere sie dann für verrückt halten.«

Manchmal fühlen wir uns alle wie der Held in Robert Heinleins Roman *Ein Mann in einer fremden Welt*. Nicht unsere Einzigartigkeit schadet uns, sondern unsere Angst, anders zu sein als andere. Der Zahlenkult mit seinen Durchschnitts- und Mittelwerten macht uns glauben, es gäbe so etwas wie »normal«. Doch diese so genannte Normalität sagt nichts darüber aus, ob wir real sind. Die Vorstellung von »durchschnittlichem« oder »typischem Verhalten« ist lediglich eine mathematische Konvention.

Angst vor Abweichungen

Die Angst vor Informationen, die unsere Sicht der Welt erschüttern, ist der Angst, als Außenseiter zu gelten, eng verwandt. Das so genannte Übersinnliche erschreckt viele Menschen. Weil die meisten von uns in der Schule von diesen Phänomenen nichts erfahren haben, widerstrebt uns der bloße Gedanke an so etwas wie Telepathie, Fernwahrnehmung, Nahtod, Reisen mit dem Astralkörper, Vorahnungen oder die Überzeugung, dass der Geist wichtiger ist als die Materie.

Der Psychologe Charles Tart fand heraus, dass die Angst vor Psi – parapsychologischen Phänomenen – in sämtlichen Gruppen vorkam, die er untersuchte, selbst bei Parapsychologen. Der Krieg, der gegen die Parapsychologie geführt wird, zielt wahrscheinlich eher darauf ab, »den Boten umzubringen«, als die Vernunft zu verteidigen. Tatsache ist, dass wir die Natur immer noch sehr wenig verstehen.

Eine Spezialeinheit der Armee verkündete 1993, dass Akupunktur, Lernen im Schlaf, Biofeedback, Hypnose und Fernwahrnehmung wirkungslos seien. Gleichzeitig hatte die Armee führende Parapsychologen auf ihrer Gehaltsliste stehen. Es könnte nützlich für uns sein zu wissen, dass Leute, die solche Phänomene entlarven und es sich zur Aufgabe machen, alle Formen von »abwegiger« Wissenschaft in Misskredit zu bringen, hinter diesen Machenschaften in Wirklichkeit eigene Pläne verstecken.

Andererseits haben sich viele von uns Theorien von der Entstehung des Kosmos aufschwätzen lassen, die beschränkt, statisch, eingängig und damit Schrott sind. Das Leben ist kompromisslos mysteriös. Es wird immer Anormales geben.

Visionäre Menschen mit ihrer üblichen praktischen Veranlagung ziehen Nutzen aus jedem Byte Information, auch dem Unerklärlichen.

Angst vor dem Verlieren

Selbstzweifel schwächen uns. Sie vertiefen die Kluft zwischen unserer Unsicherheit und unserem positiven Selbstbild. Wir sind nicht schlank oder fleißig genug. Wir hinken hinterher und haben nichts vorzuweisen. Durch solche Zweifel werden wir zögerlich wie Autofahrer, die Unfälle verursachen, weil sie zu vorsichtig sind.

Die Zeit macht uns zu schaffen. Wir werden zu spät kommen, wir werden zu früh da sein, wir werden einen Abgabetermin nicht schaffen oder eine große Chance verpassen. Es wird uns nicht gelingen, Verantwortung abzugeben. Wir werden Menschen genau dann hängen lassen, wenn sie mit uns rechnen. Wir haben Angst vor Schuldgefühlen.

Manche Ängste wirken nachträglich. Wenn wir uns geirrt haben, sagen wir anschließend manchmal, wir hätten unsere Zeit vergeudet. Eine Frau erklärte, sie könne nicht mit dem Rauchen aufhören, weil sie sich mit ihrer Mutter jahrelang über dieses Thema gestritten habe.

Ein Drehbuchautor kann sich an die Zeit erinnern, als er Angst hatte, seine Angst zu verlieren, weil er sich dann »innerlich leer fühlen würde«. Jeder von uns hat seine kleinen Macken. Ein Arzt zum Beispiel, den ein enger Freund einmal fragte, warum er zwischen sich und anderen Menschen eine Mauer errichte, gab zur Antwort:

»Wenn ich das nicht täte, würde ich mich schwach fühlen.«

»Und was hieße das?«

Stille, dann ein verlegenes Lachen: »Dann hätte ich nicht die Kraft, die Mauer aufrechtzuerhalten.«

Es hilft, über unsere Irrationalität zu lachen. Wenn wir denken, wir seien auf oder neben der Spur, fällt es uns leichter, uns zu korrigieren, als wenn wir glauben, wir hätten Recht oder Unrecht. Tröstlich ist es auch zu wissen, dass andere uns für einen wunderbaren Menschen halten können, ohne zu glauben, wir seien perfekt.

Manchmal wollen wir Gefühle nicht an uns heranlassen. Wir wollen die warnenden Stimmen nicht hören. Der Trick besteht darin, »die Stimme« – als erkennbare, zuverlässige Orientierung – zu unterscheiden von dem inneren Stimmenchor, der mit seinen Ermahnungen falschliegt.

Menschliches Versagen ist Empfindungssache. Wir können unsere Enttäuschung nüchtern konstatieren statt in Verzweiflung zu geraten. George Schultz, früherer amerikanischer Außenminister, pendelte bei seiner Suche nach Friedenslösungen für Araber und Israelis im Nahen Osten zwischen den Hauptstädten hin und her, als ihn ein skeptischer Reporter fragte, was er denn zu erreichen hoffe. Schultz gab zu, dass er eine riskante Mission verfolge. »Aber die Angst zu versagen ist unsinnig. Denn für wen oder was sollte ich meine Kräfte sparen?«

Die meisten von uns lassen sich wahrscheinlich anstecken von der typischen Dramatik in unserer Gesellschaft, die davon ausgeht, dass eine Zuspitzung der Dinge das triumphale oder tragische Ende einleitet. Im wirklichen Leben jedoch erleben wir kaum harte Konfrontationen mit Widersachern und gewinnen oder verlieren nur selten eindeutig.

Angst vor Erfolg

Manche Menschen befürchten, als Hochstapler zu gelten, und glauben, nur deswegen Erfolg zu haben, weil sie bislang niemand durchschaut oder erwischt hat. Teilt man solchen Menschen mit, dass sie bei einem Test gut abgeschnitten haben, lassen sie bei weiteren Tests so weit nach, dass sie in die Kategorie »durchschnittlich« fallen. Sie wollen keinen Erfolg haben, aber sie wollen auch nicht versagen. Sie wollen einfach durchschnittlich sein.

Forscher haben festgestellt, dass bei Angst vor Erfolg ein Faktor besonders wichtig ist. Sie haben mit Hilfe eines einseitigen Spiegels den Austausch zwischen Eltern und Kindern beobachtet. Man hatte den Müttern und Vätern vorher gesagt, dass man ihrem Kind eine Aufgabe stellen würde und sie ihm dabei so viel oder wenig Hilfestellung geben könnten, wie sie es wünschten. Die Eltern der Kinder, die Angst vor Erfolg hatten, halfen ihren Sprösslingen sehr viel und vermittelten ihnen damit erstens, dass es wichtig ist, Erfolg

zu haben, und zweitens, dass das Kind es allein wahrscheinlich nicht schaffen würde.

Manche Eltern fürchten den Erfolg ihrer Kinder. Ein
sensibles Kind, dessen Eltern in Konkurrenz zu ihm stehen,
kommt mit seinen Leistungen wahrscheinlich gerade so gut
durch, dass es niemanden verärgert. So befolgte eine Opern-
sängerin den Rat ihrer Mutter, den zweiten Platz anzustre-
ben und nicht den ersten, um keinen Neid zu erregen und
sich nicht zu isolieren.

Vielleicht befürchten wir, unser Erfolg könne für unsere
langjährigen Freundschaften negative Folgen haben. Dorothea Brande weist in ihrem Buch *Setz dich durch* darauf hin,
dass die meisten Freundschaften auf gemeinsamen Klagen beruhen. Menschen, die sich gern auf die unüberwindlichen Hür-
den für Erfolg berufen, bringen denen, die ihnen beweisen,
dass sie Unrecht haben, keine freundlichen Gefühle entgegen.

Verhaltensmuster, mit denen wir Erfolg vermeiden wollen, weisen auf frühe Einflüsse hin. Hat man uns ermutigt zu
glänzen oder ging man in unserer Familie davon aus, dass
Erfolg immer nur andere ereilt? Manche Eltern hindern ihre
Kinder an ausgezeichneten Leistungen, weil sie es lieber
sehen, wenn diese sich an ihre Umgebung anpassen.

Angst vor dem Tod

Unsere Ängste sind uns selten völlig bewusst. Die Aids-Epi-
demie, die in den 80er-Jahren begann, rückte die Angst vor
dem Tod ins öffentliche Bewusstsein. Die Aussöhnung mit der
eigenen Sterblichkeit erweckt manche von uns zum Leben.

Viele hervorragende Persönlichkeiten sind einer Hinrich-
tung im Gefängnis nur knapp entgangen, darunter Arthur
Koestler, Ernest Hemingway, Roberto Assagioli und Tho-

mas Paine. Dostojewski sagte einmal: »Nichts zwingt den Geist so stark zur Sammlung wie die Gewissheit, dass du bei Sonnenaufgang erschossen wirst.«

In seinem Buch *Das Loch im Kosmos* behauptet Walker Percy, bei Depressionen sei Selbstmord nur konsequent, und er bezeichnet diese als vernünftigen Geisteszustand von Menschen, die gründlich nachdenken. »Man kann Selbstmord als Option anerkennen, ohne sich dafür zu entscheiden. Dann ist die Maxime ›Sein oder nicht sein‹ eine wirkliche Wahl.«

Percy prägte für Menschen, die sich gegen Selbstmord entscheiden, den Begriff »Exselbstmörder«. Er beschreibt, wie ein Nicht-Selbstmörder und ein Exselbstmörder an einem ganz gewöhnlichen Tag morgens um acht das Haus verlassen, um zur Arbeit zu gehen:

»Der Nicht-Selbstmörder ist ein kleiner wandelnder Sorgenstrudel, der Sorge aus der Vergangenheit aufsaugt und zukünftigen Sorgen entgegentreibt. Er atmet in den oberen Brustkorb. Der Exselbstmörder öffnet seine Haustür, setzt sich auf die Treppe – und lacht. Da ihm die Entscheidung zum Selbstmord offensteht, verliert er nichts, wenn er am Leben bleibt. Es ist gut, lebendig zu sein. Er geht zur Arbeit, weil er nicht hingehen muss.«

Viele der Visionäre, über die der Romancier Colin Wilson in seinem Buch *Der Outsider. Eine Diagnose des Menschen unserer Zeit* schreibt, waren von Selbstmitleid überwältigt.

Als Jugendlicher setzte Wilson eine Flasche Blausäure an die Lippen, entschlossen, sich umzubringen:

»›Ich‹ hatte das Gefühl, neben einem dummen kleinen Idioten voller Selbstmitleid mit Namen Colin Wilson zu stehen, der dabei war, sein Gift zu schlucken. Und diesem ›Ich‹ war es scheißegal, ob er das tat oder nicht, denn er war ein solcher Idiot. Andererseits würde er damit auch mich umbringen und das war eine ernste Sache.«

Wilson wechselte plötzlich seine Identität und war nach diesem Vorfall drei Tage fröhlich und unbeschwert. Er war zwei Personen, »und die Person, die so viele Schwierigkeiten hatte und so heftig litt, war nicht ›ich‹«.

Viele Menschen berichten, dass sie nach der Diagnose einer lebensbedrohlichen Krankheit einen wahren Ausbruch an Produktivität erlebten und überraschend gesund wurden. Nicht die Diagnose bewirkte diesen Wandel, sondern die veränderte Einstellung zum Tod, die sie bei den Betroffenen auslöste.

Wenn der Tod näher rückt, erleben manche Menschen eine große innere Harmonie. Es ist, als ob die Gemeinde der »Unter-Ichs« ihre trivialen Streitigkeiten vergisst und sich zusammenschließt wie die Einwohner einer belagerten Stadt.

Forscher fanden heraus, dass Menschen durch eine Nahtoderfahrung oft ihre Angst vor dem Sterben verlieren. Bei einer klassischen Nahtoderfahrung stellen Menschen fest, dass sie sich außerhalb ihres physischen Körpers befinden und von oben sehen, wie sie auf einem OP-Tisch oder verletzt am Boden liegen. Sie können die Ereignisse im Krankenhaus oder am Unfallort bis ins Einzelne beschreiben. Manche finden sich in einem Tunnel wieder, in dem sie sich auf ein Licht zubewegen, und sehen dabei oft Verwandte und Freunde, die vor ihnen gestorben sind. Interessant ist, dass Menschen, die einen Selbstmordversuch hinter sich haben, sagen, sie würden nie wieder versuchen, sich das Leben zu nehmen.

Wenn wir den Tod als Übergang statt als Ende betrachten, bekommt das Leben einen neuen Sinn. Auch wenn wir über den endgültigen Sinn des Lebens keine allgemeingültigen Aussagen machen können, bezweifelt niemand, dass Erfahrungen wie diese tiefe Auswirkungen auf die haben, die sie »überleben«.

Eine Erzieherin, die in ihrem Beruf Ausgezeichnetes leistete, führte das auf den stummen Vertrag zurück, den sie zwölf Jahre zuvor mit sich geschlossen hatte, als sie aufgrund einer hartnäckigen Staphylokokkeninfektion im Sterben lag.

Sie spürte, wie das Leben aus ihr entwich. Plötzlich tauchte ein Adler in ihrem Blickfeld auf und wurde größer, bis er das ganze Zimmer füllte. Dann befand sie sich in einem dunklen Tunnel. Sie wusste, dass sie starb und wollte ihren zehnjährigen Sohn nicht allein lassen:

»Also schloss ich eine Art Handel ab. Ich hatte damals keine Ahnung, was ich versprach, aber heute weiß ich, dass es meine jetzige Arbeit betraf. Plötzlich war ich zurück im Krankenhauszimmer und der Adler saß auf meiner linken Schulter. Er bohrte seinen Schnabel in mein linkes Auge, so schien es mir jedenfalls, und dann verschwand er. Seit dem Tag kann ich mit meinem linken Auge schärfer sehen als mit dem rechten.«

Die Erzieherin hatte das Gefühl, einen Sinn im Leben gefunden zu haben, wie vage er damals auch war. Seit der Zeit betrachtete sie den Tod als ein Durchgangstor und begegnete ihm mit Demut und Respekt.

Natürlich ist es nicht ratsam, eine Nahtoderfahrung herbeizuführen, um zu mehr Lebendigkeit zu gelangen und den Sinn des Lebens zu finden. Aber wir können uns aufmerksamer ansehen, wie wir leben und denken. Schieben wir auf, was wir eigentlich tun sollten? Wir können die Augen aufmachen und sehen, dass diese Welt nicht von Dauer ist. Vielleicht bewegt der Schock dieser Erkenntnis uns zum Handeln.

Norman Cousins wies darauf hin, dass wir das Falsche fürchten. »Die große Tragödie im Leben ist nicht der Tod, sondern das, was in uns stirbt, während wir leben.« Vor 1 800 Jahren schrieb der römische Eroberer Marc Aurel: »Nicht den Tod sollte der Mensch fürchten; sondern sich fürchten davor, dass er niemals anfängt zu leben.«

Angst vor Angstlosigkeit

Für viele Menschen sind Angst und Sorge Schutzmechanismen. Wenn wir keine Angst mehr haben, könnten wir dumme oder gefährliche Dinge anstellen. Eine grundlegende Alarmbereitschaft – das klare Gefühl für akute Gefahren – ist natürlich wertvoll. Es macht Sinn, wenn wir uns bei Warnschüssen emotional zusammenziehen. Schließlich schmecken die meisten Gifte bitter. Unsere Sinne können unterscheiden. Wachsamkeit ist ein evolutionärer Pluspunkt, den wir mit anderen Lebewesen teilen.

Und doch kann unser Gehirn ein bestimmtes Maß an Wachsamkeit aufrechterhalten, ohne dass wir in heftige Ängste verfallen. Wachsamkeit als Alarmposten ist weniger schießwütig als Angst.

»Keine Angst vor Angstlosigkeit«, riet der Dalai Lama auf einer Welttournee seinen vielen Zuhörerinnen und Zuhörern. Angst ist ein Erpresser, dessen Bluff wir entlarven müssen, indem wir ihn beim Namen nennen.

Sorge bezeichnet man manchmal auch als »Heidengebet«. Da wir beobachtet haben, dass die meisten Dinge, die wir befürchten, niemals eintreten, hängen viele von uns dem kindischen Aberglauben an, der da sagt: Sorge dich und alles wird gut. Wir beschwichtigen die Götter, indem wir unglücklich sind, noch bevor Schwierigkeiten auftreten. In vielen Kulturen verzichten Menschen auf Feste, weil die Götter sonst neidisch werden könnten.

Angst vor Kontrollverlust

Vielleicht ist die Gier nach Kontrolle unsere primäre Sucht. Wir möchten eine Sicherheitsgarantie auf unser Leben und glauben, alle möglichen Vorkehrungen gegen eine überraschende Wendung der Ereignisse treffen zu müssen.

In seinem Buch *Zen in der Kunst des Bogenschießens* weist Eugen Herrigel darauf hin, dass der Bogenschütze besser zielen kann, wenn er nicht versucht, sein Ziel zu kontrollieren. Spitzensportler und große Schauspieler bestätigen das. Training und Motivation sind wichtig, aber vor dem großen Rennen, Konzert oder Auftritt lassen sie die Sorge um das Ergebnis los. Sie haben sich gründlichst vorbereitet und sind deswegen in Frieden mit sich.

Es ist unmöglich, sämtliche Einzelheiten eines Ereignisses zu kontrollieren, aber wir können unsere eigenen Reaktionen beherrschen. Wahre Macht heißt nicht, dass wir uns durchsetzen. Sie besteht darin, dass wir wählen können, wie wir reagieren.

»Angst ist nach vorn gerichtet«, sagt das Sprichwort. Visionäre räumen oft ein, dass sie nicht ohne Angst sind; sie lassen sich von der Angst nur nicht aufhalten. Diese Einstellung vertritt auch die Psychotherapeutin Susan Jeffers in ihrem Buch *Selbstvertrauen gewinnen. Die Angst vor der Angst verlieren.*

Der Visionär als heiliger Narr

Wir müssen den Kanal für höhere innere Anweisungen reinigen. Zu lange haben unerwünschte schädliche Eindringlinge die kleine, stille Stimme unserer inneren Eingebung mit ihrem Lärm und Tumult erstickt.

Gelegentlich konnten wir sie in all dem Chaos vernehmen und das Signal erkennen, das uns den Weg wies, einer höheren Weisung zu folgen. Aber schon bald haben wir der johlenden Menge wieder nachgegeben und die Botschaft ignoriert. Bevor wir unsere Ängste und Phantome verbannten, haben uns unsere inneren Kritiker immer erzählt, wir seien nicht gut genug, besäßen nicht genug Talent oder – noch schlimmer – wir würden uns nur zum Narren machen.

Die meisten von uns haben Angst, als närrisch zu gelten, dabei wird der Narr als Archetyp in vielen Traditionen hoch geschätzt. Im mittelalterlichen Russland haben Gläubige die »Narren um Christi Willen« tief verehrt, der Buddhismus hat seine »verrückten Wolken« (Bezeichnung für Zen-Meister, Anm.d.Ü.).

Die Idee einer »verrückten Weisheit« taucht sowohl im Hinduismus als auch im tibetischen Buddhismus, im Sufismus und in der chassidischen jüdischen Religion auf. In der Tradition der mittelalterlichen Rosenkreuzer steht der Narr für höchste Erfüllung. Der Narr im Tarot entspricht der inneren Stimme.

Im Geschäftsleben, im Sport und in der Politik ist der Narr ein Draufgänger, der auf mysteriöse Weise ständig dazulernt und seine riskanten Abenteuer immer überlebt. Viele nannten Ted Turner »verrückt«, als er das erste Nachrichtenmonopol CNN (Cable News Network, Anm.d.Ü.) startete, als er Metro Goldwyn Mayer kaufte und die »Goodwill Games« in Moskau veranstaltete. Jahre später machte Turner erneut von sich reden. Diesmal hatten die Leute an ihm kaum etwas zu kritisieren. Vielleicht ging ihm der Ruf des Erfolgsmenschen voraus. Später verklärten die Zeitungen sein unorthodoxes Vorgehen. Eine bezog sich sogar in den Schlagzeilen auf seinen berühmten »Zickzackkurs«.

Bei einer Bürokampagne, die er ins Leben rief, arbeitete der ehemalige Gouverneur von Florida, Lawton Chiles, ein Jahr lang täglich in einer anderen Dienstabteilung. Als Gou-

verneur brachte er die Bürokratie in Aufruhr, indem er den
»Notfall« ausrief und allen Staatsangestellten erlaubte, ihrer
Intuition zu folgen, statt sich rigide an politische Verfahrens-
weisen zu halten.

Heilige Narren erinnern uns daran, dass es auch andere
Wege gibt, zu handeln und zu sein. Eine Alte, die sich als
»Friedenspilgerin« bezeichnete, unternahm eine persönliche
Pilgerreise für den Frieden, auf der sie über 40 000 Kilometer
wanderte. Sie schwor, »auf Wanderschaft zu bleiben, bis die
Menschheit begriffen hat, dass unter uns kein Friede exis-
tiert. Ich werde so lange weiterwandern, bis man mir eine
Unterkunft anbietet, und weiterfasten, bis ich zu essen
bekomme.« Auf ihrer 28-jährigen Pilgerreise begegnete sie
Tausenden von Menschen, deren Leben sie inspirierte.

Heilige Narren
und praktischer Glaube

So wie es extreme Wetterlagen gibt, so kennt auch unser
gesellschaftliches Klima Stürme – grauenhafte Kriege und
beispiellose Wahrheiten, Regierungen, die Reformen voran-
treiben, und solche, die durch Skandale stürzen, wirtschaftli-
chen Optimismus und Obdachlosigkeit. In einem Moment
können wir das Gefühl haben, spirituell wie neugeboren zu
sein, um uns gleich darauf angesichts schrecklicher Erlebnisse wie am Boden zerstört zu fühlen.

Wir können uns in den von den Medien geschürten und
zugespitzten Konflikten leicht verlieren. Die guten Nach-
richten zu hören bedeutet mehr Aufwand. Manchmal sind
das ganz subtile Meldungen, manchmal verkleiden sie sich
als Banalitäten. Doch wir sollten nicht so eifrig nach der
einen Antwort Ausschau halten, dass wir für die unzähligen
Lösungen, die sich uns bieten, keinen Blick mehr haben.

Manche Menschen vertreten beharrlich die Meinung, es gäbe nichts zu tun, die Transformation der Welt sei bereits in Gang. »Es passiert ja sowieso, was passieren soll!« Diese Selbstgefälligkeit ist naiv und nimmt uns Kraft. So wie unsere Freiheiten nur Sinn machen, wenn wir sie auch nutzen, so ist die spirituelle Wiedergeburt eine Chance und kein Selbstzweck. Aufwachen ist kein passiver Sport.

Unserem inneren Wissen folgen

Wenn wir uns auf dieses Zeitalter wirklich einlassen wollen, können wir nicht zwischen einem beschaulichen und einem aktiven Leben wählen. Beides ist grundlegend wichtig. Wir müssen sowohl handeln als auch reflektieren. Wir können uns den Luxus des Entweder-oder nicht leisten.

Es gibt viele Wege, sich für eine bessere Welt einzusetzen, und wir können damit experimentieren. Mit dem heiligen Narren als Beispiel vor Augen müssen wir nicht alles verstehen, was wir tun, solange wir uns von unserem radikalen gesunden Menschenverstand leiten lassen. Je mehr wir uns dieser natürlichen Führung, dieser intuitiven Hilfsquelle anvertrauen, desto lebendiger werden wir.

In dieser turbulenten Zeit sind kraftvolle Metaphern eine gute Hilfe. Denken Sie an Ilya Prigogines Modell von ausgedehnten energetischen Störfeldern, die bewirken, dass lebende Systeme zerfallen und sich auf einer höheren Ebene neu organisieren.

Wir können mit dem Zerfall unserer Gegenwart besser umgehen, wenn wir unsere sozialen Strukturen als System betrachten. Immer wenn eine Gruppe etwas Neues ausprobiert, kommt es unweigerlich zu einer Phase des Chaos. Viele Menschen verwechseln diese Turbulenzen mit der Veränderung selbst. Sie kommen zu dem Schluss, dass ihnen die guten alten Zeiten lieber sind, und kehren zu den gestörten Verhältnissen zurück, weil ihnen diese vertrauter sind.

Wenn wir das tun und uns abwenden von unserem instinktiven Wissen, dass schwierige Veränderungen notwendig sind, rechtfertigen wir unsere Feigheit. »Mir ist der bekannte Teufel lieber als der unbekannte«, sagen wir. Und so verbannen wir die Welt, die hätte sein können.

Vielleicht ist diese Passivität selbst der Teufel, den sie fürchtet. Sie gibt sich als unsere Verbündete aus, aber in Wirklichkeit ist sie ein Peiniger. Sie verweigert die Unterstützung, die wir einer guten Sache möglicherweise gegeben hätten. Sie sagt: »Mal abwarten und sehen«, und hält sich für besonders clever, weil sie immer schon gewusst hat, dass all diese sozialen Visionen fehlschlagen werden. Die ängstliche Seite in uns kann nicht begreifen, dass bestimmte Lösungsschritte Veränderungen hätten bewirken können, wenn sich mehr von uns daran beteiligt hätten. Sehen und handeln sind untrennbar miteinander verknüpft.

Wenn wir uns von einem kollektiven höheren Geist leiten lassen, können wir niemals wirklich verlieren. Wir können aufhören, in Kategorien wie richtig und falsch, Erfolg und Misserfolg, Zuneigung und Abneigung zu denken.

Nur wir selbst können die neue Welt verwirklichen, die im Jetzt noch wie eine Vision im Dunkeln tanzt. Sie kann nicht von Institutionen entworfen, erlassen oder verordnet werden.

Das neue Zeitalter, das uns schon so lange vorschwebt, steht in keinem Kalender. Es beruht auf unserer eigenen Wachsamkeit und wir haben es unser Leben lang Dinge sagen hören wie: »Nutze den Tag.« »Geh aufs Ganze.« »Lass auf Worte Taten folgen.« »Probiere deine Flügel aus.« »Was du nicht willst, dass man dir tu …«

Es ist Zeit.

12 Freiheit und das Gesetz der Schwerkraft

Der freie Geist

Das Göttliche mir zur Rechten zwingt mich auf ewig an
der Pforte zur Freiheit zu rütteln.

Maya Angelou

Wir sehen jetzt durch einen Spiegel ein dunkles Bild;
dann aber von Angesicht zu Angesicht.

Brief an die Korinther 13,12

Wenn wir das Gefängnis unserer Ängste hinter uns lassen,
sehen wir klarer, wie unklar wir bislang gewesen sind.

Die persönliche Souveränität des Menschen war bereits
für die alte keltische Religion ein zentraler Wert und scheint
auch heute noch für uns alle ein wichtiges Thema zu sein.
Wer oder was lenkt uns? Wenn andere Leute unsere wichtigen Entscheidungen treffen, sind wir lediglich Leibeigene.

So sicher, wie wir Sauerstoff atmen, atmen wir auch unsere Kultur ein, selbst unsere Familienkultur. Und doch ist es reiner Selbstmord, wenn wir uns der allgemeinen Verrücktheit anschließen, die unsere Gesellschaft beherrscht.

Niemand von uns hat Zeit, sich mit all den Systemen, die alle ineinandergreifen und »das System« bilden, vertraut zu machen. Wir sind biologische Systeme, die in Ökosystemen leben und Wettersysteme erleben. Die Gesellschaft ist ein Karussell von Systemen wie Erziehung, Medizin, Industrie, Politik, Kommunikation und vielen weiteren. Wurzel dieses Systems ist das System von Gedanken, die unsere Gesellschaft gestalten und erhalten – unsere Philosophien, psychologische Theorien, unsere Auffassung von der Entstehung und Entwicklung des Weltalls und die verschiedenen Glaubensrichtungen.

Wir vergessen oft, dass Menschen wie du und ich jeden einzelnen politischen Schachzug aushecken und in die Tat umsetzen, der zusammen mit anderen politischen Schachzügen und Überzeugungen unsere Institutionen bildet.

C.G. Jung sagte einmal: »Gott sei Dank bin ich Jung und kein Jungianer.« Uns auf übernommene Systeme zu verlassen heißt, uns zu verhalten wie der Malerlehrling, der das aufgestellte Gerüst sah und es für das Gebäude selbst hielt.

Radikale Intelligenz entwickelt sich parallel zu unserem Allgemeinwissen über Systeme. Manchmal kommen die Antworten aus der Perspektive dessen, was wir als »Holosystem« bezeichnen könnten. Dieses System umfasst sowohl das Gefängnis als auch die Welt jenseits der Gefängnismauern.

Welche Sklaverei oder welches Dogma uns auch gefangen hält, frei werden können wir nur durch einen Vertrauenssprung – das Vertrauen, dass wir es schaffen. Wenn wir spüren, dass wir unsere Wirklichkeit selbst gestalten oder zumindest heimlich daran mitwirken, bleiben wir weiter am Reißbrett stehen, um Visionen zu entwerfen.

Werden, was wir bewundern

Eine Möglichkeit, diesen Sprung zu tun, besteht darin, den Rat des Dalai Lama zu befolgen: »Du wirst zu dem, was du bewunderst. Das ist eine sehr wirkungsvolle Methode, sich zu verändern.«

Bewunderung wirkt wie ein Verstärker. Wir stimmen uns auf das Bewunderte ein und überlassen uns einfach der Anziehung, die es auf uns ausübt. Neid hingegen heißt auf Distanz gehen. Neid vergleicht, zieht vorschnelle Schlüsse, verpasst den Zug und den Augenblick. Und geben wir es zu: Das allgemeine Konkurrenzdenken ist nicht weiter verwunderlich, wenn wir bedenken, dass wir in einer Welt leben, die vom Zahlenkult beherrscht wird. Aber wenn wir merken, dass uns der Neid zwickt, können wir uns daran erinnern, dass wir eine Alternative haben – Bewunderung.

Es geht uns nicht darum, so zu werden wie der bewunderte Mensch, sondern bestimmte Eigenschaften zu entwickeln, die er uns vorführt, wie Aufrichtigkeit, Mut oder Taktgefühl. Wir nähern uns einer Qualität des Seins an, einem dynamischen Feld, das unser Verhalten tief greifender beeinflusst als formale Anweisungen. Das ist radikaler gesunder Menschenverstand.

Die Wurzel des englischen Wortes für Bewunderung »admiration« verweist auf das Prinzip der Anziehung. »Ad-mirare«, »hin zum Wunder«, stammt von einem Wort, das »lächeln« oder »lachen« bedeutet. Bewunderung ist der Freude verwandt, die wir empfinden, wenn jemand etwas überraschend gut macht. Wir können große Freude am Können oder an der Kunst anderer Menschen haben – einem Kunstspringer, der bei den Olympischen Spielen atemberaubende Leistungen zeigt, einem geschickten Handwerker, liebevollen Eltern. Wenn ein lebendiger Geist mit unserem Geist spielt, wenn die Großzügigkeit oder der Mut eines Menschen uns zu Tränen rührt, kann das Gefühl von Bewunderung, wenn wir es uns voll und ganz spüren lassen, uns verändern. Es sei denn natürlich, wir verpassen den Moment, weil wir zu sehr damit beschäftigt sind, uns zu wünschen, wir wären ebenso klug, freundlich oder mutig wie diese Person.

Die meisten von uns schrecken davor zurück, sich großartigen Menschen verwandt zu fühlen. Doch wie sonst können wir unser höchstes Potenzial verwirklichen? In einem Aufsatz mit dem Titel »The Uses of Great Men« (Vom Nutzen großartiger Menschen, Anm.d.Ü.) erläutert Emerson, dass wir angesichts menschlicher Großartigkeit nicht in Heldenbewunderung verfallen sollten, sondern wertvolle neue Eigenschaften kennen lernen, die vielen von uns möglich sind.

Vom Bedauern zu Selbstachtung

Wenn wir lernen, anderen Menschen unsere Wertschätzung und unseren Respekt unverhüllt entgegenzubringen, sollten wir diese Kunst hin und wieder auch bei uns selbst anwenden. Meistens schenken wir uns selbst keine Anerkennung, weil wir glauben, nicht perfekt zu sein. Sowie wir einen falschen Schritt machen und leise Misstöne von uns geben, fühlen wir uns, als würde das einen dicken Minuspunkt geben.

Für die meisten Menschen gehört Bedauern zu den Gefühlen, die sie fast täglich mehr oder weniger intensiv empfinden. Weil dieses Gefühl so verbreitet ist und wir es so gut kennen, ist uns gar nicht klar, wie sehr es unsere Selbstachtung untergräbt.

Wir sollten darauf achten, welche Früchte der freundliche Umgang mit uns selbst trägt. Vielleicht ist der Tag nicht fern, an dem wir, noch bevor eine Lektion abgeschlossen ist, schon ahnen, worauf sie hinausläuft. »Gott will nicht, dass du bestraft wirst«, hat einmal jemand gesagt, »sondern, dass du klug wirst.«

Auch wenn das verrückt scheint, wir müssen uns immer wieder klar machen, dass kein Mensch alles kann. Supermann und Superfrau sind nur Traumgestalten der Karikaturisten. Die Kinohelden unserer Kindheit haben sich später als ganz normale Menschen erwiesen und wir haben ihnen das verziehen. Es ist Zeit, auch uns selbst zu verzeihen, dass wir unsere übermenschlichen Ansprüche nicht erfüllen. Unsere Ideale sollten uns inspirieren und nicht dazu führen, dass wir uns selbst demütigen.

David Florey, Student mit durchschnittlichen Leistungen an seiner Highschool in Los Angeles, gelangte zu Starruhm, als sein Team den ersten Platz beim akademischen Zehnkampf in Dallas belegte. Außerdem erzielte er die höchste Punktzahl im Einzelwettbewerb.

Was würden die Leute in Anbetracht dieser Glanzleistungen zu Davids durchschnittlichen Noten an der Highschool sagen? »Mir wäre am liebsten«, so David selbst, »wenn sie sagen würden, dass Zensuren nicht das Leben sind.«

»Er ist ein Freigeist«, sagte sein Trainer. »Deswegen ist er gut. Er wird sich nie von anderen vorschreiben lassen, wer er ist und zu sein hat.«

Die Freiheit, Fragen zu stellen

Von frühester Zeit an haben Gesellschaften versucht, ihren Mitgliedern bestimmte Verhaltensweisen beizubringen, um auf diesem Wege die allgemeinen Lebensumstände zu verbessern, ähnlich wie ein Erwachsener ein Kind oder ein Haustier erzieht (das nicht anfassen, dort nicht hinpinkeln, nicht auf die Straße laufen). Die Gesellschaft erlegt uns Regeln auf, die dem Einzelnen manchmal unverständlich sind. Diese Regeln beruhen auf dem gesunden Menschenverstand der Gruppe. Aber die Zeiten ändern sich, und Richtlinien, die unter bestimmten Umständen angemessen waren, können sich eine Weile später als unsinnig oder sogar gefährlich erweisen.

John F. Kennedy war der Meinung, dass die politische Rolle des Künstlers darin besteht, gesellschaftliche Überzeugungen in Frage zu stellen: »Wer Macht schafft, leistet einen notwendigen Beitrag zur Größe einer Nation. Wer diese Macht hinterfragt, leistet einen ebenso notwendigen Beitrag, vor allem, wenn dieses Hinterfragen uneigennützig ist ... Wo Macht korrumpiert, wirkt Poesie reinigend.«

Wenn immer mehr Menschen Fragen stellen und ihre Wahrheiten laut aussprechen, wird diese Welt für uns alle ein besserer Ort.

Die Liebe zur Freiheit

Abraham Lincoln sagte einmal, nicht Waffen oder ihre »tapferen und disziplinierten Armeen« würden die Freiheit einer Nation schützen, sondern »unsere unerschütterliche Liebe zur Freiheit.«

Thomas Jefferson drückte das noch eleganter aus: »Es ist nicht so, dass einige Menschen gestiefelt und gespornt geboren werden und andere mit Sätteln auf dem Rücken, damit die ersten auf ihnen herumreiten können.« In einer frühen Fassung der Unabhängigkeitserklärung griff Jefferson das Thema Sklaverei auf und warf England vor, diese abscheuliche Praxis eingeführt zu haben. Dieser Abschnitt wurde gestrichen. Den Satz »Alle Menschen sind von Geburt an gleich« wollten die Unterzeichnenden so verstanden wissen, dass sie dem König gleich waren. 87 Jahre später war diese Formulierung das Schlupfloch für die Emanzipation der Sklaven.

Der Historiker Garry Wills behauptet, das sei Lincolns kühnste Tat gewesen. Dieser wusste sehr wohl, dass die Unterzeichnenden der Unabhängigkeitserklärung und der Verfassung, die Befürworter der Sklaverei waren, niemals vorhatten, die Sklaven gleichzustellen. In Gettysburg führte er seinen Standpunkt aus: »Vor 87 Jahren schufen unsere Väter auf diesem Kontinent eine neue Nation, empfangen in Freiheit und der Idee gewidmet, dass alle Menschen von Geburt an gleich sind.«

Eine neue Kultur, ein neuer Tag und der unvermeidliche Paradigmenwechsel. In anderen Schriften bekennt Lincoln, dass Jefferson bei diesem mutmaßlichen Sprung ein Beispiel für ihn war:

»Alle Ehre gebührt Jefferson – dem Mann, der unter dem massiven Druck des Kampfes um nationale Unabhängigkeit ... den klaren Kopf, die Weitsicht und die Fähigkeit besaß, in ein vorrangig revolutionäres Dokument eine abstrakte Wahrheit einzubringen, die immer und überall für alle Menschen Gültigkeit haben sollte.«

In seiner letzten Debatte mit Stephen Douglas sprach Lincoln von dem ewigen Kampf zwischen zwei sich widerstreitenden Prinzipien:

»Das eine ist das allgemeine Recht der Menschheit und das andere das göttliche Recht der Könige. Es ist ein und dasselbe Prinzip, ganz gleich, in welcher Form es sich äußert. Es ist ein und derselbe Geist, der sagt: ›Du arbeitest, plagst dich und verdienst das Brot und ich werde es essen.‹«

Freiheit und Pflicht:
Was kommt zuerst?

Wir neigen dazu, ein Bild von der Freiheit zu malen, auf dem die Verantwortung fehlt«, sagt der Politologe Benjamin Barber, »und stellen uns vor, dass unsere Demokratie ohne den Einsatz der Bürger immer so weiterläuft wie eine große Maschine, die ständig in Bewegung ist.« Freiheit verlangt unsere Beteiligung.

Die Menschen, die uns führen, brauchen unsere Hilfe. Und das gilt auch für unsere Nachbarn und zukünftige Generationen. Auch wenn wir für unsere gesellschaftlichen Probleme eine ganze Palette von Heilmitteln brauchen, beruhen die gründlichen Lösungen darauf, dass wir endlich die universellen Gesetze verstehen, die wir immer wieder ignorieren. So schafft zum Beispiel Komplexität Veränderungen, und aus der Vereinigung neuer Elemente werden neue Prinzipien geboren.

Und Taten sprechen lauter als Worte.

Freiheit wird geboren aus der Tat. Kreatives Tun gebiert Freiheit. Kennedy hatte ein Amerika vor Augen, das »die kulturellen Chancen für alle seine Einwohner ständig vergrößert«, und eine Welt, die nicht nur Demokratie und die Verschiedenartigkeit der Menschen, »sondern auch das Recht auf persönliche Unterschiede« garantiert.

Das trifft den Kern der Sache. Politische Freiheiten sind für uns eine Chance, unser Leben und unsere Welt nach eigenen Wünschen zu gestalten. Sie öffnen Tür und Tor, um

Visionen leben zu können. Und wenn wir zu bequem sind, um diese Freiheiten für uns zu nutzen, könnten wir ebenso gut in einer totalitären Gesellschaft leben. Tatsächlich halten wir uns durch unsere nachlässige Einstellung zur Freiheit selbst gefangen. Was einst ein großartiger Ausruf war, ist heute lediglich eine Fußnote.

Wer sich politisch engagiert, und sei es auf lokaler Ebene, und dabei hartnäckig ist, weiß, dass man auch Stadtverwaltungen bekämpfen kann, zumindest manchmal. Es gibt gesetzliche Bestimmungen, die uns die Möglichkeit geben, Anhörungen zu verlangen, führende Politiker direkt anzusprechen und uns bei ihnen Gehör zu verschaffen.

Da sie mit unserer üblichen Gleichgültigkeit rechnen können, müssen die berüchtigten »maßgeblichen Kräfte« sich mit solchen Bestimmungen nicht oft auseinandersetzen. Wenn wir entdecken, dass wir selbst führen und kreativ handeln können, stärken wir unsere »innere« Demokratie und können den Kampf zwischen unseren konkurrierenden Ichs beenden. Vielleicht müssen wir uns gegen unsere inneren Tyrannen auflehnen oder gegen ein Ich, das spezielle Interessen durchsetzen will.

Wir müssen herausfinden, wer im Kontrollzentrum sitzt. Solange wir unsere weise innere Stimme nicht entdecken – Lincoln sprach in diesem Zusammenhang von »den besseren Engeln unseres Wesens« –, erleben wir die Gesellschaft oder unsere kollektiven Ichs nicht als Orte des Glücks. Die Gesellschaft ist die Gesamtsumme unserer Überzeugungen und Verhaltensweisen. Die Welt kann sich nur in dem Maße verändern, wie wir uns verändern. Wenn wir reifer werden, tun wir vielleicht mehr, als bloß die Tage hinter uns zu bringen. Womöglich blühen wir sogar auf.

Wenn immer mehr Menschen sich mit den besseren Engeln ihres Wesens anfreunden, kann dieser Reifeprozess vielleicht sogar um sich greifen. Diese Form von Reife hängt nicht vom Alter ab. Sie ist als Möglichkeit immer existent und kann unser Leben in jedem Augenblick gestalten.

Es gibt nur eine Wahl

Wie kommt es, dass manche Menschen den Mut haben, radikal sie selbst zu sein? Was gibt ihnen die Stärke, ihren Ruf oder ihre Kräfte aufs Spiel zu setzen? Vielleicht gehen sie ihren ungewöhnlichen Weg so gelassen, weil ihre Familie sie darin unterstützt. Doch warum brechen die meisten von uns nicht aus?

Jesus hat sich nicht um Konventionen geschert, ob er nun am heiligen Sabbat heilte oder sich mit Zöllnern, Trinkern und Prostituierten einließ. Henry David Thoreau, der sich nicht um Steuergesetze kümmerte, gab die Strategie des zivilen Ungehorsams als Prinzip an Gandhi weiter, welcher eine Laufbahn als Gesetzesbrecher beschritt, der seine Schritte sorgsam bedachte und seinem Volk die gefährliche Kunst des gewaltlosen Widerstands beibrachte. Gandhis Beispiel wiederum inspirierte Martin Luther King sen. und seinen Sohn sowie die amerikanische Bürgerrechtsbewegung und so geht es immer weiter.

Ziehen wir einmal die Möglichkeit in Betracht, dass die Menschen, die wir als »Freigeister« bezeichnen, lediglich die Spitze des Eisbergs sind, ein Hinweis auf das visionäre Leben in der Tiefe.

Formulieren wir das Wort Freigeist einmal als Aufforderung: Befreie deinen Geist! Finde heraus, in welchen Bereichen deines Leben du geistig gefangen bist, und unternimm etwas dagegen. Sei wachsam. Entdecke den Stacheldrahtzaun, die abschreckenden Bollwerke, die Gitter, die Wächter, die subtilen Einschüchterungen, die dich an deiner Freiheit hindern sollen. Frage nicht um Erlaubnis, kämpfe nicht mit den Bollwerken, dem Stacheldraht, streite dich nicht mit den Wächtern.

Ein Freigeist ist nicht skrupellos. Er ist auf ursprüngliche und kreative Weise wild. Wie jemand einmal sagte: »Du hast nur eine Wahl: die Freiheit. Weitere Möglichkeiten gibt es nicht.« Wenn wir nicht frei sind, unserer eigenen inneren Führung zu folgen, die unseren Weg am besten lenkt, sind wir überhaupt nicht frei.

Die Urchristen, die singend in den Tod zogen, der sie in den Löwenkäfigen des Kolosseums erwartete, versetzten die Römer in Erstaunen. Welcher Glaube verlieh ihnen solchen Mut? Die buddhistischen Mönche und Studenten, die sich mit Benzin übergossen und verbrannten, um gegen den Vietnamkrieg zu protestieren, erschütterten die ganze Welt.

Trägheit und Apathie sind keine Wahl. Mitgefühl und das Wissen um den nächsten Schritt, der ansteht, entspringen wie alle Tugenden der Quelle des radikalen gesunden Menschenverstandes.

Den Geist zurückerobern

Es ist Zeit, dass wir uns den Geist, unsere Visionen und unsere Kreativität zurückerobern. Der amerikanische Traum besteht nicht darin, dass wir zu materiellem Wohlstand oder sozialer Macht gelangen und uns dabei um unsere Mitbürger einen Dreck scheren. Er besteht in der Freiheit, unsere Träume zu verwirklichen, ohne anderen zu schaden.

Zu oft verzichten wir auf die grundlegende Freiheit, eigene Visionen für unser Leben zu entwerfen. Wir heuern nicht nur Führer an, die unseren Kampf für uns ausfechten sollen;

wir beauftragen auch die Unterhaltungsindustrie, die Werbung und die Politiker, uns das Träumen abzunehmen. Eine Kultur, die nicht träumt, ist nicht frei. »Und so finden wir Erlösung durch Konsum«, sagte Norman Lear.

Lear zitierte Stuart Ewen: »Der Markt ist zum Wertesystem geworden – und wir sind an einem Punkt angelangt, wo die Werbung zur primären Methode wird, sich an die Öffentlichkeit zu wenden; der Begriff Konsument ist zum Ersatz für das Wort Bürger geworden – und Wahrheit ist das, was sich verkauft.«

Genau das ist es, was im 21. Jahrhundert unsere kostbare Freiheit bedroht. Denn in unserer Apathie und Angst lassen wir zu, dass Kirche, Staat und Medien uns durch ihre Ideologien von ihrer Autorität überzeugen. Die Demagogen profitieren sowohl von unserem Wunschdenken als auch von unserer Bequemlichkeit. Vieles, was als Autorität und Macht gilt, ist sowieso nur Bluff, und es ist Zeit, das beim Namen zu nennen. Der freie Geist ist bereit, sich in alle wichtigen Bereiche vorzuwagen.

Unsere Wege folgen nicht dem Gesetz der Freiheit. Was unsere Kreativität nicht fördert, fördert auch unsere Freiheit nicht, und umgekehrt. Wir können die Kontrolle haben oder die Schöpfung, aber nicht beides.

Frei von übergeordneter Kontrolle

Wir sind Gefangene eines Systems gewesen, das zu seiner Verteidigung lediglich den Präzedenzfall aufzubieten hat. Wir stecken fest in Institutionen und Verhaltensmustern, die früher einmal nützlich gewesen sein mögen, uns heute aber nicht mehr dienen. Der größte Übeltäter ist nicht der Tyrann oder die Gruppe, sondern die Gewohnheit.

Wir, jede und jeder von uns, drücken auf einem Schalt-
brett, das an ein längst überholtes Machtsystem angeschlos-
sen ist, immer noch die Knöpfe und lassen uns von ihm die
Knöpfe drücken. Das System, das man früher einmal politisch als »göttliches Recht« der Könige definiert hat, existiert
als staatliche Bevormundung weiter. Wir müssen uns nicht
als Demokraten oder Republikaner, Liberale oder Konservative definieren. Welche Missstände haben dazu geführt, dass
wir aufeinander losgehen? Warum schieben wir anderen die
Schuld zu? Selbst die Korrupten und die Straftäter sind Produkte eines Systems, dem es leider an gesundem Menschenverstand fehlt.

Weil unser Gehirn vor allem auf Überleben ausgerichtet
ist, ist es anfällig für Fehler und notorisch kurzsichtig. Die
Forschung hat gezeigt, dass die rechte Gehirnhälfte Gesamt-
zusammenhänge begreift und auf Neues reagiert, während
die linke linear denkt und sich mit Einzelheiten befasst. Die
Krux unserer augenblicklichen Krise ist, dass es uns nicht
gelingt, diese beiden Funktionen zusammenzubringen.

Und die Krise ist da. Wir stehen an einem Punkt, wo sich
entscheiden wird, ob das Leben auf dieser Erde Himmel
oder Hölle sein wird – kreative Gemeinschaft oder endlose
Gespaltenheit.

Ein radikales Erwachen

In seinem Buch *Who Will Tell the People?* führt William
Greider zwingende Beweise dafür an, dass zahlreiche unterschiedliche fest etablierte Gruppierungen aus der Demokratie einen Hohn gemacht haben. So zeigt er zum Beispiel auf,
wie die Taktiken der Umweltschützer und der politischen
Reformer von finanzstarken gegnerischen Gruppen über-

nommen wurden, die ihre eigenen steuerfreien Gesellschaften gegründet und zehnmal so viel Geld ausgegeben haben
wie die Bürgerrechtsgruppen mit ihren Bemühungen.

Wir sind gerade dabei herauszufinden, ob wir uns der
Geschichte widersetzen können, sagt Greider, oder ob wir
»lediglich zu den Nationalstaaten gehören, die mit ihren
Muskeln protzen ... Die Geschichte von Großmächten verläuft meistens so, dass diese früher oder später, wenn ihr
Glanz verblasst, sozial abbauen und in Bitterkeit verfallen.
Das ist das übliche Ende des politischen Systems, das die
Wirklichkeit beharrlich ignoriert, und eines Volkes, das sich
seinen eigenen Werten entfremdet hat.«

Emerson wies warnend darauf hin, dass eine Gesellschaft
ohne spirituelle Bildung letzten Endes animalisch wird, und
in *The Universal Schoolhouse* denkt James Moffett in eine
ähnliche Richtung. Moffett bietet für unseren augenblicklichen »Durchhänger« eine Radikalkur an: »spirituelles Erwachen durch Bildung«. Wie Havel betont auch er, dass man
uns allen beigebracht hat, wie Rädchen im Getriebe zu funktionieren: »Die Erziehung hatte nie den Auftrag, für die persönliche Entwicklung von Menschen zu sorgen. Doch wie
können wir angesichts der ständig wachsenden Komplexität
eine vernünftige Gesellschaft schaffen, wenn unsere Einzigartigkeit und unser Potenzial ignoriert werden?«

1990 wandte sich Norman Lear bei einem nationalen
Treffen zum Thema Erziehung in Rahmen der NEA
(National Education Association, Anm.d.Ü.) an über 8 000
Lehrerinnen und Lehrer:

»Es ist mir ein großes Anliegen, auf das zu sprechen zu
kommen, was meiner Meinung nach – in unserer Kultur allgemein und im Bereich Erziehung besonders – unsere hervorragendste Eigenschaft als Menschen ist, die generell verschwiegen wird. Ich meine jenes mysteriöse Innenleben, die-

ses fruchtbare und unsichtbare Reich, das der Urquell unserer Kreativität und moralischen Gesinnung ist. Da mir kein besserer Begriff zur Verfügung steht, würde ich vom spirituellen Leben unserer Spezies sprechen.«

Viele Bemühungen, die Lehrpläne in diesem Sinne zu verbessern, wurden von Interessengruppen attackiert, in denen sich die politischen Feinde dieses Anliegens zusammenschlossen.

Lear, eine Fernsehlegende, Greider als politischer Analytiker und Moffett als Erzieher haben sich das Zusammenspiel von Politik und Erziehung gründlich angeschaut. Und mit aller Dringlichkeit gefordert, dass wir endlich aufwachen.

In seinem Buch *The Slaves Shall Serve* schließt sich James Wasserman diesem Ruf an. Er schreibt, dass wir »am Steuer eingeschlafen sind« und unsere »Fähigkeit zu denken, zu debattieren und Ideen rational zu erforschen, verschlissen wurde von einem Erziehungssystem, das hohlköpfige Genussmenschen produzieren will, die sich aufgrund ihrer materiellen Sorgen in jedem Augenblick lenken lassen«.

Die Römer zerstörten ihr Gehirn durch den Genuss von Wein, der mit Blei versetzt war. Werden zukünftige Historiker und Archäologen über unsere Geschichte rätseln? Werden sie unsere Unklarheit, unsere quecksilberverseuchten Gehirne oder unsere bröckelnden Werte für den Niedergang und Verfall unserer Gesellschaft verantwortlich machen?

Die meisten großen Nationen, sagte Toynbee, werden eher von innen zerstört, als dadurch, dass sie einem Eroberer in die Hände fallen. Vielleicht sollten wir eine kleine Konferenz einberufen, bei der die betroffenen Parteien zusammenkommen und die Manöverkritik selbst durchführen.

Der Stamm der Zwischenzeit

In ihrem Buch *The Speech of the Grail* schreibt Linda Sussman: »Wir leben zwischen Paradigmen, zwischen alter und neuer Wissenschaft, alter und neuer Religion, alter und neuer Erziehung, alten und neuen Heilweisen und so weiter.«

Die sozialen Gebrechen der westlichen Kultur, sagt sie, sind symptomatisch für die Desorientierung und Zweifel unseres Zeitalters: »Wir sind der Stamm der Zwischenzeit. Wir sind wie Parzival, der sich, nachdem er den Gral einmal erblickt hat, der Willkommensrunde am Tisch nicht mehr anschließen kann und auch nicht weiß, wie der Weg zurück in seine Zukunft aussieht.«

Edward Harrison von der Universität von Massachusetts sagte: »Jedes Universum von Glaubensvorstellungen einigt eine Gesellschaft und schafft einen gemeinsamen Boden, so dass die Mitglieder eine Basis für das gegenseitige Verständnis haben.« Leider begeht jedes Universum den Irrtum, die eigene Sicht der Welt für die Realität zu halten.

Er betont, dass jede Gesellschaft glaubt, sich auf dem Höhepunkt des Wissens zu befinden, und mitleidig auf die Menschen früherer Zeiten zurückblickt, weil sie diese für unwissend hält. Wir vergessen, dass zukünftige Generationen ebenfalls mitleidig auf uns zurückschauen werden, weil wir so vernarrt waren in das physische Modell.

Die grundlegende Aufgabe der Wissenschaft, so könnte man meinen, besteht darin, uns zu helfen, sinnvollere Fragen zu stellen. Ein Experiment ist ein praktischer Test, durchgeführt im Geist der Wahrheit. Der experimentelle Geist ist die Basis für den radikalen gesunden Menschenverstand. Die Wissenschaft wird zu unserer Verbündeten, die uns hilft, bestimmte Prämissen, die sich auf unser Leben auswirken, praktisch umzusetzen oder abzulehnen.

Wir sollten uns nicht zu Sklaven der Modelle machen, die wir selbst geschaffen haben. Unsere augenblicklichen Paradigmen sind unfertig. Sie sind lediglich provisorische Erklärungen, bis sich die nächste neue Perspektive auftut. »Die Natur ist nicht nur fremder, als wir uns vorstellen«, sagte der Biologe J.B.S. Haldane, »sondern fremder, als wir uns vorstellen können.« Wir sind gut beraten, wenn wir uns an unseren Annahmen nicht festhalten.

In China gibt es viele Abbildungen von Drachen, die eine Perle halten und sie wie hypnotisiert betrachten. Die Perle birgt das Geheimnis der Unsterblichkeit. Wenn er die Perle herunterschluckt, wird der Drache unsterblich.

Aber er ist fasziniert von der Perle. Er liebt das schimmernde runde Ding, deswegen geht er zugrunde. Wir halten, wenn nicht die Unsterblichkeit, so zumindest Perlen von großer Weisheit in unseren Händen und verlieren uns manchmal in ihrem schillernden Glanz. Wenn wir uns mit unserer Macht, Dinge geschehen zu machen, anfreunden, können wir die Prinzipien verkörpern. Wir können, um es bildhaft zu sagen, die Perle schlucken. Statt unsere Ideale zu bewundern, können wir anfangen, sie zu leben. Vom ersten bis zum letzten.

13 Die Zukunft erinnern

Der Steuermann

Die Zukunft ist ungewiss ... aber diese Ungewissheit ist der Kern menschlicher Kreativität.

Ilya Prigogine

In der Geschichte der Entdeckungen hören wir immer wieder davon, dass Menschen an unerwarteten Orten oder im richtigen Boot am falschen Zielort ankommen.

Arthur Koestler

Es ist Zeit, uns an unsere Ursprünge zu erinnern. Es ist Zeit, uns an die Zeit zu erinnern, als wir noch keine Experten waren und unsere Unter-Ichs noch nicht vergessen hatten, wie man mit radikalem gesunden Menschenverstand handelt. Dabei geht es weniger um die Frage: »Wie gehen wir's an?« oder »Was ist zu tun?«, als darum, »die Zukunft zu erinnern«.

Wie gut sind wir für die überraschenden, unbekannten Abschnitte unserer Reise ausgerüstet? Oder die Strecken, die wir im Dunkeln bewältigen müssen? Wie weit haben wir die Ereignisse in der Hand?

Inzwischen haben wir einen Vorteil: Unsere Fähigkeit, neue Ziele anzusteuern, beruht auf unserer Bereitschaft, uns wirklich einzulassen. Diese Bereitschaft, jede Situation, mit der wir konfrontiert sind, zum Besseren zu wenden, macht es uns leichter, auch größere Aufgaben zu bewältigen.

Aktiv werden heißt Erfahrungen machen, heißt Lektionen lernen. Wenn wir unsere Geschichte kennen lernen und die Vergangenheit erinnern, können wir die Zukunft besser voraussagen. Allmählich lernen wir, die richtigen Schritte zu unternehmen, um Hindernisse, die sich unserem Ziel in den Weg stellen, zu umschiffen.

Da ist die Frage des Zeitpunkts – das Warten auf bessere Startbedingungen. Und da ist unsere Entschlossenheit, Widerstände abzubauen. Und unsere Beharrlichkeit.

Erfahrung ist natürlich unsere beste Navigationshilfe – sie sagt uns am zuverlässigsten, ob bestimmte Strategien funktionieren oder nicht. Die Datenbank unserer bisherigen Erfolge und Misserfolge gibt uns Richtlinien für das Manövrieren in die Hand. Geschickt gespeicherte Informationen ermöglichen komplexe Suchdurchgänge in Lichtgeschwindigkeit. Diese Beschleunigung von Einsichten in neue Situationen ist die Frucht harter Arbeit – und vorausgehender Achtsamkeit. Wenn wir keine Zeit haben, uns zu fragen, ob wir mit Situationen zurechtkommen, geben wir einfach unser Bestes.

Neue Herausforderungen suchen heißt neue Instinkte entwickeln. Der Instinkt, instinktiv zu leben, wird zu einer Navigationshilfe, die sich im selben Maße weiterentwickelt wie wir selber. Er beruht auf einem Expertentum, das einer tieferen Quelle entspringt – der Fähigkeit, viele Tätigkeiten zu einer einzigen fließenden Bewegung zu koordinieren.

Manchmal tun wir Dinge, auf die wir unseres Wissens nicht vorbereitet sind. Wir stellen fest, dass wir eine Maschi-

ne bedienen, die wir nie zuvor gesehen haben, oder ein neues
Spiel spielen, ohne auch nur einen einzigen Fehler zu
machen. In der Sprache des Steuermanns würde es heißen,
wir haben Zugang zu den Landkarten der Forschungsreisen-
den vor uns. Wir könnten aber auch sagen, wir »erinnern«
uns.

Laut Rupert Sheldrake, einem britischen Pflanzenphysio-
logen, sind wir von Geburt an alle miteinander verbunden.
Wir können uns über eine unsichtbare Matrix, die er als
»morphogenetisches Feld« oder »M-Feld« bezeichnet,
anschließen an das Wissen, das andere vor uns erworben
haben.

In seinem Buch *Das schöpferische Universum. Die Theorie
des morphogenetischen Feldes* entwickelt Sheldrake diese bahnbrechende Theorie weiter. Hier heißt es, dass die Struktur
und das Verhalten von Organismen durch sich selbst repli-
zierende morphogenetische Felder gesteuert werden. »Diese
Felder programmieren die Entwicklung eines Organismus
durch ›morphische Resonanz‹ mittels seines genetischen
Mechanismus, ähnlich wie ein Fernsehsender über den
Fernsehapparat ein Bild programmiert.« Sheldrake beschreibt morphische Resonanz als »die Basis der Erinnerung
in der Natur – die Vorstellung einer mysteriösen, telepathi-
schen Verbundenheit zwischen Organismen und kollektiven
Erinnerungen innerhalb einer Spezies.« Wir können daraus
ableiten, dass wir mit unserer Vergangenheit oder Zukunft
und der gesamten Menschheit in Resonanz sind.

Sheldrakes Hypothese könnte zahlreiche verblüffende
Phänomene begründen, die man in der Forschung beobach-
tet. Obwohl es zum Beispiel schwierig ist, einen organischen
Stoff zum ersten Mal synthetisch herzustellen, wird dieser
Prozess nach dem ersten Mal überall auf der Welt sehr viel
einfacher.

Sheldrakes Theorie von der morphischen Resonanz begründet einsichtiger als die konventionelle Wissenschaft, wie »Kristallkeime« aus den ursprünglichen Labors über Kleidung und Bärte der ursprünglichen Forscher in die anderen Laboratorien gelangten.

Wir alle sind wie diese Kristallkeime: Wann immer sich eine oder einer von uns weiterentwickelt, entwickeln wir uns alle weiter.

Unseren Schwerpunkt wählen

Das bringt uns zu einer weiteren Navigationshilfe: der Wahl unseres Schwerpunkts. Wir können hauptsächlich negative Erfahrungen erinnern und schauen, ob die Zukunft Ähnliches für uns bereithält. Oder wir können nach besseren Ergebnissen Ausschau halten. Der Suchmechanismus ist neutral. Er tastet die Dinge nach Ähnlichkeiten ab und ist eher auf Übereinstimmungen aus als auf beliebige Fakten. Sowohl sein Genius als auch seine Anfälligkeit beruhen darauf, dass wir es hier mit Vermutungen zu tun haben. Was wir wählen, ist das, wonach wir Ausschau halten; wir sehen, wonach wir Ausschau halten; und was wir sehen, bekommen wir.

Sich selbst erfüllende Prophezeiungen werden deswegen wahr, weil wir daran glauben. Ergeben Umfragen zum Beispiel, dass ein Kandidat hinten liegt, zögern die Wähler, ihn zu wählen. Wenn wir Angst haben, eine Freundin könne ärgerlich auf uns sein, wird uns beiden unbehaglich zumute. Dinge hingegen, die uns zuversichtlich stimmen, bescheren uns oft auch Erfolge, wie die positiven Erwartungen, die Lehrer Kindern entgegenbringen, deren Leistungen sich daraufhin deutlich verbessern.

Wir können auch ohne Hexerei erkennen, dass eine melancholische Sicht der Dinge eine melancholische Atmosphäre schafft und eine positive Sicht die Atmosphäre positiv beeinflusst. Wenn wir günstige Ergebnisse erwarten, bündeln wir unsere Kräfte. Wir haben nichts zu verlieren. Selbst wenn dann Negatives passiert, können wir positiver damit umgehen.

Eine Ballerina erzählte: »Folgendes erlebe ich immer wieder: Ich denke, was passiert, wenn ich so müde bin, dass ich diese Drehung nicht schaffe? Und wenn ich befürchte, ich könne erschöpft sein, ist mein ganzer Körper wie abgestorben. Meine Zehen und meine Füße fühlen sich völlig taub an und ich habe ganz weiche Knie.«

Sie sagt, sie müsse den Gedanken, hinzufallen oder zu versagen, überwinden. »Es dauert viele Jahre, bevor du dich auf deine Technik so verlassen kannst, dass du dich in Bezug auf alles andere entspannst. Und wenn du im Kopf frei bist, aus deinen inneren Kräften zu schöpfen, kannst du viel mehr: Du hältst länger das Gleichgewicht, machst drei Pirouetten statt zwei, weil du keine Angst hast, eine Gelegenheit beim Schopf zu ergreifen. Vielleicht keuchst und schnaufst du, aber du spürst, wie du innerlich noch mehr Energie hast.«

Henry Ford sagte einmal: »Egal, ob du glaubst, du kannst es oder du kannst es nicht. Du wirst in jedem Fall Recht behalten.«

Wie lautet das alte Sprichwort? »Hilf dir selbst, dann hilft dir Gott.« Wenn wir unsere Schwierigkeiten mit einer positiven Grundhaltung angehen, stärkt das unsere geistigen und körperlichen Muskeln. Allein das Gefühl, unsere Einstellung selbst gewählt zu haben, kann lebensrettend sein. Bei Herzinfarkt-Patienten, die ihre Krankheit auf ihr Verhalten oder ihren Lebensstil zurückführen, nimmt die Wahrscheinlichkeit eines zweiten Anfalls ab. Menschen im Altersheim, die beim Abendessen zwischen verschiedenen Vorspeisen wählen oder die Farbe ihrer Vorhänge selbst aussuchen können, sind gesünder.

Selbst wenn wir bei anstehenden Fragen kaum eine Wahl haben, können wir beschließen, die Dinge zu akzeptieren, was uns innerlich friedlicher macht. Wir können uns auch für unsere Körperhaltung entscheiden. Wenn wir in uns zusammensacken oder uns ducken, fühlen wir uns anders, als wenn wir uns aufrichten. Unsere Gesten und Haltungen beeinflussen unsere Leistungsfähigkeit.

Experimente haben gezeigt, dass wir, wenn wir beim Lesen von witzigen oder negativen Texten bewusst lächeln oder das Gesicht verziehen, die entsprechenden Informationen besser aufnehmen und erinnern.

Das englische Wort »pretend« (= so tun, als ob, Anm.d.Ü.) hat eine andere Bedeutung als einfach nur Falsches vorspiegeln. Es stammt vom lateinischen »pre« plus »tendere« ab, was »strecken« heißt. Wenn wir so tun, als ob, kann das eine sehr wirkungsvolle Möglichkeit sein, über uns selbst hinauszuwachsen und zu handeln. In manchen esoterischen Traditionen heißt diese Technik »als ob«. Wir denken und handeln, »als ob« etwas so wäre.

Wenn wir uns vorstellen, dass wir einer größeren Sache dienen, und planen und uns verhalten, als sei dieser Traum wahr, werden wir, was wir vor Augen haben.

»Sie können es«, sagte Virgil, »weil sie denken, dass sie es können.«

Auf den Schwingen der Gnade segeln

In den letzten Jahren ist das Interesse am »Flow« oder »erfüllten Tun« gewachsen. Dieses Im-Fluss-Sein ist keine neue Entdeckung. In alten Zeiten sprach man »vom Zustand der Gnade«. Zeit- und Selbstgefühl sind aufgehoben, Hindernisse verschwinden, wie von Zauberhand beseitigt, alte Grenzen werden durchlässig, die Dinge erledigen sich wie von selbst. Wir erinnern uns sofort an alles und unsere Ziele scheinen leicht erreichbar.

Die meisten von uns kennen diesen Zustand der Gnade für Stunden oder einen Tag lang, wo alles ineinandergreift, jeder Fehler fruchtbar ist und wir erfüllt sind von der Kraft, die alles beseelt. Inspiration scheint mühelos in Handeln überzugehen. Und dann, so mysteriös, wie dieser Zustand begann, verpufft er auch und wir landen wieder in der Welt, wo wir nur stotternd vorankommen, befangen in unserem Normalzustand, in dem Reue und Sorge an uns nagen.

Das Fließen beruht darauf, dass wir vertrauen. Wir haben nichts Bestimmtes vor, unser Geist ist verspielt. Das löst das Gefühl aus, wir hätten alles in der Hand. Die so erworbene Zuversicht macht uns frei, Gelegenheiten spontan zu ergreifen und auf die Erfordernisse des Augenblicks einzugehen.

Gnade ist Sinn in Aktion und gibt Anstoß zu Veränderung. Wenn wir im Fluss sind, können wir unseren Kontext erweitern. Wir tun dann nicht nur das Richtige, sondern unser Handeln ist inspiriert.

Der Psychiater M. Scott Peck beschreibt dieses Phänomen so: »Sollen wir diese Kraft – Gnade – ignorieren, nur weil sie sich nicht ohne weiteres der traditionellen wissenschaftlichen Vorstellung von den Naturgesetzen fügt? Berufung durch Gnade ist ein Aufstieg, ist Berufung zu einer Position, in der wir mehr Verantwortung und Macht haben.

Paradoxerweise schenkt sie uns sowohl Frieden als auch Verantwortung. Gnade ist absolutes Erwachsensein.«

In diesen Zustand von Gnade gelangen wir leichter, wenn wir auf die Gegenwart schauen, statt Freude und Glück auf die Zukunft zu verschieben. Die Gewohnheit, unsere Erfüllung von zukünftigen Ereignissen abhängig zu machen, ist eine subtile Nebenwirkung des Zahlenkults.

Unsere Lebensqualität hängt nicht von materiellen Dingen ab, sondern von unserer Sichtweise, unseren Einstellungen und Perspektiven. Warum befinden wir uns nicht häufiger im Zustand der Gnade? Gründe dafür sind unter anderem:

Schuldgefühle. Wenn wir im Fluss sind, haben wir manchmal das Gefühl, uns und anderen etwas vorzumachen, weil die Dinge »zu leicht« sind. Wir vermissen den üblichen Kampf.

Gespaltenheit, geistige Zerrissenheit. Wir können den Augenblick nicht erleben, wenn wir ständig damit beschäftigt sind, zwischen Hoffnung und Angst hin und her zu schwanken. Diese Zerrissenheit zehrt an unseren Kräften.

Beim Navigieren müssen wir aufmerksam für unsere Aufmerksamkeit sein. So sind wir eingestimmt auf Input, der sonst vom schwarzen Loch unserer Gewohnheiten verschluckt wird.

Peter Lemesurier schreibt in *Beyond All Belief*: »Wir alle sind Gläubige. Unser Glaube ist das Werkzeug, mit dem wir der Realität, die uns zu Beginn unseres Lebens zwangsläufig verwirrend und chaotisch vorkommen musste, einen Sinn verleihen. Und doch sieht das Kind die Welt eher so, wie sie ist. Wir Erwachsenen benutzen unseren Glauben als Filter, um die Welt so zu sehen, wie wir sie sehen wollen.«

Lemesurier behauptet, dass Glaube und Wissen Rivalen sind, die sich unwohl miteinander fühlen. »Je mehr wir vom

Leben erfahren, desto häufiger müssen wir unsere hoch geschätzten Überzeugungen über Bord werfen.«

Wenn wir uns immer wieder daran erinnern, auf unsere Intuition zu achten, schaffen wir eine neue Gewohnheit – die Gewohnheit, wach zu bleiben. So trainieren wir allmählich unser Gehirn. Und lernen nach und nach, dem zu vertrauen, was Hemingway »Gnade unter Druck« nannte. Wenn wir Herausforderungen als Wasserwege erleben, auf denen wir segeln können, statt als Berge, die wir mühsam besteigen müssen, gesellt sich die Gnade häufiger zu uns.

Die Zukunft erinnern

In seinem Buch *Leben auf dem Mississippi* schreibt Mark Twain: »Mein Junge, du musst den Lauf des Flusses genau kennen. Mehr ist nicht nötig, um das Boot durch eine pechschwarze Nacht zu steuern.«

»Den Lauf des Flusses« genau kennen heißt in Bezug auf unsere Vergangenheit, dass das Wissen um diese uns hilft, unsere Zukunft zu gestalten. Dabei entdecken wir verlorene Wahrheiten wieder. Als Individuen lassen wir bestimmte Fähigkeiten rosten, so wie auch ganze Zivilisationen wichtiges Wissen aus den Augen verlieren. Das Geheimnis der Betonherstellung zum Beispiel ging nach dem Römischen Reich verloren und wurde erst im 19. Jahrhundert wiederentdeckt.

»Wenn du von den Ereignissen vor deiner Geburt nichts weißt, bleibst du auf ewig Kind«, schrieb Cicero. Unsere gemeinsame Geschichte kann uns sagen, welche Richtungen wir einschlagen oder besser nicht einschlagen sollten. Um intelligente Entscheidungen zu treffen, müssen wir mit unserer Vergangenheit in Verbindung sein. Und uns gleichzeitig die Vision von unserem zukünftigen Ich vor Augen halten.

Alice aus *Alice im Wunderland* ist schockiert von der Idee, »rückwärtszuleben«. Erstaunt sagt sie: »So etwas habe ich ja noch nie gehört!«

Darauf erwidert die weiße Königin: »Aber das hat einen großen Vorteil, dass nämlich unsere Erinnerung in beide Richtungen funktioniert.«

»Ich bin sicher, meine funktioniert nur in eine. Ich kann mich nicht an Dinge erinnern, bevor sie passieren.«

»Wie erbärmlich ist ein Gedächtnis, das nur rückwärts funktioniert«, entgegnet die Königin.

In ihrem Buch *Der Konflikt der Generationen. Jugend ohne Vorbild* schreibt Margaret Mead aus einer gesellschaftlichen Perspektive über das Navigieren: »Wenn wir eine vorbildliche Gesellschaft aufbauen wollen, in der die Vergangenheit uns eher dienlich als einengend ist, müssen wir der Zukunft einen anderen Ort zuweisen ... wir müssen die Zukunft ... zwischen uns ansiedeln, als fände sie bereits hier statt, so dass wir ihr beistehen, sie fördern und schützen können.«

Wenn wir ein zukünftiges Bild von uns, eine Art zukünftige Geschichte entwerfen, sind wir achtsam für die Gegenwart. Wir können die Zukunft aus der Gegenwart erinnern.

Erfahrene Seeleute könnten uns erzählen, dass das Ziel oder erwünschte Schicksal ihr Gespür für das Navigieren schärft. Alte Seehasen erinnern sich daran, dass klare Visionen von ihrem Bestimmungsort Verlauf und Erfolg ihrer Reisen begünstigten. Die Kunst des Steuerns ist nicht nur eine Frage von Richtungen und Berechnungen, sondern auch der Perspektive. Wenn wir uns unseren Weg durch die augenblickliche Krise bahnen, sind kraftvolle Visionen das einzige Sinnesorgan, auf das wir uns verlassen können.

W.W. Wager sagte: »Die Aufgabe einer Prophezeiung

besteht letzten Endes nicht darin, die Zukunft vorauszusagen, sondern zu schaffen.«

Die Zukunft ist ein Umfeld für unsere Schöpfungen. In Howard Fasts Roman *The Hunter and the Trap* ziehen kluge und weise Erwachsene eine Gruppe von begabten Kindern in einem Reservat groß. In dieser idealen Umgebung entdecken die Kinder unter anderem, dass sie, wenn sie ihre Köpfe zusammenstecken, die Gedanken der anderen hören können. Mit der Zeit entwickeln sie ein bemerkenswertes Mitgefühl und verhalten sich, wie von einem einzigen Geist beseelt.

Gegen Ende dieses experimentellen Rückzugs beantragen die dafür Verantwortlichen eine Verlängerung um weitere sieben Jahre. Als diese Zeit um ist, kommen Regierungsbeamte aus Washington, um diese ungewöhnlichen Menschen in Augenschein zu nehmen und finden – nichts.

In einem Abschiedsbrief erklärt die Gruppe ihr Verschwinden. Den jungen Leuten war klar geworden, dass sie aufgrund ihrer psychischen und kreativen Kräfte eine Bedrohung für die existierende Ordnung darstellen: Man würde sie vernichten wollen und es würde gegen ihre Grundsätze verstoßen, sich auf einen Kampf einzulassen. Deswegen haben sie sich um eine Nanosekunde in der Zeit weiterbewegt. Sie befinden sich immer noch in der Welt, jedoch in einer Zeitzone, die um eine unendliche Winzigkeit vorverlagert ist.

Vielleicht haben Visionen den Vorteil, dass sie einen winzigen Abstand zum konventionellen Denken schaffen. Visionäre scheinen sich oft spontan in Spiralen zu bewegen, und zwar schnell und flüchtig, statt in berechenbaren geraden Linien. Vielleicht schenken uns Visionen die Möglichkeit, Leben vorwegzunehmen, und befördern uns um eine Nanosekunde weiter in die Zukunft.

Andrew Leeds, ein Psychologe aus Los Angeles, erforschte mit einer Methode, die er »hypnotische Zukunftsreise« nannte, das Phänomen der Hellsichtigkeit. Die ersten Ergebnisse dieser Untersuchungen bestärkten ihn zwar nicht in seiner Idee, mit Hilfe dieser Methode wie durch ein Fenster objektiv in die Zukunft zu schauen. »Aber sie könnte Licht auf die Ängste vor einer globalen Katastrophe werfen«, sagte er. Teilnehmer an der Studie, die tief greifende psychedelische und mystische Erlebnisse hatten, unter anderem auch Nahtoderfahrungen, berichteten häufiger optimistisch von zukünftigen Welten, während Teilnehmer, die keine Gipfelerfahrungen machten, dazu neigten, eine globale Katastrophe vorauszusehen.

Die Zukunft erinnern heißt nichts anderes, als sie uns so lebhaft vorzustellen, dass wir unsere Visionen kaum noch von Erinnerungen unterscheiden können. Wenn wir diese lebhaften Bilder vor Augen haben, wächst unser Vertrauen. Wir können uns kaum noch Fehlschläge vorstellen. Eine geschulte Imagination schweißt die Elemente zusammen und gestaltet unsere Ziele konkreter.

Ingo Swann besaß die Fähigkeit der Fernwahrnehmung und gehörte zu den ersten Menschen, mit denen man Laborexperimente durchführte. Als eine Frau, die im Schwarzwald seinen Vortrag zu diesem Thema hörte, ihn bat, »doch wenigstens eine« Voraussage zu machen, brach er eine selbst getroffene Vereinbarung. In diesem Augenblick »wusste« er plötzlich, dass sein Publikum die Antwort bereithielt, und ebenso plötzlich hörte er sich selbst verblüfft sagen: »In 18 Monaten wird die Berliner Mauer fallen.«

Die Übersetzerin zögerte. Swann beharrte: »Sagen Sie das!« Als die Zuhörerinnen und Zuhörer diese Worte hörten, begannen sie zu applaudieren und klatschten dann im Stehen weiter Beifall. Schließlich stiegen sie auf ihre Stühle, klatschten und jubelten. Swann kann sich noch erinnern, dass er beim Verlassen des Saales zitterte, weil er befürchtete, einer seiner Kollegen könne gehört haben, dass er sich so weit vorgewagt hatte.

»Stellen Sie sich meine Überraschung vor«, sagt er, »als ich 19 Monate später in meiner Wohnung in New York auf dem Bett lag, Chips kaute und im Fernsehen sah, wie die Mauer fiel.« Swann glaubt, dass er sich auf das Unbewusste seiner Zuhörerinnen und Zuhörer »eingestimmt« hatte. In diesem bewegten Augenblick hat er sich vielleicht auch auf den Geist der Menschen eingestimmt, die mit ihren Aktionen die treibenden Kräfte für die Wiedervereinigung waren.

David Loye vom Institute for Futures Forecasting (Institut für Zukunftsvoraussagen, Anm.d. Ü.) testete 135 Versuchspersonen, darunter 64 Schüler der Naval Postgraduate School in Monterey (Fachhochschule für Marinesoldaten, Anm.d.Ü.). Er fand heraus, dass Menschen mit ausbalanciertem Gehirn – bei denen keine der beiden Gehirnhälften dominiert – offensichtlich besser imstande sind, die Zukunft vorauszusehen.

Anpassung und Flexibilität

Der radikale gesunde Menschenverstand befürwortet die Idee, dass wir, wenn wir erst einmal wissen, dass wir nicht alles wissen, die Wahrscheinlichkeit akzeptieren können, dass unmögliche Ideen möglich sind.

Die Aufgabe des Geistes, sagte Nikos Kazantzakis, besteht darin, »einen Deich im Chaos des Wellenspiels zu errichten«, um die Ufer und wiederkehrende Muster ausfindig zu machen. Wenn Visionäre verwirrt sind, beschaffen sie sich – statt aufzugeben – noch mehr Informationen. Mit anderen Worten: Die Antwort liegt nicht darin, sich zu ducken und auf Altbekanntes zurückzugreifen, sondern sich weiter vorzutasten wie ein Detektiv. Manche halten nach Alternativen Ausschau. Ein Manager und Menschenfreund sagte: »Ich übertreibe. Ich stelle mir die Situation 80-fach vergrößert vor, dann kann ich die Details besser erkennen.«

»Wenn unser Intellekt wirklich wächst«, sagte die frühere amerikanische Bildungsministerin Shirley Hufstedler, »geht das immer mit Überraschungen einher – plötzlich biegen wir um die Ecke und vor uns liegt eine völlig neue Landschaft, die wir dort nie vermutet hätten.«

Unsere Durchbrüche beruhen auf Überraschungen, die uns gute Dienste erweisen. Wenn wir die Dinge neu verstehen, können wir besser denken und handeln.

Manche Menschen sorgen in ihrem Tagesablauf bewusst für Überraschungen. Wenn wir improvisieren müssen, entwickeln sich neue »Muskeln«. Der Schauspieler Paul Newman sagte, er wisse selten genau, was der nächste Tag bringen wird. »Es ist wichtig dafür zu sorgen, dass man immer wieder ein wenig aus dem Gleichgewicht gerät.«

Der Saxophonist Paul Winter bringt Menschen bei, miteinander zu »harmonieren«. Er zeigt ihnen, wie sie mit Hilfe von Musikinstrumenten kommunizieren können, wobei es wichtig ist, sich immer wieder zu verlieren, bis man keine Angst mehr vor dem Unbekannten hat.

»Planen ist überholt«, sagte Larry Wilson, Begründer des Wilson-Lernsystems. »Jetzt geht es nur noch darum, sich auf den Weg zu machen.«

Wenn wir einfach lossegeln, landen wir in Gewässern, die auf keiner Karte verzeichnet sind. Wir können das Wiedergutmachen von Fehlern als Kurskorrektur betrachten und einfach weitergehen. Es gibt nicht die eine absolut richtige

Route, und Wasser ist ein unberechenbares Element. Wir können Stürme zwar voraussagen, doch nicht unter Kontrolle bringen.

Der Sinn des Narren für Übertreibungen kann uns wertvolle Dienste leisten, wenn wir die Kunst des Steuerns erlernen. Wie sehen die Parameter aus? Wenn wir sie nie überschreiten, erfahren wir das nicht.

Thomas Hohstadt, Komponist und Orchesterdirigent, erzählt, wie er bei seiner Arbeit ständig ein Gefühl von Unvollständigkeit hatte, trotz »sorgfältig analysierter, makellos präziser und historisch korrekter Aufführungen«. Das Gefühl, dass etwas fehlte, brachte ihn dazu, Musik noch tiefer zu erforschen. »Dann geschah etwas Merkwürdiges. Eine dumme Zeile aus dem Zauberer von Oz ging mir nicht mehr aus dem Kopf. ›Folge dem gelben Kopfsteinpflasterweg.‹ Statt Techniken gab es Wege, die nicht nur Zugang zu allen möglichen Ergebnissen boten, sondern ein totales Einlassen verlangten, das weit darüber hinausging, ein Instrument zu spielen, ein Orchester zu dirigieren oder Karriere zu machen.«

Seit der Zeit hat er diese Wege erforscht und ist immer auf der Suche nach neuen. Schließlich gelangte er dahin, dieses Vorgehen als Technik zu bezeichnen, aber mit einer anderen Bedeutung des Wortes. Diese Wege/Techniken waren nicht rational. Sie dienen dem Zweck, sich der Qualität der Musik zu nähern – nicht Qualität, wie sie ein weltoffener, geistig gebildeter Mensch versteht, sondern im Sinne von tiefer Bedeutung.

Sie sollen »den Zuhörer über die üblichen Grenzen hinauslocken. Wir eröffnen die Bedeutung der Musik, ohne diese zu kennen oder zu steuern. Unsere Techniken müssen einer musikalischen Wahrheit dienen, die allein der Macht entspringt, auf die sie verweist.«

Erfolgreiche Künstler, Sie erinnern sich, sind mehr am Prozess als am Endprodukt interessiert. Das Faszinierende ist der Weg. Wir werden auf dieser Reise flexibler und gewinnen neue Kräfte. Wir gehen Wagnisse ein. Uns bricht das Herz. Wir sind trauriger, doch weiser – und merkwürdigerweise auch glücklicher.

Als Albert Camus Künstler drängte, sich nicht lediglich als Randfiguren zu verstehen, sondern das Ruder des menschlichen Schiffs zu ergreifen, ging er von einer Sklavengaleere aus. Wenn wir helfen wollen, unsere Gemeinden und Nationen zu befreien, damit sie kreativer werden, wäre es wahrscheinlich am intelligentesten, ein ganz neues Schiff zu bauen, das wendig genug ist, um die Fesseln der Sklaverei abzustreifen – oder eine ganze Schiffsflotte für Menschen mit unterschiedlichen Begabungen und Fähigkeiten.

Inspiration ist unser Erbe

Einen Menschen, der weder Stuhlgang hat noch urinieren kann, würden wir für schwer krank halten, meint Colin Wilson in seinem Buch *The Philosopher's Stone*. »Warum halten wir dann eine stumpfsinnige Person, die völlig uninspiriert ist, nicht ebenfalls für krank? Die mystische Sichtweise sollte genauso natürlich sein wie das Ausscheiden von Exkrementen.«

Während wir die Stufenleiter der Evolution erklimmen, behauptet er, sind wir so gut wie immun gegen den Tod. Wenn wir sehen könnten, wie das Bewusstsein wirklich beschaffen ist, nämlich aktiv und allem verbunden, würde uns das so beflügeln, dass wir unsterblich werden.

»Ein gesundes Bewusstsein ist wie ein Spinnennetz und du bist die Spinne in seiner Mitte. Die Mitte des Netzes ist der gegenwärtige Augenblick. Doch der Sinn deines Lebens hängt von jenen feinen Fäden ab, die sich bis in andere Zeiten und Orte erstrecken, und von den Schwingungen, die das ganze Netz erfassen.«

Normalerweise, sagt Wilson, gleicht unser Bewusstsein einem ziemlich kleinen Netz. Seine Fäden reichen nicht sehr weit.

»Andere Zeiten und andere Orte sind nicht sehr real. Und die Turbulenzen des täglichen Lebens bringen das Netz zum Zerreißen. Aber manchmal legt sich der Wind und es gelingt dir, ein enorm weites Netz zu weben. Und plötzlich sind weit entfernte Zeiten und Orte ebenso real wie der gegenwärtige Augenblick und ihre Schwingungen erreichen den Geist ... Pessimistische Philosophen, die das Leben sinnlos finden, weben an einem kleinen, engen Netz.«

Unser Hauptproblem als Menschen, so der Erzähler in *The Philosopher's Stone*, besteht darin, »dass wir Sklaven des Trivialen sind«. Er spekuliert, dass es so etwas wie den Tod nicht gibt, sondern nur Selbstmord. »Wir sterben nicht, weil wir alt sind. Wir erstarren in alten Gewohnheitsmustern, bis unsere Fähigkeit, ›das andere‹ wahrzunehmen, verschlissen ist, und dann lassen wir uns in den Tod sinken.«

Mit anderen Worten: Wenn wir unsere Gewohnheiten von einem Moment zum anderen ablegen könnten, würden wir die Verbindung zur Quelle allen Lebens niemals verlieren. Das ist ein wiederkehrendes Thema in Wilsons Büchern: die Macht des Bewusstseins, den Körper und damit unsere Lebensreise radikal zu verändern.

Diese Sicht aus einer höheren oder tieferen Warte existiert wirklich. Als Menschen besitzen wir die Gabe, uns einen entsprechenden Ort vorzustellen und von dort unser Wissen zu beziehen.

Wir können uns beibringen, die Dinge optimistisch zu

sehen, da wir wissen, dass uns das weiterhilft. Wir können unseren Pessimismus aufgeben, weil wir wissen, wie sich negatives Denken auswirkt.

Am wichtigsten ist offensichtlich Vertrauen. Menschen, die sehr innovativ sind, lernen sich auch dann wohl zu fühlen, wenn sie nur die generelle Richtung wissen, ohne den nächsten Schritt zu kennen.

Je schneller wir auf entsprechende Hinweise reagieren, desto schneller kommen wir voran. Wir lernen die Schlupflöcher zu sehen. Wenn wir uns auf den Augenblick einstimmen, unternehmen wir die richtigen Schritte. Ein gutes Leben leben wir nicht in Zeiteinheiten (Minuten, Stunden, Tage), sondern indem wir Erfahrungen machen.

C.G. Jung sagte, wenn wir das Phänomen der Synchronizität verstehen, sei das ein Schlüssel für die Tür zu der Ganzheit, die uns so mysteriös erscheint. Die Idee der Synchronizität, heißt es bei der Psychiaterin Jean Bolen, kann beunruhigend sein, denn sie führt zu der Schlussfolgerung, dass unser Leben grundsätzlich sinnvoll ist und wir verantwortlich dafür sind, es entsprechend zu leben:

»Im synchronistischen Augenblick empfindet sich das getrennte ›Ich‹ nicht mehr als ›einsam‹. Vielmehr hat die Person ein unmittelbares Gefühl von Einssein. Deswegen berühren uns Erfahrungen mit Synchronizität so tief, dass wir sie oft als religiöse oder spirituelle Erlebnisse empfinden. Wenn wir die Synchronizität von Ereignissen spüren, empfinden wir uns als Teil einer kosmischen Matrix ...«

Synchronizitäten sind ein ziemlich verbreitetes Phänomen. Laut Bolen entfaltet sich in ihnen, was die Chinesen »Tao« nennen – das dem Universum zugrunde liegende einigende Prinzip. Das Gefühl, dass etwas »sein soll«.

Synchronizitäten scheinen den »Flow« zu verstärken. Barbara Honneger, früher Mitarbeiterin am Washington

Research Center in San Francisco, war der Meinung, dass bei Synchronizitäten die rechte Gehirnhälfte mit der linken spricht. Sie hat 17 Jahre lang Tagebuch über Synchronizitäten geführt und empfiehlt, das bedeutungsvolle Zusammentreffen von Ereignissen und andere Phänomene – Telepathie, hellsichtige Träume – festzuhalten, damit wir sie noch einmal nachvollziehen können.

Die intuitive rechte Gehirnhälfte, so glaubt sie, möchte uns durch eine symbolische Sprache, durch symbolische Ereignisse, Dinge und das »zufällige« Zusammentreffen von Ereignissen unbewusste Bedürfnisse und entsprechende Lösungsvorschläge mitteilen. Die rechte Gehirnhälfte hat ein reiches und subtiles Verständnis von Sprache, das aber eingeschränkt wird durch ihre neurologische Unfähigkeit, Sprache und Schreiben zu steuern. Deswegen weist sie die linke Gehirnhälfte durch parapsychische Phänomene oder die unwillkürliche Ausrichtung der Aufmerksamkeit auf bestimmte Dinge oder Informationen hin.

Die ehemalige Forscherin Rhea White versucht die grundlegende Mission der Parapsychologie, des Gebietes, auf dem sie jahrzehntelang in den vordersten Reihen mitgearbeitet hat, neu zu definieren. Sie drängt auf eine aktive Erforschung visionärer Erfahrungen sowie der Menschen, die sie machen. Ihrer Meinung nach sind außergewöhnliche Erfahrungen »der wichtigste erste Schritt, den wir tun können, um der Welt zu helfen ... Wenn Sie sich in Ihre außergewöhnlichen Erlebnisse vertiefen und sie respektieren, werden Sie wahrscheinlich weitere derartige Erfahrungen machen, bis Sie feststellen, dass Sie ein neuer Mensch sind, der in einer neuen Welt lebt und hier viel Gesellschaft hat.«

Die Gabe, zufällig freudige und unerwartete Entdeckungen zu machen, könnte man auch als selbst gebasteltes Glück bezeichnen. Menschen, die gern aus allem das Beste machen, haben offensichtlich auch mehr Glück. Vielleicht haben sie mehr Energie, weil sie sich gegen die Ereignisse nicht wehren. Oder sie finden Schätze, weil sie danach Ausschau halten.

Wenn wir uns aktiv Lösungen vorstellen, werden wir oft belohnt – wir wissen mit schlafwandlerischer Sicherheit, wen wir wann anrufen müssen und wie der nächste Schritt aussieht. Alles, was wir tun, erfährt Unterstützung, und sämtliche Türen öffnen sich wie auf Knopfdruck. Wir erinnern uns nicht nur, sondern gleiten gleichzeitig in Vergangenheit, Gegenwart und Zukunft. Aufmerksamkeit und Absicht verschmelzen mühelos. Wir sind Schöpfer und Schöpfung zugleich.

Eine radikale Hilfskur

Zeitliche Abstimmung. Synchronizität. Glückliche Zufälle.

Es ist kein Zufall, dass in diesem Augenblick der Geschichte, wo nur eine Armee von Visionären die Welt retten kann, so viele neugierige Seelen geboren werden. Wir haben die Hilfsmittel, das Handwerkszeug und die Mannschaft beisammen, um hier auf diesem Planeten Wunder vollbringen zu können. Eine Wahl haben wir jedoch nicht. Die simple Tatsache, dass wir eine Welt brauchen, in der wir leben können, gehört zu den Hindernissen, die wir nicht umschiffen können.

Die meisten ehrgeizigen Herrscher in der Geschichte, die das öffentliche Interesse um privater Gewinne willen verrieten, konnten die Konsequenz ihres Handelns umgehen, indem sie sich aus dem Staub machten. Die Menschen, die Waffen horteten und Kriege anzettelten, gingen nicht davon aus, dass sie selbst kämpfen oder ihre Kinder in die Schlacht schicken würden. Seit Generationen, wenn nicht seit Jahrtausenden, konnten die Menschen, die aus allem Geld machen, ihre eigenen Fluchtrouten entwerfen. Sie konnten ihren Wohnsitz auf hohen Bergen oder in völlig anderen Gegenden errichten oder das Land verlassen.

Die Begründer von Amerika hatten eine von Gleichheit geprägte Gesellschaft vor Augen, ein Ideal der Möglichkeiten und Gerechtigkeit. Im Rahmen ihrer Zeit brachten sie enorm viel zustande, aber es wäre naiv zu glauben, dass sie ihr Ziel erreichten. Tatsächlich wussten sie, dass die Revolution gerade erst begonnen hatte.

Wir stehen jetzt von Angesicht zu Angesicht einem Feind gegenüber, der uns unmittelbarer bedroht als George III. Wie Gandhi es einmal formulierte: »Nicht dein Gegner ist der Feind. Das Problem ist dein Feind.«

Unser Feind ist, einfach ausgedrückt, die Tatsache, dass wir nicht imstande sind, den radikalen gesunden Menschenverstand zu benutzen.

Wir können zwar neue Bezugsrahmen für politische Freiheit schaffen, aber auch diese werden wieder zu eng sein, denn wir haben uns noch nicht eingestanden, dass unsere Psyche unfrei ist. Unsere Spezies wird nur überleben, wenn eingewurzelte Interessengruppen ihre eigene Gefährdung erkennen: Wenn sie begreifen, dass wir alle im selben Boot sitzen.

Nur der radikale gesunde Menschenverstand kann das Steuer übernehmen. Das Boot sinkt. Sinkt nicht nur aufgrund realer Stürme oder weil Gott Rache nimmt, sondern weil wir Löcher hineinschlagen. Wir ertrinken – wenn Sie den Metaphernmix bitte entschuldigen wollen – in der globalen Erwärmung. Wenn wir die Grundlagen für unser eigenes Überleben allmählich zerstören, ist es egal, ob wir am Ende erfrieren oder verbrennen. Tot sind wir auf jeden Fall. Wir halten Augen und Ohren schon so lange verschlossen, dass wir fast nicht mehr wissen, um was es eigentlich geht.

Wir können aufwachen. Wir können dieses Boot retten und die Welt schaffen, die unsere Vorfahren als Vision vor Augen hatten – und hier und da für Momente sogar geschaffen haben. Aber wir brauchen dafür Nerven wie Drahtseile, ein Herz aus Gold und müssen unsere ständige Erneuerung zur Gewohnheit werden lassen.

An diesem Punkt begegnet der Radikale dem Konservativen und dieser dem Liberalen. Radikal sein bedeutet wörtlich, zu den Wurzeln vordringen. Konservieren im Sinne von bewahren heißt retten. Liberal sein heißt Schritt für Schritt reformieren.

Wir können das Steuer herumreißen, aber nur, wenn wir lernen, uns als Spezies zu vereinen, indem wir alle Unterscheidungen über Bord werfen und die Truppen zusammenrufen.

Wir können das Steuer herumreißen, wenn wir uns daran erinnern, dass wir uns unsere Zukunft gemeinsam erarbeiten müssen. Wir entwerfen unsere Vision in Einklang mit den Ereignissen, Bedürfnissen und Hoffnungen der Menschen nah und fern. Die Erinnerung an die Zukunft wird gefördert durch die Bereitschaft, unsere Sache beharrlich zu verfolgen. Das ist radikaler gesunder Menschenverstand.

14 Die Zukunft gestalten

Unsere Souveränität zurückgewinnen

Das Auge sichtet den Horizont. Der Morgen naht und überall am Himmel erblicke ich Zeichen des Fortschritts.

W.E.B. DuBois

Die heiligste Form von Theorie ist das Handeln.

Nikos Kazantzakis

»Genies gibt es gar nicht«, bemerkte Buckminster Fuller einmal. »Manche von uns sind einfach weniger gestört als andere.« Bei anderer Gelegenheit drückte er das etwas anders aus: »Ich bin davon überzeugt, dass jedes Kind als Genie geboren wird. Den meisten wird ihr Genius von liebevollen Eltern ausgetrieben, die Angst haben, durch die vom Genius inspirierten Unternehmungen könnten ihre Kinder mit dem sozioökonomischen System, in dem sie leben, in Schwierigkeiten geraten.«

Die Kluft zwischen menschlichen Fähigkeiten und menschlichen Realitäten ist so tief, dass es einen Stein zum Weinen bringen könnte.

Der Physiker David Bohm beschäftigte sich am Ende seines Lebens mit einem merkwürdigen Problem. Das Denken, so seine These, ist der Teufel, der uns die augenblickliche Krise beschert hat. Das Denken hat unsere Institutionen erfunden, die nicht funktionieren. Wie Bohm es sah, bekommen wir nur im Dialog – nur in unserem sozialen Netz – die Rückmeldungen, die entscheidend dafür sind, dass wir als Einzelperson auf einer höheren Ebene agieren können. Gemeinsam können wir herausfinden, was funktioniert und was nicht. Bohm unterstützte die Einrichtung eines Netzwerks der Dialoge. Er setzte seine Theorie in Aktion um. Er testete den gesunden Menschenverstand der Gemeinschaft sowie die Entdeckungen und Strategien zahlreicher verschiedener Menschen.

Bohm hatte Recht. Wir werden es nur schaffen, wenn wir uns auf die größere Gemeinschaft einstellen. Die Entscheidung liegt bei uns.

Virtueller Royalismus

Das Wort »Realität« stammt von Royalismus. Somit verweist der Begriff als solcher auf eine souveräne Autorität und nicht auf eine kollektive Wahrnehmung. Kein Wunder, dass wir zu keinem Konsens über die Wirklichkeit kommen.

Nichts hat sich geändert, außer dass heute gesetzlich sanktionierte Institutionen, regiert von denen, die die Trümpfe in den Händen halten, die Paradigmen bestimmen. In der modernen Gesellschaft ist die Macht verteilt und das royalistische Realitätsspiel wird in vielen Arenen ausgetragen.

In unserer Demokratie müssen wir nicht im Namen der Freiheit mobilmachen gegen das Königtum von Gottes Gnaden, die selbstgerechten Hüter von Wohlstand und Macht, die Verharmloser und Rechtfertiger, die Verteidiger ihrer Titel. Es gibt eine vernünftige Alternative, die darin besteht, dass wir die Rechte und Verantwortlichkeiten unserer eigenen Realität übernehmen. Dass wir die königlichen Eigenschaften in uns und anderen fördern – das göttliche Recht jedes Menschen.

Wenn wir die Ursprünge der Monarchie erforschen, erfahren wir, dass sich die ersten Könige ihren Weg zur Macht nicht durch Einschüchterungen oder Taktieren erkämpft haben. Die Geschichte macht deutlich, dass sie von Gleichgesinnten als Personen gewählt wurden, die am besten dafür geeignet waren, sich um ihr Reich zu kümmern. Die Doktrin »von Gottes Gnaden« wurde erst später eingeführt, um die Weitergabe der Krone an die Nachfolger zu rechtfertigen.

Wenn wir uns edle Eigenschaften aneignen und Edelmut bei anderen bewundern, errichten wir eine gerechtere Ordnung. Wir alle sind ungewöhnliche Menschen. Jede und jeder von uns ist einzigartig. Wir haben eine Bestimmung, wir wurden geboren, um tapfer und intelligent zu sein. Und wenn wir das noch nicht sind – wer soll uns sagen, wohin unsere Mission uns führt?

Wenn wir unsere eigene königliche Seite erkennen, können wir auch andere in den Adelsstand erheben. Diese Fremde, dieser Chef, der uns ärgert, dieser Pubertierende, der nur herumhängt – sie alle sind Erben eines Königreichs. Unser Gehirn und unser Körper sind nobler als Paläste, Liebe und Leben sind kostbarer als Gold, wie uns die Geschichte von König Midas zeigt.

Freiheit gewährt Freiheit, sonst ist sie keine Tugend. Der innere Monarch ist selbst ein Freigeist, schenkt anderen Ichs

Kraft, weist sie an und gebiert neue, um neuen Bedürfnissen zu entsprechen.

Wir leben in chaotischen Zeiten, die enorme Anforderungen an uns stellen. Wir werden Sprünge machen müssen, die wir jetzt vielleicht noch für unwahrscheinlich halten. Wenn wir keinen Blick haben für Entdeckungen, vorläufige Hypothesen und Spiel, erfahren wir nicht, was möglich ist.

Wir sind die geborenen Spieler. Kinder spielen ganz entschlossen, wie wir an ihrer Hingabe beim Spielen sehen können.

Die alten Griechen veranstalteten die Olympischen Spiele nicht um der Siege, sondern um der Teilnahme willen. Wenn wir unser Leben mit einer ähnlichen Geisteshaltung leben, liegt die Betonung auf Hingabe und Freude. »Der Unterschied zwischen klugen und brillanten Menschen«, bemerkte ein Visionär, »besteht darin, dass die brillanten spielen können.«

Das Wissen, dass alles Spiel ist, befreit uns von Reue. Wenn wir immer nur auf unsere Fehler zurückschauen, können wir nicht sehen, wohin wir gehen. Besser ist es, wir begreifen unsere Lektionen, wie immer sie aussehen mögen, und gehen weiter. Für Spieler heißt spielen üben und üben spielen. Wir schauen nach vorn und stellen uns den nächsten Schritt vor.

Ernsthaft spielen heißt, die Welt ganz praktisch kennen lernen, zu wissen, welche Gesetze wir beachten müssen und wie wir unsere Gefühle beherrschen, denn wir können uns eine Vision nicht mit zitternden Händen vor Augen halten.

Je verlockender das Spiel für uns ist, desto stärker fühlen wir uns unserer Aufgabe verbunden. Uns einlassen heißt, dem organischen Sog nachgeben, der es uns leicht macht, unseren Kurs zu halten.

Vertieft in unser ernsthaftes Spiel, sind wir so damit beschäftigt, am sprichwörtlichen Ball zu bleiben, dass wir keine Zeit dafür haben, uns zu ärgern und Sorgen zu machen. Nur wenn wir mehr auf uns nehmen, als wir handhaben können, lernen wir die Regeln des Spiels. Visionäre greifen nach den Sternen, um auf dem Mond zu landen. Und sprechen dann nicht von Versagen.

Wer ernsthaft spielt, nimmt Rücksicht auf seine Menschlichkeit, wenn er sich Ziele setzt.

Die Macht des Teilens

Ernsthafte Spieler entdecken wieder, dass wir uns gegenseitig brauchen, nicht um Wissen anzuhäufen, sondern um die Intelligenz von Herz und Seele zusammenzuführen. Ich tue mein Bestes, damit du dein Bestes tun kannst, damit ich mein Bestes tun kann.

Wir übernehmen keine Macht, wir *sind* Macht. Was wir übernehmen, ist Verantwortung. Deswegen finden Spieler ihr Netzwerk und nutzen es. Denken Sie daran, Macht heißt nicht, dass Sie sich durchsetzen, sondern dass Sie viele Möglichkeiten und Verbündete haben.

Spieler vereinen ihre Kräfte, Methoden und Strategien. Aus der Verschmelzung ihrer Pläne entsteht ein neues visionäres Spiel. Die Alternative zum Konkurrenzdenken besteht im Tanz des kreativen Prozesses. Das Gefühl, dass etwas wirkt, entscheidet, welchen Weg wir einschlagen. Und schließlich begreifen wir, dass es weder Gewinner noch Verlierer geben kann, weil es die nie gegeben hat.

Manchmal sind wir von unseren speziellen Fähigkeiten so stark eingenommen, dass wir uns um unsere Berufung keine Gedanken mehr machen. Wir wissen so gut, wie es geht, dass wir keine radikal anderen Möglichkeiten mehr sehen. Vielleicht haben wir hin und wieder Geistesblitze oder Einsichten in die Fachgebiete von anderen.

Heutzutage geht es überall um rasche Veränderung. Wir müssen die Vorstellung, uns auf unsere üblichen Methoden verlassen zu können, aufgeben. Wir müssen die Verbindungen zwischen den verschiedenen Wissensgebieten stärker im Auge haben als deren Grenzen. Radikaler gesunder Menschenverstand ist eine universelle Gabe.

Nikos Kazantzakis sagte einmal, unsere Aufgabe bestehe darin, uns auf den Kampf einzulassen und »nicht passiv zuzusehen, wie der Funke von Generation zu Generation überspringt, sondern mitzuspringen und mitzubrennen. Handeln ist das größte Tor zur Erlösung.«

Durch Handeln erwacht das Selbst, das mehr ist als die Summe unserer Teile.

Die Spielregeln: Es gibt keine

Seit vielen Jahren streiten Menschen sich darüber, was zuerst kommt: die Welt verändern oder uns?

Die amerikanischen Transzendentalisten behaupteten, die innere Reform müsse der äußeren vorangehen. Schlecht vorbereitete Reformer, deren Absichten besser waren als ihre Politik, haben beträchtlichen Schaden angerichtet.

Andererseits erwerben wir unsere Fähigkeiten und unser Wissen im Austausch mit anderen. Die Welt liefert uns Anreize für die Selbsterforschung. Sie rüttelt an unserem Käfig, erschüttert unsere Paradigmen und manchmal segnet sie unsere Unternehmungen. Der Einsatz für eine geliebte Sache ist mit Freude verbunden. Wir haben beschlossen, hier zu sein und genau das zu tun.

Und denken wir daran: Es geht bei diesem Spiel nicht um Gewinnen oder Verlieren. Es so aufzufassen hieße, den Wahn des Zahlenkults fortzusetzen, der unser Überleben bedroht. James Carse, Professor für Religion an der Universität von New York, erinnert uns daran, dass es bei unserem Lebensspiel hauptsächlich darauf ankommt, dafür zu sorgen, dass der Ball im Spiel bleibt.

Wir werden mit uns selbst nie ganz ins Reine kommen. Haben wir diese Phantasie erst einmal aufgegeben, kann die Show weitergehen. Wir können das System nicht besiegen, indem wir die Regeln auswendig lernen. Es gibt keine Regeln – nur unzählige Prinzipien, die sich ständig neu konfigurieren, während sie kollidieren und sich vereinen und noch während wir schlafen neue Prinzipien gebären.

Wir können lernen, die Angst zu beherrschen, die durch die Tatsache ausgelöst wird, dass wir eine Realität bewohnen, die nur vorläufig ist. Ilya Prigogine erinnert uns daran, dass diese Welt, in der ständige Veränderungen ständig neue Gesetze hervorbringen, voller Ungewissheit ist. Wenn wir das intellektuell verstehen, begreifen wir es allmählich auch emotional und körperlich. Wir werden uns erinnern an eine Zeit, in der wir spürten, dass eine Tür sich öffnete und wir hindurchschritten.

Wenn wir uns bemühen, das Richtige zu tun, scheinen die kleinen Wunder in unserem Leben zuzunehmen. Es ist, als würde uns eine superbewusste Intelligenz dafür danken, dass wir es wagen, unsere Gewohnheiten zu ändern.

Manche Projekte scheinen ungewöhnlich viele übersinnliche Ereignisse auszulösen. Menschen haben berichtet, dass bestimmte Unternehmungen eingebettet sind in ein Feld beschleunigter Frequenzen. Wir könnten diese Phänomene, die offensichtlich Ausnahmen sind, als Fenster bezeichnen, die Ausblick geben auf etwas, das immer und überall wahrhaftig existiert. Sie scheinen eher göttliche Fügung als Präzedenzfälle zu sein. Wer weiß? Vielleicht gibt es so etwas wie Metaprinzipien, die für bestimmte Zwecke kurzfristig auf einzigartige Weise wirksam werden.

Wenn die Spieler lernen, Stroh zu Gold und Gold wieder zu Stroh zu spinnen, erfahren sie vielleicht auch etwas über den relativen Wert von Gold und Stroh. Solange wir nicht verstehen, um was es bei diesem Spiel geht, wird es kein neues geben.

Die Absurdität unserer Evolution als Spezies besteht darin, dass wir sowohl mit einem gastlichen »Nest« als auch mit der Freiheit gesegnet sind, durch Fehler zu lernen. Wir sind mit feinen Antennen für das Gute ausgestattet. Mit dem radikalen gesunden Menschenverstand können wir uns selbst im Raum wahrnehmen und auf diese Weise unser radikales inneres Zentrum ausmachen, das sich ständig verlagert und zugleich unser wirkliches Zuhause ist.

Das Spiel ist eine Geschichte in der Geschichte, die wir uns selbst erzählen. Gut gespielt zeigt es uns, wer und was wir sind, wohin wir gehen und warum wir noch nicht angekommen sind. Allmählich begreifen wir, dass wir das uns bestimmte Ziel nicht zu Lande oder auf dem Wasserweg erreichen, sondern nur durch Tapferkeit und Weitblick.

Ernsthaft spielen ist eine Sucht, die keiner anderen gleicht. Wir sind dafür geschaffen: in freudiger Zusammenarbeit Gott weiß was zu dienen. Gott erfahren ist genug.

Thoreau sprach von jenem »Morgen, das nicht allein durch das Verstreichen von Zeit zum Abend wird. Die Sonne ist nur ein Morgenstern, und nur der Tag wird dämmern, an dem wir erwachen.« Jeder Tag kann dieses Morgen sein, der Tag, der uns wach vorfindet. Wir können uns an jedem beliebigen Tag eingestehen, dass es keine Gewissheit gibt, nur Gelassenheit in Anbetracht all der Ungewissheit und des

Wissens darum, dass unsere Alltagsweisheit uns die nächsten einfachen Schritte vorschlagen wird.

Wenn die Katastrophe nicht hereinbricht, können wir noch tausend Jahre warten. Oder wir können das alles jetzt haben. Nicht indem wir konkurrieren, sondern indem wir unsere Kräfte vereinen – als Personen, als Fachleute, als Gemeinden, als Nationen.

Wir selbst sind »die da«, die uns daran hindern, das Richtige zu tun. Die Eigenschaften von »denen da« sind unsere eigenen schlimmsten Eigenschaften. Jeder von uns kann zugeben, dass er hin und wieder zögerlich ist, sich verschließt, den Mund nicht aufmacht oder abwartet, um zu sehen, was passiert.

Der Hunger in der Welt spiegelt unseren eigenen nagenden Hunger nach Sinn wider; Armeen sind Erweiterungen unseres eigenen kriegerischen Ichs; die Ausbeutung der Schätze dieser Erde ist eine Widerspiegelung der Ausbeutung unserer Seele.

Die innere Revolution ist der Kern der Weltrevolution. Die Revolution, die im Gang ist, wird vorangetrieben von Menschen, die sich überall auf der Welt von ihrer Selbstunterdrückung befreien. Wir selbst sind das Problem und auch die Lösung. Wir können auf die Freiheit zugehen, weil sie nie irgendwo anders ist. Gefangenschaft ist ein innerer Zustand, keine Folge von Zwangsarbeit.

Unsere Mythen und Filme, unser kindlicher Sinn für Gerechtigkeit, Spiel und Magie sind nicht falsch. Sie vermitteln uns eine Ahnung von der arbeitenden-spielenden Gesellschaft, die noch entstehen muss. Sollen wir hier, in unserer augenblicklichen Geistesverfassung, auch nur einen Tag länger als notwendig verharren, jetzt wo unsere Befreier – unser eigenes Gehirn, unser eigener Verstand und unser Gemeinschaftsgeist – sich zeigen?

Sollen wir hier herumlungern und unser gemeinsames Leid und die allgemeine Ungerechtigkeit beklagen oder auf der Stelle aufbrechen und nur einige wenige Erinnerungsstücke mitnehmen, die uns daran erinnern werden, welch hohen Preis die Gewohnheit einmal von uns gefordert hat?

Es gibt einen besseren Ort, die harte, aber freudige Arbeit jenseits von Kampf, jenseits des Schattens eines Zweifels. Das ist unser wirkliches Zuhause, die Zukunft, an die wir uns schon lange erinnern, wo alles glatt lief und die Dinge einen Sinn ergaben.

Bitte weitersagen.

Anhang

Umfragen unter Visionären und Visionärinnen

Über 200 »aktive Visionäre und Visionärinnen«, Menschen, die ihre Visionen mehr als einmal erfolgreich in die Tat umgesetzt hatten, füllten einen detaillierten, sechs Seiten langen Umfragebogen aus. Wir baten sie, sich an ihre früheste Erfahrung in Bezug auf die Verwirklichung von Visionen zu erinnern. Weitere Fragen galten ihren Eltern, den Hindernissen, die sie zu überwinden hatten, Fehlern und Lektionen sowie Ideen zu einer Erziehungsreform.

Später wurden 100 von ihnen aufgefordert, eine Reihe von Tests zu machen, die für größere Bevölkerungsgruppen entwickelt wurden, vor allem für Menschen am Arbeitsplatz und in Erziehungseinrichtungen. Wir waren überrascht, wie häufig Wesenszüge, die sich gewöhnlich gegenseitig ausschließen, bei den Visionären paarweise auftraten.

Bei einem Test nach der Birkman-Methode erzielten sie eine hohe Punktzahl in der Rubrik »Autorität« (tendiert dazu, in einer Gruppe die Führung zu übernehmen), rangierten jedoch in der Rubrik »Vorteile« (tendiert dazu, auf persönliche Vorteile zu achten) ganz unten. Üblich ist es, dass Menschen am Arbeitsplatz, die in der Rubrik »Autorität« eine hohe Punktzahl erzielen, auch in der Rubrik »Vorteile« hoch rangieren.

Menschen mit sehr viel Energie rebellieren meistens gegen vorgegebene Strukturen, aber die Gruppe der Visionäre und Visionärinnen konnte tendenziell gut in Organisationen arbeiten.

Bei Ned Hermanns »Dominanzprofilen von Denkpräferenzen« fielen 29 der ersten 30 eingesandten Untersuchungsbögen in ein und denselben Quadranten – holistisch, intuitiv, integrativ, zusammenführend. Hermann berichtete, dass die Denkstruktur der Gruppe insgesamt praktisch identisch war mit der Denkstruktur von Menschen, die das Netzwerk der Tester als »ungewöhnlichste Person, die ich kenne« empfohlen hatten. Laut Hermann »fanden solche Menschen sich selbst nicht ungewöhnlich«, ebenso wie die Teilnehmer an unserer oben genannten Umfrage sich bislang nicht als Visionäre betrachtet hatten.

Bei Anthony Gregorcs Untersuchung zu verschiedenen »Denkstilen« waren Visionäre im typischen Falle »konkret/ziellos«, im Gegensatz zu »abstrakt/ziellos«, »abstrakt/konsequent« oder »konkret/konsequent«.

Die Ermutigung durch Eltern war meistens kein Hinweis auf spätere visionäre Leistungen. Viele Teilnehmerinnen und Teilnehmer sagten, sie hätten den Antrieb verspürt, etwas zu erreichen, nur um es Eltern, die sie entmutigt oder sich ihnen aktiv widersetzt hatten, »zu zeigen«.

Weitere Informationen über diese fortlaufende Untersuchung einschließlich des sechsseitigen Fragebogens finden Sie auf unserer Website (siehe Seite 261).

Dank

Ich danke meinen Verlegern, Red Wheel/Weiser, für ihre
Begeisterung und ihr Engagement. Ich danke meiner Lekto-
rin Jan Johnson für das Engagement, das sie mir abverlangte,
für die Zeit, die sie meinem Buch widmete, und die Male, die
sie fest auf ihrer Meinung beharrte. Danke auch an Brenda
Knight für ihre Einsichten sowie Michael Kerber, Rachel
Leach, Kate Hartke, Bonni Hamilton, Mike Conlon und
Gary Hill. Paul Caubet, Geschäftsführer von *Brain/Mind*
und visionärer Künstler, schlug für die plötzlichen Einsichten und überraschenden Antworten, die uns im Zustand
erhöhter Aufmerksamkeit kommen, den Begriff »radikaler
gesunder Menschenverstand« vor.

Eric Ferguson, der einen längeren Aufenthalt in London
abbrach, um als verantwortlicher Herausgeber des *Brain/
Mind Bulletin* zu wirken und der mir seine unermüdliche
Unterstützung und Geduld schenkte, danke ich ebenso wie
Susanne, seiner in Dänemark geborenen Frau.

Mein Dank geht auch an Jason Keehne, Greg Wright,
Sylvia Delgado, Eric Gould, Viola Owen, Kris Ferguson,
Lynn Ferguson, Anita Storey, Perry Carrison und weiteren
ehemaligen Mitarbeitern von *Brain/Mind;* William Shanley,
Phil Harrington, Kim und Wayne Bechtold, Ray und Kin-
dred Gottlieb, Jytte Lokvig, Charlie Myers, Paula Litsky,
Richard Lang, Lisa Walters, Mel Werbach, Bill Domke,
Anne Rodgers, Lynnea Bylund, Todd Dougherty, Jim
Channon, Fred Lehrman, Stuart Heller, Sandra Seagal,
Ruth Strassburg, Armand DiMele, Rinaldo und Shanna
Brutoco, Ingo Swann, Jean Houston, Russell Singer, Gale
und Roy Gordon, Jerome Josph und Patricia Morrison.

Um Winston Churchill zu zitieren: »Nie zuvor hatte
jemand so vielen Menschen so vieles zu verdanken.« So viele

Kolleginnen und Kollegen und sogar Fremde haben zu diesem und ähnlichen Projekten im Lauf der Jahre beigetragen, dass diese Aufzählung keinesfalls vollständig ist. Die Menschen, die ich hier nicht anerkennend erwähne und übersehen habe – sie wissen, wer sie sind. Bitte verzeihen Sie mir diesen Lapsus und seien Sie versichert, dass ich auch ihnen dankbar bin.

Literatur

Arguelles, José: *The Transformative Vision*, Boston: Shambhala Publishing 1975

Augros, Robert; Stanciu, George: *Die Neue Biologie. Evolution und Revolution in der Wissenschaft vom Leben*, München: Scherz 1991

Barber, Benjamin: *Starke Demokratie. Über Teilhabe am Politischen*, Hamburg: Rotbuch 1994

Brande, Dorothea: *Setz dich durch*, Leipzig/Wien: Tal 1937

Briggs, John: *Fire in the Crucible*, Los Angeles: J.P. Tarcher 1990

Briggs, John; Peat, David: *Die kreative Kraft des Chaos. Warum es besser ist, nicht alles in den Griff zu bekommen*, München: Droemer Knaur 2004

Bruner, Jerome: *Beyond the Information Given*, New York: Norton 1973

Camus, Albert: »Create Dangerously«, Vortrag, gehalten an der Universität von Uppsala, Schweden, Dezember 1957

Carse, James: *Endliche und unendliche Spiele: Die Chancen des Lebens*, Stuttgart: Klett-Cotta 1987

Courtois, Flora: »The Door to Infinity«, in: *Parabola*, 15 (2), Summer 1990

Csikszentmihalyi, Mihaly: *Flow. Das Geheimnis des Glücks*, Stuttgart: Klett-Cotta 1993

Daniels, Harry (Hrsg.): *Introduction to Vygotsky*, Oxford: Routledge 1996

de la Pena, Augustin: *The Psychobiology of Cancer*, Westport, CT: Praeger 1983

Diamond, Marian: *Enriching Heredity*, New York: MacMillan 1988

Durrell, Lawrence: *Bittere Limonen. Erlebtes Cypern*, Reinbek: Rowohlt 1982

Eliot, T.S.: »Vier Quartette«, in: *Gesammelte Gedichte*, Frankfurt am Main: Suhrkamp 1988

Emerson, Ralph Waldo: *Lebensgestaltung*, München/Salzburg/New York: Verlagsgemeinschaft »Stifterbibliothek« 1953

Fast, Howard: *The Hunter and the Trap*, New York: Dial Press 1967

Feldenkrais, Moshé: *Das starke Selbst. Anleitung zur Spontaneität*, Frankfurt am Main: Suhrkamp 2005

Ferrucci, Piero: *Werde was du bist. Selbstverwirklichung durch Psychosynthese*, Reinbek: Rowohlt 2001

Field, Joanna (Marion Milner): *A Life of One's Own*, Los Angeles: J.P. Tarcher 1981 (1936)

Gardner, Howard: *Abschied vom IQ. Die Rahmen-Theorie der vielfachen Intelligenzen*, Stuttgart: Klett-Cotta 1994

Ders.: *Intelligenzen. Die Vielfalt des menschlichen Geistes*, Stuttgart: Klett-Cotta 2002

Gendlin, Eugene T.: *Focusing. Selbsthilfe bei der Lösung persönlicher Probleme*, Reinbek: Rowohlt 2004

Getzels, Jacob; Csikszentmihalyi, Mihaly: *The Creative Vision: A Longitudinal Study*, Hoboken: John Wiley & Sons 1976

Greider, William: *Who Will Tell the People?*, New York: Simon & Schuster 1992

Hart, Leslie: *Human Brain and Human Learning*, Boston: Longman 1984

Heinlein, Robert A.: *Ein Mann in einer fremden Welt*, München: Heyne 1987

Herrigel, Eugen: *Zen in der Kunst des Bogenschießens*, Frankfurt am Main: Fischer Taschenbuch 2005

Hofstadter, Douglas R.: *Metamagicum. Fragen nach der Essenz von Geist und Struktur*, München: dtv 1994

James, William: *The Principles of Psychology*, New York: Henry Holt 1890

Jung, C.G.: »Synchronizität als Prinzip akausaler Zusammenhänge«, in: *Naturerklärung und Psyche*, Studien aus dem C.G. Jung Institut 4, Zürich: Rascher 1952

Kazantzakis, Nikos: *Rettet Gott!*, Wien: Donau 1953

Kuhn, Thomas: *Die Struktur wissenschaftlicher Revolutionen*, Frankfurt am Main: Suhrkamp 2003

Leboyer, Frédéric: *Geburt ohne Gewalt*, München: Kösel 2006

Lemesurier, Peter: *Beyond All Belief*, New York: Lilian Barber Press 1983

MacLean, Paul: *The Triune Brain*, Columbus, OH: McGraw-Hill 1976

Maslow, Abraham A.: *The Farther Reaches of Human Nature*, New York: Viking 1971

Miller, Henry: *Wisdom of the Heart*, New York: New Directions 1960

Minsky, Marvin: *Mentopolis*, Stuttgart: Klett-Cotta 1994

Moffett, James: *The Universal Schoolhouse*, Hoboken: Jossey-Bass 1994

Montagu, Ashley: *Zum Kind reifen*, Stuttgart: Klett-Cotta 1991

Montessori, Maria: *Das kreative Kind. Der absorbierende Geist*, Freiburg: Herder 1996

Moody, Raymond A.: *Leben nach dem Tod. Die Erforschung einer unerklärlichen Erfahrung*, Reinbek: Rowohlt Taschenbuch 2002

Peck, Scott M.: *Der wunderbare Weg. Eine neue spirituelle Psychologie*, München: Goldmann 2004

Percy, Walker: *Das Loch im Kosmos. Die Suche nach einer universalen Spiritualität*, München: Heyne 1999

Prigogine, Ilya: *Die Gesetze des Chaos*, Frankfurt am Main: Insel 1998

Rilke, Rainer Maria: *Die Gedichte*, Frankfurt am Main: Insel 1998

Ring, Kenneth: *Life At Death*, New York: Coward, McCann & Geoghegan 1980

Saint-Exupéry, Antoine de: *Wind, Sand und Sterne*. Düsseldorf: Rauch 1999

Sheldrake, Rupert: *Das schöpferische Universum. Die Theorie des morphogenetischen Feldes*, Berlin: Ullstein 1993

Simonton, Dean Keith: *Greatness: Who Makes History and Why*, New York: The Guilford Press 1994

Smith, Page: *A New Age Now Begins: A People's History of the American Revolution*, New York: Penguin 1989

Snow, Charles Percy: *Die zwei Kulturen. Literarische und naturwissenschaftliche Intelligenz*, Stuttgart: Klett-Cotta 1988

Sussman, Linda: *The Speech of the Grail*, Great Barrington, MA: Lindisfarne Books 1995

Thomas, Lewis: *Das Leben überlebt. Geheimnis der Zellen*, München: Goldmann 1988

Tocqueville, Alexis de: *Über die Demokratie in Amerika*, Stuttgart: Reclam 1986

Wasserman, James: *The Slaves Shall Serve*, Athens: Sekmet Books 2004

Wills, Garry: *Lincoln at Gettysburg*, New York: Simon & Schuster 1992

Wilson, Colin: *Der Outsider. Eine Diagnose des Menschen unserer Zeit*, Stuttgart: Scherz & Goverts 1957

Ders.: *The Philosopher's Stone*, London: Granada 1978

Den dokumentarischen Nachweis der in diesem Buch zitierten wissenschaftlichen Literatur, Links, Zeitschriften, Zusammenfassungen von Brain/Mind-Artikeln und andere Quellen finden Sie unter www.aquariusnow.com und www.marilynferguson.com.

Register